新版 現代地方自治論

橋本行史 編著

ミネルヴァ書房

新版の発行にあたって

　地方自治は、理念や政策の影響を受けて変化するが、その背後にある外部環境の変化からも無縁ではない。21世紀に入って、政治・経済・社会など、我々の周りの環境変化のスピードはますます加速している。世界ではIT化・グローバル化、新興国の台頭が進む中で、世界から国境の壁が消え去るかにまで思えた事情が大きく様変わりし、再び国家の復権が叫ばれるとともに、ドル高と資源安の進行によって新興国や資源国の成長の伸びも止まろうとしている。国内では少子高齢化、人口減少、低成長が進み、大きな自然災害にも見舞われた。

　これに対して地方制度においては、第1次地方分権改革、三位一体改革、第2次分権改革が行われるとともに、分権の受け皿作りという名の下に平成の大合併が推し進められた。しかしながらこの間、地方は財政再建が進む一方で、産業衰退と人口減少によって肝心の地方の存立自体が脅かされるという、まさに夕張市が地方財政健全化法によって再建計画に取り組む際に危惧された事態が普遍化してきた。問題の複雑性を考えるとき、制度論だけで解決出来る問題でないことは論を待たない。むしろ、地方分権改革の背後にあった課題が前面に出てきたというべきであろうか。政府においても、地方分権改革を進める一方で、地域再生や地域活性、最近は地方創生という政策名称で、地域経済の活性化や地域社会の再生、人口減少対策の取組みが行われている。2015年10月の内閣改造からは国民総活躍の名称を持った政策的取組みも加わった。

　行政の運営面においては、行政の無駄、非効率を是正するために、組織重視から市場重視に政策路線を転換し、市場に委ねることによって制度や慣行を変えていこうとしたNPM（新公共経営）が急速に勢いを失って一時の輝きが失せはじめたように見える。その代わりに、不公正や格差の是正に対する国や地方自治体の役割を再評価して再びその関与を強化するか、あるいは、ガバナンス（共治）や協働・パートナーシップと呼ばれる多様な主体によるネットワーク型ガバナンスの考え方が次第に有力になりつつある。

　地方自治は、これら内外の環境変化の影響を大きく受ける。今、地方自治体

は、地方分権改革や厳しい行財政改革をなんとか乗り切り、平成の大合併といわれる市町村合併も経験して、言わば改革疲れとなって、制度よりも運営に関心を振り向けつつある。地方自治体が取り組むべき課題は、改革や合併以外にも、地域の防災対策、公共施設の老朽化対策、人口ビジョンと総合戦略の策定、まちづくり施策の推進など、尽きることがない。その際、地方自治体は、自立か依存か、単独か連携か、組織か契約かなど、与えられた場面毎に難しい政策選択の決断を迫られることになる。

　地方自治体にとって現在は困難な時代であるが、逆説的ではあるがそれだからこそ、将来的な地域ビジョンを示して地域住民の意見をまとめる、あるいは地域住民の暮らしを守るなど、国や民間任せでは不可能な地方自治体ならではの役割が再度重要性を増している。そのためには、時代の変化に伴う社会の要請に応えつつ、制度の意味を問い直し、その本来の趣旨に沿った運営を心懸けていかなければならない。

　本書は、2010年7月に初版を発行して以来、制度改正にともなう最小限の修正を加えたまま今日に至っている。発行以来6年を経過し、追加すべき部分も増えてきたので、このたび新版を発行する際して、やや大幅な内容の見直しを実施して、社会の情勢に合致させた。一部の章において筆者が交代したが、編集の基本方針と全体の枠組みは変わっていない。引き続き読者の支持が得られることを願うものである。

2017年3月

編者　橋本行史

はじめに

　法学部や政策系の学部には、地方自治論として、地方自治を内容とする講義科目がおかれるのが一般的である。その設置目的は、一定の地域で生活する私達が、日常の暮らしに密接な関わりをもつ地方自治に関することを学び、生活に活かしていくことが重要であると考えられているからに他ならない。

　しかし、これまでの地方自治体の役割は、国が決定した政策を執行することに重点がおかれていたため、地方自治論は、地方自治の正当性と民主性を理論づけする理念的な考察と、地方自治制度の解釈が中心であった。そのために、地方自治体に就職して公務員となった実務家にとっては学ぶ必要がある学問分野であっても、一般の市民や学生にとってはどちらかといえば、魅力がなく関心の低い分野であった。確かに、日常の暮らしに身近な地方自治といっても、結局のところ、首長や議会という自治を実施する機関に統治される市民の側からみれば、地方自治制度の内容はあまり興味を引くものでない。

　しかし、統治機構が有する権力から個人の自由を守ることを第1の目的としてきた近代市民社会も、1989年以降の東欧の共産党独裁政権の相次ぐ崩壊を受けて、少しずつ変わりはじめた。市民は、新しい市民社会において、これまでのように国家や地方自治体という統治機構にただしたがう客体としてだけでなく、統治に参加して、日常生活に関わることを主体的に決定する存在として捉え直されている。このように見方を変えれば、地方自治論が、市民や学生が自らの暮らしに主体的に関わっていくための方法を学ぶという、有意義で極めて興味深い学問分野であることを理解することができる。

　また、地方分権改革の推進とともに、地方自治において新たに効率性やより進んだ市民参加が求められている。このような中で、地方自治論においても、理念と制度、制度と政策の密接な連携を考えていくことが不可欠になっている。

　ここでは、本書の作成にあたって留意した地方自治の現代的課題として、次の3点を掲げておく。

　第1は、国と地方の関係において、中央集権と地方分権のどちらに重点をお

くかの問題である。地方自治は、国家統治と切り離せない密接な関係をもっており、国と地方のどちらに重きをおくべきかによって、日本国憲法や地方自治法をはじめとする法令の解釈や運用、現在進められている地方分権改革の内容にも影響を及ぼすことになる。

2000年の地方分権一括法の施行を機に、明治以来の中央集権主義によって長らく国の強い影響下にあった地方自治では、国と地方の関係が上下関係から対等関係として再定義され、新しいスタートを切ることとなった。

国と地方の双方が直面する財政難、グローバル化による東京への一極集中、都市と地方の格差拡大、とどまることのない少子高齢化等、地方を取り巻く経済環境・生活環境は厳しさを増している。国が地方を庇護・監督する従来からの中央集権的な政策の限界ともみられ、地方分権への期待が高まっている。

第2は、NPM（新公共経営）と呼ばれる効率性重視の自治体経営が求められる時代背景と今後の自治体経営のあり方である。

戦後一貫して続けられた福祉国家思想に基づいた積極的な財政支出は、先進諸国の財政を例外なく悪化させ、行政介入にはコストが発生すること、行政には無駄を排する仕組みが欠如していることが、ようやく一般の人々に理解されるようになった。

1980年代から欧米先進国を中心にしてはじめられた財政赤字の縮小や行政の無駄の削減を目指す効率性重視の公共経営は、NPMと呼ばれ、公共経営を企業経営のメタファ（暗喩）で捉えて、企業経営の理念と手法を導入して、経済性・効率性・有効性を追求しようとする考え方である。

日本においても、国と地方自治体の双方で、行政改革と歳出削減に努められてきたが、折からの金融不況・経済不況が引き金となって、その役割が再度拡大しようとしている。ただ、既得権益の見直しや行政の無駄の削減が不十分なままで国や地方自治体の役割を拡大することは、行政の非効率を放置したまま財政赤字を深刻化させてしまうことに注意する必要がある。

第3は、市民参加の進展とその延長上にある協働型社会への動きである。

市民は、高度経済成長を経て、所得の増大によって生活の安定を得、教養を高め余暇を楽しむようになった。市民の次なる関心は、政治への関与や社会貢献に向かうようになっている。

政治面では、ともすれば形骸化する傾向のある間接民主主義を補完するために直接民主主義的な考え方や仕組みの導入が重視されるようになり、政策執行過程はもとより政策形成過程への市民参加が進むようになった。また、社会公益活動の面においても、市民やNPO、民間企業の参加意識が高まっている。

このような市民参加の新しい動きは、従来、国や地方自治体が独占していた公共の役割を見直し、市民、NPO、民間企業等の多様な主体が加わって、ともに公共を支えようとする「新しい公共」の考え方と結びついている。

地方自治をめぐる現代的な課題は、正に従来の解釈中心の地方自治論から政策的視点を採り入れた新たな地方自治論への転換を要求している。本書は、そのような要求に応えられるように、地方自治変革の指導理念を地方分権、NPM、市民参加において、制度と政策の関連に注意を払いながら、以下の4部で構成している。

第Ⅰ部「歴史」では、これまでの地方自治をめぐる理念や経緯を、第Ⅱ部「マネジメント」では、地方自治体の政策や意思決定を、第Ⅲ部「ガバナンス」では、地方自治体の機構を、第Ⅳ部「自治のカタチ」では、地方自治体の区分けとそれをめぐる市町村合併や道州制等の問題を採り上げる。

以上の構成によって、本書が、多くの学生に支持される面白くてわかりやすい地方自治論の講義テキストとなることを期待している。もちろん、学生だけでなく、一般の読者においても、身近な生活を充実させるためのツールとして、あるいは、公務員試験や各種の資格試験のテキストとして活用されることを願っている。

2010年6月

橋本行史

『新版 現代地方自治論』　目 次

新版の発行にあたって
はじめに
凡 例

第Ⅰ部　歴史

第1章　地方自治とは何か
1　地方自治と民主主義 …………………………………………………… 2
2　地方自治と憲法保障 …………………………………………………… 3
3　憲法で保障される地方自治の法的性格 ……………………………… 4
4　地方自治の本旨 ………………………………………………………… 5
5　GHQ草案・英文表記と日本国憲法、日本国憲法と地方自治法 ……… 6

第2章　地方自治の歴史
1　明治の制度確立期から戦時の中央集権期 …………………………… 10
2　戦後の民主改革期からバブル期 ……………………………………… 15
3　グローバル化と分権改革期 …………………………………………… 21

第3章　地方分権改革
1　戦後の地方自治と地方分権改革 ……………………………………… 26
2　国と地方の政府間関係 ………………………………………………… 30
3　三位一体改革 …………………………………………………………… 32
4　地方分権の今後の展開 ………………………………………………… 36

第Ⅱ部　マネジメント

第4章　NPM（新公共経営）
1　公共経営とは何か ……………………………………………………… 48

	2	NPM の理論的考察	51
	3	NPM の海外比較	58
	4	NPM 改革の検証	62
	5	政策過程	64
	6	行政評価	69

第5章 政 策

1	地方自治体の処理する事務	77
2	自治立法権	82
3	条例制定権の範囲	85
4	要綱行政	97
5	政策法務	103

第6章 財政と会計

1	財 政	107
2	地方財政の危機と地方財政健全化法	116
3	公の施設と指定管理者制度	123
4	地方独立行政法人制度	126
5	会 計	127

第Ⅲ部 ガバナンス

第7章 市民参加

1	市民参加の理念・経緯	138
2	市民参加の実践	147
3	市民参加の制度化	154
4	参加と協働の今後の展望	159

第8章 機 関

1	長	162

2　議　会……………………………………………………………… 168
　3　長と議会の関係…………………………………………………… 177
　4　執行機関と自治体職員…………………………………………… 180

第9章　監　査
　1　地方公共団体の監査制度………………………………………… 189
　2　監査委員監査……………………………………………………… 190
　3　住民監査請求と住民訴訟………………………………………… 199
　4　外部監査人監査…………………………………………………… 207
　5　内部統制…………………………………………………………… 214

第Ⅳ部　自治のカタチ

第10章　種類と規模
　1　普通地方公共団体と特別地方公共団体………………………… 220
　2　コミュニティ自治………………………………………………… 227
　3　都道府県と市町村………………………………………………… 231
　4　大都市制度………………………………………………………… 237
　5　道州制……………………………………………………………… 242

第11章　国と地方・地方間の関係
　1　地方に対する国の関与…………………………………………… 245
　2　財政手段によるコントロール…………………………………… 251
　3　国と地方の紛争処理……………………………………………… 254
　4　地方間の紛争処理………………………………………………… 259
　5　地方間の協力……………………………………………………… 261
　6　広域連携に関連する取組み……………………………………… 270

索　引　275

凡 例

1 　条数、項数、号数は、以下のように略記している。
　　条数：1、2、3……
　　項数：①、②、③……
　　号数：Ⅰ、Ⅱ、Ⅲ……
　　（例）第1条の2第3項第4号　→　1の2③Ⅳ

2 　法令名の一部は、以下のように略記している。
　　行政事件訴訟法　→　行訴法
　　市町村の合併の特例等に関する法律　→　合併特例法
　　市町村の合併の特例に関する法律　→　旧合併特例法
　　地方公共団体の財政の健全化に関する法律　→　地方財政健全化法
　　地方公務員法　→　地公法
　　地方財政法　→　地財法
　　地方自治法　→　地自法
　　地方自治法施行規則　→　地自則
　　地方自治法施行令　→　地自令
　　旧地方自治法　→　旧地自法
　　日本国憲法　→　憲法
　　風俗営業法　→　風営法

第 I 部

歴 史

第1章　地方自治とは何か

　本章は、地方自治の基本となる理論的課題である地方自治と民主主義、地方自治と憲法保障、憲法で保障される地方自治の法的性格、地方自治の本旨、GHQ草案・日本国憲法の英文表記と日本国憲法・地方自治法の関係について、最初に理解を深めておこうとするものである。地方自治をめぐって問題となる様々な課題は、実は、このような基礎的事項に密接に関係するものが多い。

1　地方自治と民主主義

　民主主義の原語であるデモクラシー（democracy）は、ギリシャ語のデモクラティア（demokratia）を起源としており、これは民衆、人民を意味する demos と支配、統治を意味する kratos をあわせたものである。つまり、民主主義とは「民衆、人民による支配、統治」のことであり、民主政治、すなわち、第16代アメリカ合衆国大統領エイブラハム・リンカーンの言葉を借りれば、「人民の人民による人民のための政治（"Government of the people, by the people, for the people"）」のことであり、突き詰めれば、自分に関することを自分の意思で決めることを意味している。このように民主主義の第一の意味は民主政治に置かれる。

　この民主主義あるいは民主政治と地方自治は密接不可分に結びついている。人が集まり社会をつくりだすと、円滑に生活を続けるために、自分達が居住する地域社会に関することを自分達自身で決定することが必要になってくる。そこには必然的に意思決定の方法として民主主義が求められる。つまり、地域に関することは地域に住む住民自身の意思で決定するという地方自治は、民主主

義の基本であり出発点でもある。イギリスの政治学者ジェームズ・ブライスは、「地方自治は民主主義の学校である」と語るが、その言葉は地方自治の真髄である民主主義の基本が地方自治にあることを正にいいあてている。また、フランスの政治家アレクシス・ド・トクヴィルは、独立後間もないアメリカを調査して、ブライスと同様に民主主義の基盤としての地方自治の重要性を指摘している。

一方、民主主義は、第二の意味として、17世紀から18世紀にかけて誕生した社会契約説を背景にして国家の主権が国民あるいは人民にあることを主張する国民主権主義あるいは人民主権主義と同じ意味合いをもっている。この民主主義が持つ第二の意味からすれば、国王が強大な権力によって国家統一を成し遂げて生まれた絶対王政を経て、国民に主権が存する国民主権国家が誕生すると、その正当性が強調される余り、唯一無二である主権の単一不可分性を理由にして、地方自治の理論面での重要性が失われるようにもみえる。

しかし、国民主権国家が誕生しようとも、地域に関することは地域に住む住民自身の意思で決めるという地方自治が民主主義の基本であることは変わりがなく、地方自治の重要性は何ら失われない。また、行政サービスの範囲が飛躍的に拡大した今日にあって、中央政府が地方の隅々まで十分な管理を行うことは事実上不可能であるとともに非効率でもあり、地方自治の尊重は国家にとっても必要不可欠なものとなっている。

2　地方自治と憲法保障

私達は、出自や身分によって支配関係が決まる封建社会から、人々の自由と平等が保障される近代社会への移行にあたって、国家統治の基本原則を定めるために制定された法規範を近代憲法と呼んでいる。

この近代憲法に共通する特徴は、基本的人権の保障と国家統治の基本原則としての権力分立や議会制民主主義を定めることにある。しかしながら、地方自治は、各国においてそれぞれ独自の背景、成立事情をもっていることが原因となって、国家統治に重要な役割を果たす一方で、必ずしも各国の近代憲法の全てに収められている訳ではない。

日本においても、明治時代に制定された大日本帝国憲法（以下、明治憲法）と第2次世界大戦後に制定された日本国憲法では、地方自治の扱いが異なっている。

日本は、徳川時代の封建的な幕藩体制から明治時代に移って漸く近代国家の仲間入りをしたが、明治時代の近代化は、天皇主権の下に民主主義を制度化した議会制度が段階的に整備された関係から、民主政治に不可欠ともいえる地方自治制度の整備は不十分なままに止められ、明治憲法に地方自治に関する規定は設けられていなかった。

これに対して、日本国憲法は、明治憲法に設けられていない主な規定として、2章「戦争の放棄」、9章「改正」、10章「最高法規」と並んで、8章「地方自治」を設けている。日本国憲法は、明治憲法の下で法律による保障に過ぎなかった地方自治を憲法保障にまで高めたことで、画期的な意義をもっている。

日本国憲法8章は、地方自治に関する4つの条文をおいている。まず、92条で「地方自治の本旨」に基づいて地方公共団体の組織・運営を法律で決めることとし、93条で地方公共団体の長とその議会の議員は住民の直接選挙で選任することとし、94条で地方公共団体の独自の法規範である条例を制定する権利を認め、最後に95条で1つの地方公共団体のみに適用される特別法について定めている。

しかしながら、地方自治の基本原則を定める憲法92条は、「地方自治の本旨」に基づくと定めるだけで、具体的な内容は憲法92条以外の他の条項や地方自治法等の法律に委ねられているため、どのような地方自治の仕組みとするかについて明確にしていない。そのために、地方自治の運営にあたって、中央集権か地方分権かをめぐって、法律の制定や解釈、運用に際して混乱や論争が生じることが多い。

3　憲法で保障される地方自治の法的性格

憲法によって保障される地方自治の法的性格をめぐっては、固有権説、承認説、制度的保障説の3つの学説の争いがある。

固有権説は、地方自治が市民革命を経て自然法思想の下に生まれたものと捉

える考え方で、地方自治制度は国家以前の固有の権利であるとする。ただ、近代に入り、主権が国民に存する国民国家が誕生した以上、地方自治は、主権の単一性・不可分性に合致しにくく、地方自治体の権利を自然法的に捉えることも難しいという理論的な課題をもっている。

これに対して地方自治を国から伝来したものと捉える伝来説が唱えられるが、伝来説は承認説と制度的保障説に分かれていく。

承認説は、地方自治を国家の委託あるいは承認によって国家の主権が移譲されたものと考える。明治憲法下の地方自治も、承認説の考え方によって説明される。ただ、承認説は、地方自治を実現するための法律によってその内容や範囲が自由に定められること（いわゆる「法律の留保」）となって、憲法保障の意味を空虚にしてしまう欠点をもつ。

一方、制度的保障説は、固有権説と承認説の中間的な考え方に立って、地方自治を歴史的あるいは伝統的に保障されてきた仕組みであって、憲法がそれを確認したものと考える。したがって、地方自治の内容の詳細は法律で定めることができるが、基本原則である「地方自治の本旨」は、法律によっても廃止することはできないことになる。日本では、これが通説になっている。

もっとも、地方自治の法的性格をどのように定義しようと、肝心の「地方自治の本旨」を具体的にどのように解釈するかが重要であり、それ次第では地方自治の保障を意味のないものにしてしまう。

4 地方自治の本旨

憲法92条の「地方自治の本旨」とは一体何を指すかを考えてみよう。憲法92条の一般的な解釈として、「地方自治の本旨」とは、民主主義の原理に基づく自治のことを意味し、団体自治と住民自治の2つの内容をもつとされる。このうち、団体自治とは、国土の一定範囲の地域を基礎とする団体が国から独立した機関として自らが事務を行うこと（法的意味の自治）をいい、住民自治とは、その地域の事務が国の意思ではなく住民の意思によって処理されること（政治的意味の自治）をいうと説明されている。

このうち、団体自治に関係する部分では、地方自治における国と地方との関

係をめぐって、中央集権的であるべきか地方分権的であるべきかについての争いが存在する。国と地方との関係は、地方自治制度の成立経緯や外部環境、地方自治に対する国民意識等によって左右されるので、必ずしも理論から正否を決せられるものではない。

しかし、中央集権が進むと、地方の行財政へ国の関与が高まることは当然として、国の官僚 OB が地方自治体のトップを務めたり、国から地方に派遣される職員の数が増えたりして、事実上の国の支配も強まる。

民主主義の観点からみれば、地方のことを地方で決めることは民主政治の基本であり、地方分権が望ましいことになる。こうした考え方に立って、日本では、地方分権改革が以下のように進められてきた。

第1次地方分権改革（1993年～2001年）では、国と地方の関係を上下主従の関係から対等協力の関係へ改める「地方分権一括法」の成立（2000年4月施行）、機関委任事務の廃止、国と地方の財政制度の見直し（「三位一体改革」）、行政の効率化を目的とした「平成の大合併」等が実施され、一定の成果をあげた。

引き続いて第2次地方分権改革（2001年～2009年）に移行し、政権交代を挟んで、2009年11月9日、地方分権改革推進委員会の最終勧告である第4次勧告が提出された。その内容は、2011年4月の「第1次地方分権一括法」の成立から2015年5月の「第4次地方分権一括法」に至る5度の一括法の成立によって実現が図られた。

その後、政府は2014年4月30日、地方分権改革推進本部決定で「提案募集方式」の導入を決定し、地方分権改革は個々の地方自治体から地方分権改革に関する提案を広く募集し、それらの実現に向けて検討を行うという新たな段階を迎えることになった。

5　GHQ 草案・英文表記と日本国憲法、日本国憲法と地方自治法

日本国憲法制定時の経緯を振り返って、憲法8章の規定をみてみよう。日本国憲法は「押し付け憲法論」が語られるように、連合国軍総司令部（GHQ）の強い影響の下に制定されたものであるが、GHQ 草案や日本国憲法の英文表記と日本語文を比べると、現在の憲法解釈をめぐる混乱の一端がみえてくる。

図表1-1　日本国憲法（抜粋）

第8章　地方自治
第92条〔地方自治の基本原則〕地方公共団体の組織及び運営に関する事項は、地方自治の本旨に基いて、法律でこれを定める。
第93条〔地方公共団体の機関、その直接選挙〕地方公共団体には、法律の定めるところにより、その議事機関として議会を設置する。
②地方公共団体の長、その議会の議員及び法律の定めるその他の吏員は、その地方公共団体の住民が、直接これを選挙する。
第94条〔地方公共団体の権能〕地方公共団体は、その財産を管理し、事務を処理し、及び行政を執行する権能を有し、法律の範囲内で条例を制定することができる。
第95条〔特別法の住民投票〕一の地方公共団体のみに適用される特別法は、法律の定めるところにより、その地方公共団体の住民の投票においてその過半数の同意を得なければ、国会は、これを制定することができない。

　GHQ草案では、8章の名称は、Local Self-Governmentであり、地方自治体は、地方政府として、国家と同様の政府として捉えられている。これに対して、GHQ草案を元に日本政府が作成した案では、8章の名称を政府という用語を用いずに地方自治とし、また、GHQ草案にはない総則的規定として設けた92条に、「地方公共団体ノ組織及運営ニ関スル規定ハ地方自治ノ本旨ニ基キ法律ヲ以テ定ム」という規定をおき、地方自治体を地方公共団体と呼ぶことで、国の下部機関のような印象を与えている。一方、「地方自治の本旨」の英文表記はthe principle of local autonomyとされ、地方自治体の自律的な性格を印象づけるものとなっている。
　このように、GHQ草案・英文表記と日本国憲法の相違点を分析すると、日本国憲法下の国と地方自治体の関係は、本来的に上下関係でなく対等な政府間関係（intergovernmental relations）と捉えることが妥当であると理解される（図表1-1参照）。
　地方自治法の規定にも問題がある。憲法93条は、自治体の長と議員は、その「住民が、直接これを選挙する」と規定しており、住民自治を前提にしたものと考えられるが、これに対して、地方自治法は、2章に「住民」の章をおき、10条で住民の意義と権利義務を定めた後、11条で、「日本国民たる普通地方公共団体の住民は、この法律の定めるところにより、その属する普通地方公共団体の選挙に参与する権利を有する」と定めるのみで、住民に選挙権を与える理

論的根拠や地方自治における住民の位置付けを定める規定を欠き、住民自治の主体たる住民の地位に対して極めて消極的な態度をとっている。

　ただ、アメリカ、カナダ、ドイツ、オーストラリア等の連邦制国家では、主権をもつstate（国家）が、主権の一部を移譲して連邦政府をつくっているので、日本のような単一の主権国家とは事情が異なる。さらに、日本のように国の政策によって地方自治体が設置された国と違って、アメリカやオーストラリアでは、政府の成立に先行して地方自治体が結成された経緯から、住民が地方自治体の成立を望まなかった地域においては市や町が存在しない地域が存在している。このように、地方自治は成立した事情が国によって異なっており、各国によってその扱い方に違いがあることに留意しておく必要がある。

研究課題

1　「地方自治は民主主義の学校である」とは、どのような意味をもちますか。
2　地方自治の法的性格に関する学説をあげなさい。
3　「地方自治の本旨」とは、何を意味すると解釈されていますか。

参考文献

阿部齊・天川晃・澤井勝（2002）『地方自治政策Ⅰ　日本の地方自治——その現実と課題』放送大学教育振興会。
宇賀克也（2009）『地方自治法概説（第3版）』有斐閣。
大森彌（1995）『現代日本の地方自治』放送大学教育振興会。
兼子仁（1999）『新地方自治法』岩波書店。
妹尾克敏（2006）『地方自治法の解説———一括法に対応（9訂版）』一橋出版。
俵静夫（1975）『地方自治法（第3版）』有斐閣。
トクヴィル，A.、松本礼二訳（2005）『アメリカの民主政治（上）』岩波書店。
トクヴィル，A.、松本礼二訳（2008）『アメリカの民主政治（下）』岩波書店。
西尾勝（2007）『地方分権改革』東京大学出版会。
ブライス，J.、松山武訳（1950）『近代民主主義』岩波書店。
松本英昭（2003）『入門地方自治法』学陽書房。

松本英昭（2009a）『新版遂条地方自治法（第5次改訂版）』学陽書房。
松本英昭（2009b）『要説地方自治法——新地方自治制度の全容（第6次改訂版）』ぎょうせい。
村松岐夫（1988）『地方自治』東京大学出版会。
村松岐夫編（2010）『テキストブック地方自治（第2版）』東洋経済新報社。

第2章　地方自治の歴史

　地方自治制度の成立や変遷には、時代背景が強く影響している。日本の地方自治制度はどのように確立していったのか。また、第2次世界大戦の影響をどのように受けたのか。そして、その後の社会情勢の変化は、地方自治制度の改正にどのように影響していったのか。とくに近年では、経済や財政の影響を無視できない。強い中央集権主義に支配されてきた日本の地方自治制度は、そうした環境の変化を受けて、どのように変化してきたのか。第2章では、このような問題意識をもって、明治以来の地方自治制度を、明治の制度確立期から戦時の中央集権期、戦後の民主改革期からバブル期、グローバル化と分権改革期の大きく3つの時期に分類して、制度変遷の歴史を考察する。

1　明治の制度確立期から戦時の中央集権期

(1) 地方自治の基礎形成
▼明治政府の意図と地方自治の制度化

　近代以前の江戸時代には、幕藩体制の下、将軍（征夷大将軍）が幕府、大名が藩を統治しており、各藩は自然集落が発展した村が集まって形成され、村には自治の仕組みができあがっていた。そういう意味で、封建社会の中にありながら、現在でいうところの地方分権的なシステムができていた。その後の明治時代に、日本の地方自治制度は、当時の時代背景に強く影響されながら、近代地方自治制度として確立されていった。

　明治維新の原動力となった薩摩や長州の藩士を中心にして結成された明治政府の課題は、残存する諸藩の勢力を抑えて新政府の求心力を高めることと、通商上の利便性確保の目的や領土的野心から日本を支配しようとする西洋の列強

に対峙することであった。

　そのため明治政府は、国家統治の正当性を示すために、幕藩体制においては実質的な権力を持たず幕府に権威を与える存在に過ぎなかった天皇を国家の中心におき、強力な中央集権国家を志向した。新政権は、1867年11月の大政奉還、1868年1月の王政復古の大号令ののち、1868年6月に公布された政体書に基いて、内閣制度に類似する太政官制を採用するとともに、府藩県三治制を定め、知府事・知県事・大名を配置した（慶応から明治への改元は1868年10月）。維新後の幕府の直轄地は、当初鎮台、その後裁判所と名乗ったが、政体書の公布によって府または県と改称され、それぞれ知府事、知県事がおかれた。藩はそのまま残され大名が統治した。

　さらに1869年7月の版籍奉還によって大名を知藩事とし、1871年8月の廃藩置県により藩を府県に改め、府県を国の地方行政機関として位置づけた。その上で、東京、京都、大阪の3府に官選の知事を、県に同じく官選の県令（1886年、知事に改称）をおいた。今日の府県の国の総合出先機関化は、ここに出自がある。

　また1871年5月、明治政府は、廃藩置県に先立って徴税の基礎となる戸籍法を定め、戸籍事務を処理するために全国に新たに区（行政区画）を設置し、それまでの庄屋・名主・年寄等の村役人に替えて、国の役人である戸長・副戸長をおいた。しかし、自然村から派生した従来の町村を無視した新たな行政単位である区の設置には地方の反発が強く、明治政府は、1872年11月、大区小区制を定めて、区を大区に改称して国の役人である区長をおき、その下に旧来の町村をいくつかまとめて小区をおいて村役人の経験者を戸長・副戸長に任命した。

▼三新法の制定

　大区小区制がなかなか地方に定着しない中、1878年7月、明治政府は、郡区町村編成法を制定して大区小区制を廃止し、旧来の町村を再び行政単位に戻した。そして、府県の下に郡（農村部に設置される地理上の区域であって団体でない）と区（都市部に設置される団体で後の市になる）を設けて、町村は郡の下においた。

　同じく1878年7月、明治政府は、府県会規則を制定し、郡区を選挙区とする公選議員による府県会制度を設けた。府県会には、地方税の徴収方法とそれを

財源にして支出する予算を審議する役割が与えられた。なお、地方のエリートを選挙に参加させる目的で、府県会議員の選挙権者は第14条で「満二十歳以上ノ男子ニシテ其郡区ニ本籍ヲ定メ、其府県内ニ於テ地租五円以上ヲ納ムル者ニ限ルヘシ」と限定され、住民と全人口の約4％の公民（選挙権者・被選挙権者）が区分された（制限選挙）。

さらに1878年7月、地方税規則が設けられ、地方税の種類（地租、営業税、雑種税）と支出すべき費目（警察費、学校費、流行病予防費等）が定められた。

近代日本の地方自治制度の骨格は、1878年7月22日付の太政官布告によって制定されたこの三新法と呼ばれる郡区町村編成法、府県会規則、地方税規則の3つの法律によってほぼ確立し、以後の地方自治制度の基礎となった。

1880年4月、明治政府は、区町村会法を制定して区や町村に区町村会を設けた。その役割は第1条で「区町村会ハ其区町村ノ公共ニ関スル事件及ヒ其経費ノ支出徴収方法ヲ議定ス」と定められた。ただし、町村会の設置は府県の判断に委ねられ、また、町村会は長である戸長を選ぶことはできるものの、任命は府知事・県令が行うこととされた。

（2）地方自治の確立と戦時体制
▼府県制・郡制

明治政府は、自由民権運動の高まりに対処するために、憲法の発布と国会開設を準備するとともに、地方自治制度の整備を進めた。この地方自治制度整備に大きな役割を果し、後に地方自治制度確立の立役者といわれるのが、長州の下級武士出身の山県有朋である。山県有朋は高杉晋作が創設した奇兵隊で頭角を現し、戊辰戦争でも枢要な地位に就いた。維新後は1873年に初代の陸軍卿に就任、日本陸軍の基礎を築いたことで、陸軍の父とも称される。1883年、内務卿（のち大臣）に就任し、1889年には内閣総理大臣に就任している（第1次山県内閣）。1888年、山県有朋は、ドイツから招聘した公法学者アルバート・モッセの助言を得て、市制・町村制の制定を内務大臣として主導し、1890年、今度は第1次山県内閣の下で府県制・郡制を制定した。

行政区画としての府県は、1868年の府藩県三治制に始まりをもち、1871年の廃藩置県によって3府302県が設置され、途中3府72県を経て、1889年に3府

43県に統合されていく。この間、1878年の三新法の成立によって、府県は国の出先機関としての機能に合わせて一定の自治権が付与され、2つの機能を持つことになった。

1889年2月11日に公布された大日本国帝国憲法は、1890年11月29日に施行されるが、大日本帝国憲法下の地方自治制度として、市制・町村制は、1888年4月25日公布、1889年4月以降に順次施行された。府県制・郡制は、1890年5月17日公布、1891年7月以降に順次施行された。

府県制・郡制の内容は以下の通りである。府県に内務大臣が任命する官選知事を執行機関としておき、府県会の議長を兼ねさせた。府県会の議員選挙は、郡会議員・郡参事会員と市会議員・市参事会員による複選制とした。団体に改組された郡に、執行機関としての郡参事会をおくとともに郡会を設置したが、郡会の議長は官選の郡長が兼ね、郡会議員は町村会議員による選挙とした。

これによって、府県、市・郡（郡は団体に昇格）、町村からなる三層制の下に、町村は郡による監督、市・郡は府県による監督、府県は国（内務省）の監督を受ける地方自治の階層構造が確立した。

府県、市・郡、町村は、国の地方機関と自治組織の双方の機能をもつが、このうち、府県と市・郡は、国の地方機関としての性格を強くもつものとなった。なお、国が、国の事務を地方公共団体の長に委任してその執行を国の指揮監督の下におく機関委任事務は、この市制・町村制の制定をきっかけにしてつくられた。

また、大都市の特殊性を有する東京・京都・大阪の3大都市については、市長の職務は府知事、助役の職務は府の書記官が行う特例が設けられるとともに、自治権は一般の市以上に制約された。

▼市制・町村制

1888年に制定された市制・町村制の内容は以下の通りである。

市には、市会を設けて、市長の選任は市会が推薦する3人の候補者の中から内務大臣が天皇に上奏してその裁可を受けるものとされるとともに、市長及び市会の選任する助役1名と名誉職参事会員6名からなる市参事会が執行機関とされた。

なお、市会議員選挙の有権者は第9条で「独立ノ生計ヲ営ム年齢二十五年以

上ノ男子」で「二年以来市ノ住民ト為リ其ノ市ノ負担ヲ分任シ且其ノ市内ニ於テ地租ヲ納メ若ハ直接国税年額二円以上」を納める公民に限定し、公民は納税額に応じてさらに3等級に区分された（3等級選挙制）。一方、市内に住居を有する者は、住民として公民と区別し、8条2項で「市住民ハ本法ニ従ヒ市ノ財産及営造物ヲ共用スル権利ヲ有シ市ノ負担ヲ分任スル義務ヲ負フ」と規定された。

町村には、町村会を設けて、町村会が町村長を選挙することとし、町村長が町村会の議長を兼ねた。町村会議員選挙の有権者は、市会と同様に公民に限られるが、2等級制でそれぞれ議員定数の半数を選挙した。

また、市制・町村制の制定にあわせて、自然集落に由来する江戸時代から引き継がれてきた町村は、行政目的に合致するように規模拡大が図られ、内務大臣訓令に基づいて約300〜500戸を標準規模として町村合併が実施された。その結果、市町村数は、1888年の71,314（うち町村71,314）から、1889年には15,859（うち町村15,820）の約5分の1に減少した。

▼自治拡大と制度安定

明治初期の制度形成期を経て、地方の要望に沿う形で自治の拡大が進み、地方自治制度も次第に安定していく。

1899年、府県制・郡制が改正され、府県会議員と郡会議員の複選制が廃止されて直接公選制になった。1911年、市の参事会が廃止された。

1921年、郡制が廃止された。1926年、市制が改正されて市長の選任において内務大臣・府県知事による承認が廃止され、市会の選挙によるものとされた。1926年、男子普通選挙が実施され、市会、町村会の議員選挙における等級選挙が廃止された。

大都市制度については、1898年、東京、大阪、京都の3大都市について知事が市長を兼任する特例が廃止され、市長と市役所が新設された。3市に新たに名古屋、横浜、神戸が加わった6大都市が、第1次世界大戦後、府県から独立した権限をもつ特別市への移行を求めたが、府県の強い反対があって、1922年、6大都市行政監督に関する法律が設けられ、府県知事の監督は縮小されたものの特別市への移行は叶わなかった。

▼戦時の中央集権化

　第 2 次世界大戦の戦時下、国による中央集権体制が強化され、その影響は地方自治にも及んだ。戦時の中央集権体制は、今なお国政全般にわたって残り、東京一極集中の原因となっている（いわゆる「1940年体制論」）。

　1940年体制論は、野口悠紀男によって唱えられた考え方で、1990年代以降続く日本の長期不況の原因を、1940年代に、国の官僚によって戦時体制の一環として作られた中央集権色の強い国家統制経済に求めている。日本経済の長期低迷は人為的に作り出された制度が残存しているからだと看做すところに特徴があって、制度を変えれば問題は解決されるとして、後の規制緩和を進める理論的根拠の一つとされた。

　1940年、大政翼賛会が結成され、民間の各種団体は、政府の協力団体とされて団体本部を東京に設け、国の一元的な管理の下におかれた。1943年、地方自治体についても国の機関化が図られた。市町村は国家行政の第一線機関とされ、市長は市会の推薦に基づき内務大臣が任命し、町村長は町村会の推薦に基づき府県知事が許可・任命することとなった。町内会や隣組の住民組織も、市町村の末端組織として行政組織のヒエラルキーの中に組み込まれた。

　1943年、首都防衛を目的に東京府が東京市を吸収する形で東京都が創設され、その下に法人格をもつ特別区がおかれた。

2　戦後の民主改革期からバブル期

（1）戦後の民主改革

　第 2 次世界大戦後の民主改革の一環として、地方自治制度は、中央集権から地方分権へ、いわゆる官治から自治へとその歩みを進めることになる。

　GHQ による占領下、日本国憲法制定前の1946年、東京都制、府県制、市制・町村制が改正（第 1 次地方制度改革）され、選挙権・被選挙権が満20歳以上の男女に拡充されるとともに、住民の直接請求制度、都長官（1943年東京府と東京市の結合によって生まれた東京都の首長職名であり、1947年に都知事に改称）・府県知事・市町村長の公選等が定められた。

　1947年、日本国憲法及び地方自治法等の施行によって、地方自治の憲法保障、

内務省の建設省・労働省・自治省・国家公安委員会及び警視庁への分割、地方団体別法制の地方自治法への集約、都道府県知事や市町村長の公選・直接選挙、市町村所管の自治体警察及び公選委員からなる市町村教育委員会の設置、条例制定改廃請求等の直接請求制度の整備等、民主主義的な内容をもつ制度改革が進められた。

　しかし、地方自治制度をめぐる戦後の民主改革は必ずしも充分な内容でなく、国、都道府県、市町村の上下関係、階層性に基づく各種の行財政システムは温存された。

　地方自治法は、住民自治の主体たる住民の地位を消極的に定めるだけで、機関委任事務は、知事公選制の導入と引きかえに、市町村長から都道府県知事に拡大適用された。また、GHQの要請で1949年に来日したシャウプ税制調査使節団は、1949年8月27日付と1950年9月21日付の2つの報告書で租税原則の基礎に負担の公平と資本価値の保全をおいて、間接税中心の税制から直接税中心の税制に改めること、及び、地方税制の確立、国庫補助金の原則廃止、地方財政平衡交付金制度の創設、国・都道府県・市町村の行政権限を行政責任明確化と市町村優先の原則の下に再編成することを勧告した。シャウプ勧告に基づく税制改革は1951年に実施されたが、数年のうちに一部改廃された。また、地方自治に関して打ちだした市町村優先の原則は、都道府県が強く反発して実現しなかった。

(2) 中央集権の一部復活と制度の安定

　地方自治制度は、戦後の民主改革後、中央集権体制が一部復活するものの、1960年前後に安定期に入る。

　1952年、市町村への財政措置を欠いた市町村警察が廃止され、都道府県警察が創設された。同年、東京特別区長の直接公選制が廃止された（1975年、区長公選制復活）。

　1953年、町村合併促進法によって、町村を人口8,000人規模（1町村が公立の新制中学校を建設維持できる能力）に拡大することを目的にして町村合併が促進され、同年10月1日現在9,868あった市町村（うち町村9,582）は、1956年9月末までに3,975（うち町村3,477）へと減少した。

1954年、シャウプ勧告に基づいて、地域間の財政均衡を図る目的で導入された地方平衡交付金をめぐり、大蔵省と地方財政委員会（内務省の廃止に伴って内閣に設置された合議制の機関で、後に地方自治庁設置法によって廃止）が自治体への配分総額をめぐり対立したため、国税（当時は所得税・法人税・酒税）収入の一定割合を自動的に交付財源にする地方交付税制度に移行した。

　1956年、教育委員の直接公選制が廃止されるとともに、義務教育担当教員の任用事務が市町村から都道府県へ移管された。また、大都市制度に関しては、同年、都道府県側の反対によって実施されなかった地方自治法の特別市制条項が削除され、市に関する特例として政令指定都市制度が創設された。

　1957年、第4次地方制度調査会（総理大臣の諮問機関）において、道州制案（都道府県を廃止し、地方ブロック単位に道または州と呼ばれる国の機関を設置する案）が検討されたが、府県知事と国の各省の反対で実現しなかった。

　1960年、地方自治庁と国家消防本部が統合されて自治省が設置されたが、戦前の内務省のように強大な権力をもって地方を統括する巨大官庁の復活とはならなかった。

（3）高度成長と新中央集権化、革新自治体の誕生
▼効率化を志向する新中央集権化

　「もはや戦後ではない」というフレーズで1956年の経済白書が表現したように、1955年頃以降になると、日本経済は戦後の混乱から脱却して、年平均の経済成長率が10％を超えるほどの高度成長期に入る。これに伴い、地方自治制度は、効率化を志向した新中央集権化が進む。

　1960年12月、池田勇人内閣は、高度経済成長政策を採用して国民所得倍増計画を決定、1960年が政治的な起点となって、経済の高度成長がはじまった。地方と関係の深い国土計画においては、1962年、（第1次）全国総合開発計画が策定され、それ以降一貫として「国土の均衡ある発展」を掲げて国土開発が進められることとなった。

　同じく1960年、新産業都市建設促進法が制定され、拠点開発方式による開発が全国ではじまった。1961年、水資源開発促進法、水資源開発公団法が制定された。1963年、農林省の農事事務局が全国8ブロックの地方農政局に改組され

た。1964年、河川法の改正で主要河川が一級と二級にわけられ、一級河川の水利許可権等が建設大臣の所管に引き上げられた。1964年、道路法の改正で主要道路の一級、二級の区別を廃止し、一般国道に統合された。

また、高度成長に伴う税収増によって、1961年以降、減税が相次いで実施された。地方交付税の原資となる国税（所得税・法人税・酒税）の割合も、1966年、2.5％引き上げられて32％とされ、地方の行政需要の増加に応えた。

▼高度経済成長の歪みと革新自治体の誕生

経済の高度成長は、都市と地方の双方において、国民生活に歪みをもたらし、地方自治にもその影響を及ぼした。

大都市圏では都市化が進み、住宅、飲料水、交通混雑等生活環境の悪化が進んだ。公害の発生、生活環境の悪化に対して、激しい住民運動が生まれ、日照権、環境権等の新しい権利が主張された。一方、農村では過疎化が進み、急激な人口減少に見舞われた。

このような社会情勢の変化を受けて、革新勢力に擁立される首長が全国で相次いで誕生した。革新派首長は、市民参加を重視するとともに、生活者重視の観点から、公害防止、乳児や老人医療費の無料化、消費者保護、環境保全、宅地開発規制等の都市政策を推進した。その延長上に、地方自治体が企業と公害防止協定を結ぶ等によって国の規制を上回る環境保全政策を実施する等、地方自治体が国に先行して政策を実施し、国がその後追いで制度を整備するという政策形成のイニシアティブの逆転現象も生まれた。

▼自治体財政の危機と革新自治体の退潮

革新派首長の理想主義は高く評価されるものの、一方で財源面への配慮を欠き、組織のマネジメントスキルに欠けるところがあった。そのため、福祉重視の政策パラダイム（枠組み）から抜けだせず、保守勢力が福祉政策を取り込むと政策上の個性を失い、自治体の財政危機の到来とともにバラマキのマイナスイメージを残して消えていった。

1955年、自由党と民主党の保守合同によって出現した55年体制は、与党自民党と野党社会党が、表面的にはイデオロギーをめぐる厳しい対立を演出しながらも、水面下で、資本家側の代表者としての与党と労働者側の代表者としての野党が、資金の分配をめぐる調整を行うために共通の利害で結びついていたと

いわれる。この本音と建前が乖離する構図が、地方では革新派首長の登場によって要求する側が資源の配分を行う側に回ったものの、財源の手当と実務能力を欠き資金分配の調整が上手くできなかったことが、革新派首長が続かなかった原因ともいえよう。

しかし、各地で誕生した革新自治体が、地方をそれまでの国の監督下から脱却させ、地域のことは地域の住民自身が決定するという地方自治の基本を確認させ、地方自治を根づかせるきっかけづくりをしたことは、歴史的に極めて意義のあるものとなった。

(4) 低成長と国民の生活安定志向

1971年のドル・ショック（アメリカ大統領リチャード・ニクソンがドルと金との交換停止を発表し、固定相場制を定めるブレトンウッズ体制が終焉）を契機とする変動相場制への移行、さらに、1973年の第1次石油ショック（第4次中東戦争）、1979年の第2次石油ショック（イラン革命）によって石油価格が高騰し、原料輸入・製品輸出という加工貿易によって経済成長を続けてきた日本経済は、円高と原料費の高騰というダブルパンチによって低成長に移行する。国民の意識も、経済の低成長を受けて生活の安定を志向しはじめ、地方自治もその影響を受ける。

1977年、定住構想を柱とする第3次全国総合開発計画が決定された。また、国や地方の財政赤字の拡大によって行政改革の推進が課題となり、1980年、国は16年振りに臨時行政調査会（第2次臨調）を設置し、同調査会は5次にわたって答申をだした（1983年に解散）。1983年、地方行革大綱が閣議決定され、事務事業の見直し、組織機構の簡素合理化、給与の適正化、定員管理の適正化、民間委託・OA化等の事務改善の推進、会館等の公共施設の設置管理運営の合理化、地方議会の合理化が重点項目とされた。

自治体サイドからは、地方の自立と行政の効率化の両立を図る「自治体経営論」や肥大化した行政サービスの見直しを求める行政の「守備範囲論」が唱えられた。1978年の首都圏地方自治研究会のシンポジウムで使用された「地方の時代」の用語は、経済低成長下で生活の安定を求める住民の期待に応える存在として、地方が注目を集める時代になったことを象徴する言葉として流行した。

(5)バブルと地域振興

　日本経済は、1971年のドル・ショック、1973年と1979年の2度にわたる石油ショックによる円高不況を徹底したコスト削減で乗り切ったが、結果的に貿易収支の黒字化を助長して対外貿易摩擦の激化を招き、内需振興への圧力が高まった。

　1985年9月のG5によるプラザ合意(ニューヨークのプラザホテルで行われた先進5か国蔵相・中央銀行総裁会議)によって、日本は円高政策へ転換した。日本銀行(以下、日銀)は、円高不況を危惧する声に押されて、公定歩合(日銀が金融機関に直接資金を貸しだす際の基準貸付金利)の引き下げを繰り返した。1986年1月に、日銀は、公定歩合を5％から4.5％に引き下げ、以後、1987年2月の2.5％まで7回にわたって引き下げ、超金融緩和政策を採った。そのため、株・土地・債権・建物・絵画・宝石等の資産額が実質的な価値以上に膨んで、実態以上の評価益を生むバブルが生まれた。

　一方、地方に関係した政策面では、1987年、第4次全国総合開発計画が決定され、交流ネットワーク構想を掲げる多極分散型国土の形成が目指された。

　同年、竹下登内閣は、地方自治体の規模の大小を問わず1億円を交付するふるさと創生事業を打ちだし、地方自治体による町おこしを推進した。この政策は、地方の政策を国の補助事業にいかに載せるかに目が向きがちだった地方自治体に、独自の町おこしを検討させるきっかけをつくった点で評価されるが、(財源を考慮しない)バラマキとの批判も寄せられた。

　財政面では、1988年12月に消費税が創設(3％)されたのに伴い、1989年度には、消費税(3％)の20％が消費譲与税として自治体に配分されるとともに、消費税の24％とたばこ税の25％が、地方交付税の原資として新たに追加された。

(6)バブル崩壊と地方分権

　日銀は、バブル解消のために公定歩合の引き上げに乗りだした。日経平均株価は1989年12月29日の38,915円87銭をピークにして下降をはじめるが、1990年8月の6％への第5次の公定歩合引き上げが作用して10月に株価が暴落、バブル崩壊がはじまった。翌1991年に至り、バブル崩壊は本格化する。

バブル崩壊による予想外の深刻な景気減退に直面して、政府は、総合経済対策として国債・地方債を大量に発行して公共投資を拡大した（これが後の国や地方の財政危機の原因となる）。日銀も、金融政策として公定歩合の相次ぐ引き下げを行った。しかし、政府や日銀による懸命の財政政策や金融政策にもかかわらず、経済不況は後に「失われた10年」と呼ばれるように長期化した。

　ついに日銀は、1999年2月の金融政策決定会議において、公定歩合を0.25％に据えおいたまま、日銀の市場介入によって実現される銀行間の短期金融市場の金利（無担保コール翌日物金利）の誘導目標を0.25％から実質0％に下げるという、実質的なゼロ金利政策を決定した。以降、景気は回復への兆しをみせはじめる。

　一方、政治面では1993年8月、38年振りに55年体制が崩壊し、細川護熙連立内閣が誕生した。1994年、細川内閣の政治改革で小選挙区比例代表並立制が導入されるとともに、経済の低成長と国・地方の財政危機を受けて、規制緩和と地方分権が政治改革のキーワードになった。

　同年6月に成立した村山富市内閣は、翌1995年11月に税制改革関連4法案を成立させた。これにより1997年4月、消費税率を3％から4％に引き上げるとともに、新たに地方消費税1％を上乗せして、あわせて5％とすることが決まった。地方消費税1％分は地方へ配分されるが、従来からの（国税としての）消費税の地方交付税への配分割合も24％から29.5％に引き上げられ、地方の財源確保に一定の配慮がなされた。

3　グローバル化と分権改革期

（1）グローバル化と地方の疲弊

　日本経済は、グローバル化が進む世界経済の中で、バブル崩壊後の「失われた10年」と呼ばれる1990年代の経済不況を経た後も、生産拠点のアジア移転、人口減少に伴う消費の減退、さらに、サブプライムローンの焦げつきに端を発する世界的な金融危機・経済不況の中で低成長が続き、従来のような高い経済成長を期待することが難しくなった。やがて「失われた20年」という呼称が定着する。

グローバル化は、世界都市として発展を遂げる東京への一極集中を加速させる一方で、東京とそれ以外の地域、都市と農村の二極分化を招き、地域間格差を拡大させている。疲弊する地方にあっては、地域の活性化が重要なテーマとして採り上げられるようになった。

　地方自治体は、産業の衰退と人口の減少により将来の歳入増加が期待できないにもかかわらず、高齢化による福祉的経費の増加が見込まれるため、一層の歳出削減が必要とされている。そのため、2007年7月、国は、総務省事務次官通達（「新行革指針」）によって、スクラップ・アンド・ビルドによる定員管理の推進、給与水準の一層の適正化と不適切な特殊勤務手当の速やかな是正、地方公社の設立や出融資への慎重な対応、バブル期に着手した地域開発事業の見直し、庁舎・会館等施設整備の適切な事業選択等を指示した。

（2）地方分権への歩み

　細川護熙内閣時に提唱された規制緩和と地方分権によって、地方分権改革が進みはじめた。1995年5月に制定された地方分権推進法（5年間の時限立法）を根拠に設置された地方分権推進委員会は、1998年10月までに5次にわたる勧告をだした。

　勧告内容は、1998年5月に閣議決定された地方分権推進計画に採り入れられ、翌年7月、500近い関連法の整備を伴う地方分権一括法が成立し、2000年4月から施行された。地方分権一括法の施行によって、国と地方の分担すべき役割の明確化については、機関委任事務が廃止され一定の進捗がみられたが、肝心の国から地方への財源移譲は進まなかった。

　そうした中で2001年に登場した小泉純一郎内閣は、国と地方の財政改革を「三位一体改革」と名づけて、概ね4兆円の国庫補助負担金廃止と3兆円程度の税源移譲を掲げて実現に取り組み、2004～2006年度の3ヵ年で、国庫補助負担金廃止約4.7兆円、税源移譲約3兆円、地方交付税総額の削減（地方交付税及び臨時財政対策債）約5.1兆円を実現し、一定の成果をあげた。ただ一方で、地方交付税の削減が1年間で約5.1兆円と急激で巨額の削減であったことと、補助金の削減が地方の義務的支出に関わる国の負担金削減中心に進んだことによって、地方財政は貧窮し、地方の不満はかえって高まることになった。

図表2-1　地方自治年表

年	事　項
1868	府藩県三治制（府に知府事、藩に大名、県に知県事をおく）
1869	版籍奉還（大名は知藩事に任命）
1871	戸籍法公布、廃藩置県（府は知事とし、知県事を県令に改称）
1872	大区小区制
1878	三新法（郡区町村編成法・府県会規則・地方税規則）公布
1880	区町村会法公布
1885	内閣制度制定、県令を知事に改称
1886	地方官官制の制定（行政事務・警察事務の執行）
1888	市制及び町村制公布
1889	大日本帝国憲法発布
1890	帝国議会の開設、府県制・郡制公布
1899	府県制・郡制改正
1911	市制町村制改正（市制と町村制に分離）
1921	郡制廃止
1922	府県制改正、5大都市行政監督に関する法律改正（6大都市へ）
1926	府県制改正、市制町村制改正、郡長・郡役所廃止
1929	府県制改正、市制町村制改正
1940	大政翼賛会結成
1943	市制・町村制、府県制改正、東京都制公布（東京府が東京市を吸収）
1946	新選挙法による総選挙、東京都制・府県制・市制町村制改正、日本国憲法公布
1947	部落会町内会等整備要綱廃止、日本国憲法・地方自治法施行、内務省廃止
1948	市町村警察発足
1949	シャウプ第1次勧告
1950	地方財政平衡交付金制度の設置、地方公務員法公布
1952	自治庁設置、地方制度調査会発足、市町村警察廃止
1953	町村合併促進法公布
1954	市町村警察廃止・都道府県警察へ移管、地方交付税制度創設
1956	特別市制度を廃止して政令指定都市制度創設、教育委員の公選制廃止
1957	第4次地方制度調査会が道州制を答申
1960	自治省発足、池田勇人内閣が国民所得倍増計画発表
1963	新産業都市13か所指定
1964	河川法、道路法改正
1967	革新都政誕生、公害対策基本法公布
1969	地方自治法改正、市町村に「基本構想」策定義務づけ
1970	自治省「コミュニティ対策要綱」通知、過疎地域対策緊急措置法成立
1971	環境庁発足、ドル・ショック
1973	第1次石油ショック
1978	「地方の時代」提唱
1980	第2次臨時行政調査会設置
1985	地方行革大綱

年	事項
1988	「ふるさと創生1市町村1億円事業」実施、地方交付税法改正
1989	消費税導入
1993	細川護煕連立内閣誕生
1995	地方分権推進法成立
2000	地方分権一括法施行（機関委任事務の廃止、中核市要件の見直し、特例市創設等）
2006	地方分権改革推進法
2008	地方分権改革推進委員会勧告（第1次勧告）
2009	地方分権改革推進委員会最終勧告（第4次勧告）、地域主権戦略会議
2010	地域主権戦略大綱
2011	第1次一括法公布
2012	第2次安倍内閣アベノミクス「3本の矢」を開始
2013	国家戦略特別区域法公布
2014	消費税8％に引き上げ、第4次一括法公布、地方分権改革推進本部「提案募集方式」を決定
2015	大阪市特別区設定住民投票（賛成49.62％、反対50.38％） 国勢調査で初めて日本の総人口が減少（1億2,709万人、2010年から96万人減少）

出所：大森（1995）47〜49頁を元に作成、内容を追加。

またこの間、地方分権改革の一環として、地方分権の受け皿づくりを名目にして、地方分権改革を担う基礎的自治体の行財政力の向上を図るために、市町村合併が推進された。

このように、第1次地方分権改革は一応の成果をあげて終了したが、2006年12月、地方分権改革推進法が成立して第2次地方分権改革がスタートした。

第2次分権改革では、市町村合併が一段落した後の課題とされる道州制の実現、さらなる地方への税財源移譲、立法の地方分権、国の出先機関の見直し、府県と市町村の二重行政の見直し等、第1次分権改革で不十分か先送りされた事項がテーマに上がった。しかし、4次にわたる勧告を行ったところで、2009年、自民党から民主党への政権交代を迎え、民主党政権下で改革が続けられた。

2012年12月26日、直前の衆議院選挙での自民党の大勝を受けて、自民党と公明党の連立による第2次安倍晋三内閣がスタートした。安倍内閣は、新たな経済政策として、大胆な金融政策・機動的な財政政策・民間投資を喚起する成長戦略の3つをアベノミクスの「3本の矢」と名付けて一体としての取組みを開始した。このうち成長戦略においては、内閣官房まち・ひと・しごと創生本部

と内閣府地方創生推進事務局が設置され、両者が両輪となって地方創生の推進に向けた施策を推進することとされた。アベノミクスの成果が今後問われることとなる。

研究課題

1　明治初期の地方自治の形成に大きな影響を与えた三新法について述べなさい。
2　地方自治に関する戦後の民主改革の不十分性の原因について述べなさい。
3　革新自治体の意義と限界について述べなさい。

参考文献

阿部齊・天川晃・澤井勝（2002）『地方自治政策Ⅰ　日本の地方自治――その現実と課題』放送大学教育振興会。
宇賀克也（2009）『地方自治法概説（第3版）』有斐閣。
大森彌（1995）『現代日本の地方自治』放送大学教育振興会。
兼子仁（1999）『新地方自治法』岩波書店。
妹尾克敏（2006）『地方自治法の解説――一括法に対応（9訂版）』一橋出版。
総務省「市町村数の変遷と明治・昭和の大合併の特徴」
　（http://www.soumu.go.jp/gapei/gapei2.html）。
俵静夫（1975）『地方自治法（第3版）』有斐閣。
西尾勝（2007）『地方分権改革』東京大学出版会。
松本英昭（2003）『入門地方自治法』学陽書房。
松本英昭（2009a）『新版逐条地方自治法（第5次改訂版）』学陽書房。
松本英昭（2009b）『要説地方自治法――新地方自治制度の全容（第6次改訂版）』ぎょうせい。
村松岐夫（1988）『地方自治』東京大学出版会。
村松岐夫編（2010）『テキストブック地方自治（第2版）』東洋経済新報社。

第3章　地方分権改革

　戦後の地方自治は、当初、地方分権の方向性があったものの実際は首長を出先機関として扱う機関委任事務が広範に存在し、中央集権的な運営がなされていた。当然この状況に批判もあったが、1970年代前半までの高度経済成長の成果により、政策の全国への迅速な実施で評価する声もあった。しかし、1980年代以降、少子高齢化の進展や東京一極集中の是正等もあって、次第に地方分権が必要との認識が広がっていった。そこで、2000年4月に地方分権一括法が施行され、第1次分権改革が実現する。これにより、機関委任事務を廃止し国と地方を対等な関係に改め、権限移譲も進め、国の地方への関与もルール化された。だが、依然として執行面では、法令による義務づけ等いくつかの課題が残った。また地方財政自立のため、三位一体改革で国から地方への税源移譲がなされたが、同時に地方の重要な財源である地方交付税が大幅に削減された。期待された政権交代後の民主党連立政権の下、「地域主権」という名で第2次分権改革として法令による義務づけの見直しなどが進んだが、依然として道半ばといえる。地方の自立や地域の実情、住民ニーズに沿った地域経営のために、今後とも一層進んだ分権改革が求められる。

1　戦後の地方自治と地方分権改革

(1)戦後の地方自治
　戦後の地方自治制度は、1946年制定の現行憲法に、明治憲法になかった地方自治の章を新たに設けるとともに、地方自治法によって、地方自治の本旨としての住民自治と団体自治を充実するとの考えの下に制度設計された。たとえば、戦前の官選知事は改められ、知事や市町村長といった首長と議会議員をとも

に、住民による直接選挙で選出する二元代表制を採用した。さらに、アメリカからやってきたコロンビア大学教授カール・S・シャウプによって、1949年に、シャウプ勧告として、地方分権の基本的方向が提示された。

シャウプは、地方財源の強化、国税・地方税の独立を訴え、それは1950年の地方税法改正でいくつか実現し、自治体間の財政力不均衡の是正のために地方財政平衡交付金が創設されて、後の地方交付税になった。また、シャウプは、行政の事務配分の3原則も提示した。その内容は、第1に「行政責任明確化の原則」で、事務の権限と財源を明確化し、行政執行の際の責任を明らかにする、第2は「能率の原則」で、規模・能力・財源の整った自治体に行政事務を割りあてる、第3は「市町村優先の原則」で、地方自治確立のために、事務は市町村に優先的に割りあてる、というものだった。この考えからシャウプは、機関委任事務、国庫補助金の廃止を主張した。

このような地方自治尊重の憲法や地方分権を目指すシャウプ勧告によっても、日本の地方自治は依然として中央集権的なままだった。なぜなら、首長を中央官庁の指揮命令下におく機関委任事務が広範に国と市町村に存在し、中央省庁が通達や通知文をもって安易に行政サービスの提供の仕方を自治体に指示していたからである。また、「3割自治」ともいわれた地方財政の脆弱さのため、自治体は国庫補助金に依存することが多く、補助要綱や箇所づけで国にコントロールされていた。さらに、国は中央官僚を自治体幹部として派遣することによって、人的にも自治体に大きな影響を与えていた。ただ、こうした中央集権的な状況も、順調な経済発展を背景とした1970年代前半の高度経済成長の終焉までは、中央省庁で決定した政策を全国で強力・迅速に実施するための優れたシステムであるとの評価もあった。

しかし、1970年代後半以降、経済は低成長に転じ、少子高齢化、情報化、国際化が問われるとともに、東京一極集中は一向に是正されなかった。このため、従来の中央集権的なシステムで、これからの国内外とも複雑多様化する時代に十分対応できるかという疑問が提示されるようになった。少子高齢化の問題を取り上げても、各々の地域実情や住民ニーズにあった保育や介護サービスの展開が必要であった。また冷戦崩壊後は、複雑化する国際社会に、外交面等で迅速・的確に対応する必要性がでてきた。そのため、身近な行政サービスは可能

な限り住民ニーズを把握しやすい自治体に任せる形で地方分権を進め、中央政府においては、外交・国防の他国内のより大きな課題に十分取り組める態勢を整えるべきだという考えが強くなった。

(2) 地方分権の高まり

　1990年代に入ると、1992年の東京佐川急便事件等の汚職事件が続いたため、政官癒着や公共事業等利益誘導型政治と決別するには、政治資金の規制や選挙制度を改革する政治改革が必要だとの論調が高まった。同時にこうした理由で、地方分権改革が必要だとの機運も高まっていった。

　地方分権改革が政治課題となる契機は、1993年6月の国会衆参両院における超党派での地方分権推進の決議だった。この決議で地方分権は、ゆとりと豊かさを実現できる社会を築くためのものとされた。同月の小沢一郎元幹事長の自民党離党を契機に、宮澤喜一内閣の不信任決議が可決されて衆議院は解散し、総選挙を経て日本新党の細川護熙代表を首相とする非自民8会派の連立政権が8月に発足した。それは、1955年以降の長い自民党保守政権、55年体制の崩壊を意味した。細川政権は、地方分権を政権公約にした。細川首相自身も熊本県知事出身であり、今でいえばもともとは改革派知事であった。そして同年10月には、第3次臨時行政改革推進審議会の最終答申で、地方分権が規制緩和と並ぶ行政改革の2本柱に位置づけられた。

　この結果、最終的には1995年5月に5年間の時限立法として地方分権推進法が制定されることになる。この法律で設置された地方分権推進委員会による5回の勧告を経て、地方分権推進計画が1998年5月に閣議決定される。本計画に基づき立案された地方分権一括法は、1999年7月に成立し、2000年4月より施行された。この第1弾の地方分権改革は、第1次分権改革と呼ばれることになる。なお、この分権改革は、市町村合併を進めるにあたっての受け皿論にもつながった。

(3) 第1次分権改革

　2000年4月の地方分権一括法施行で実現した第1次分権改革は、国と地方の役割分担という観点から、国から都道府県、都道府県から市町村への権限移譲

も行われる等、その内容は多岐にわたる。また、国と地方は対等であって、自治体は自ら政策を決定できると同時に責任も取るべきという自己決定・自己責任の意識を広める契機となった。ここでは、第1次分権改革の中心的改革といえる機関委任事務の廃止、国の関与のルール化、国・地方の係争処理制度創設を取り上げる。

　第1次分権改革の最大の目玉は、やはり機関委任事務の廃止である。この事務は首長を国の出先機関の長として扱い、包括的な指揮監督の下におくもので、国と地方を上下関係に位置づけるものとして以前から問題視されていた。都道府県事務の7～8割、市町村事務の3～4割を占めていた機関委任事務について、国直轄の事務を除いて廃止し、全ての事務を自治体本来の事務である自治事務と法定受託事務とに振りわけた。

　法定受託事務とは、法令により自治体が処理するとされる事務のうち「国が本来果たすべき役割に係るものであって、国においてその適正な処理を特に確保する必要があるもの」（地自法2⑨）とされた。たとえば、旅券、国政選挙、国勢調査等指定統計の事務、一般国道・一級河川等の管理等がある。これら法定受託事務以外は、全て自治事務となる。たとえば、建築確認事務、都市計画の決定等である。ところで、従来、機関委任事務は条例制定の対象外とされ議会の関与も限定されていた。これに対して、新たな事務区分である法定受託事務は、あくまで自治体の事務であるので、条例制定が可能となった。これによって、自治体執行部と議会にとって条例を駆使した地方行政の幅が大きく広がった。つまり、これは自治立法権の拡大を意味する。

　次に、第1次分権改革では、従来、国つまり中央省庁は、その所管である機関委任事務を実施するため、通達や通知をだして自治体を指揮命令していたのを改め、国の地方への関与のルール化を図った。国の地方への関与は、法定主義の原則、一般法主義の原則、公正・透明の原則という3つの原則にしたがいルール化された（図表3-1参照）。国が自治体の事務事業執行に関与する場合には、法令の根拠が必要とされ、関与の基本類型として助言、勧告、是正要求、協議等が定められ、国の関与はルール化された。たとえば、国が以前のように事務事業のやり方等を示す通達をだしても、それは「命令」ではなく単に技術的な「助言」でしかない。したがって、自治体は単に参考にすればいいだけと

図表3-1　関与に関する3原則

1	法定主義の原則（地自法245の2） ・関与は、法律又はこれに基づく政令の根拠を要する。
2	一般法主義の原則（地自法245の3～245の8） ・関与は基本原則にのっとり規定される。 〈基本原則〉 ・関与は、その目的を達成するために必要最小限のものとし、かつ、地方公共団体の自主性及び自立性に配慮する（地自法245の3①）。 ・地方自治法に諸関与の一般的なルール（立法指針）を定める（地自法245の3②～⑥）。 ・地方自治法を根拠にして行うことのできる関与の規定を置く（地自法245の4～245の8）。 〈関与の基本類型〉 ・自治事務（4種類）：助言又は勧告、資料の提出の要求、是正の要求、協議 ・法定受託事務（7種類）：助言又は勧告、資料の提出の要求、同意、許可・認可又は承認、指示、代執行、協議
3	公正・透明の原則（地自法247～250の6） ・関与に関する手続きについて、書面の交付、許可・認可等の審査基準や標準処理期間の設定、公表等を定める。

出所：妹尾（2007）164、165頁。

なった。つまり、これは法令等の自治解釈権の拡大を指す。

さらに、関与のルール化担保のため、国地方係争処理委員会が設置された。自治体が国の関与に不満をもつ時は委員会に審査の申し出ができ、委員会は審査の上、国に勧告を行うことができる。さらに、勧告を受けた国の機関が措置を講じない時等は、自治体は国の関与取り消しを求めて高等裁判所に提訴できる仕組みになっている。

2　国と地方の政府間関係

地方自治のあり方について、自治体をより自立的な政府つまり地方政府として位置づけ、それと中央政府との関係を国と地方の政府間関係として分析する方法においても、依然として中央集権的な説が有力だったが、より精緻で新たな視点からの説が唱えられた。

たとえば、天川（1983、1986）は、人員、権限、財源、情報等行政資源の配分決定権が相対的に国と地方のどちらが大きいかという「集権一分権」の軸と、

自治体の行政サービス提供に国がどの程度関与できるかという「融合―分離」の2つの軸から、地方自治を類型化し分析する方法を提示した。この2つの軸によって、地方自治は、「集権・融合型」「分権・融合型」「集権・分離型」「分権・分離型」という4つの型が導きだされる。そして、「集権・融合型」であった戦前の地方自治は、戦後、「分権・分離型」のアメリカ地方自治制度の影響を受けて、行政資源の配分決定の権限は自治体にあるが、行政サービス提供には国の関与が大きい「分権・融合」へと変化したと分析した。この天川モデルの影響は大きく、その後様々な研究者によって引き継がれ修正が加えられた。

一方、村松（1988）は、より実態に即し、かつ地方での政策展開のダイナミックさを明らかにするため、従来の中央集権的な「垂直的行政統制モデル」に加え、新たに「水平的政治競争モデル」を提示した。水平的政治競争とは、自治体内での選挙による競争や自治体間での競争を指す。自治体は、この政策競争に勝つために中央への積極的な働きかけをしていた。このモデルにより、1960年代の高度経済成長期に、地方間の激しい競争によって、新産業都市の指定を国の当初の予定より大幅に多い自治体にせざるを得なくなったことや、1970年前後、公害対策、福祉政策において地方の政策が国の政策より先行して進んだことを説明した。国からの統制はあるものの、国はその政策に基づく事務事業を全国で展開するためには地方の協力が不可欠である。一方、自治体間の政策競争があり財政面では脆弱な自治体は、その政策実現のために国への働きかけをたびたび行った。つまり国と地方の関係は、政策展開をめぐり相互依存関係にあるとの分析だった。

このように、日本の地方自治は集権か分権かと問われると、行政制度に着目すれば機関委任事務の存在が示すように、第1次分権改革以前は明らかに集権的だったといえよう。だが、より実態に即した分析をすると、自治体レベルでの行政資源の配分決定は自治体が行っており、政治の面では分権的側面をもっていた。また、自治体に関わるあらゆる事務事業が自治体を通して行われているため、国は政策展開の中で地方の協力が不可欠であり、一方、自治体は依然として財政面も能力面でも国に依存する傾向があった。たとえば、先進諸国で成立した福祉国家をみても、国は自治体の行政活動なくして福祉サービス等を

国民に提供できないため、国と地方の関係は相互依存関係にならざるを得なかった。

前述の第1次分権改革は、行政執行面での制度改革が中心であり、天川のいう融合を分離にしようとするものである。ただ、法令等による関与が多く残っており、実質的には分離されたかは疑問がある。同じく、村松のいう垂直的行政統制が実質的に改革されたかも疑問が残り、依然として国と地方の相互依存関係は続いているといえよう。

3　三位一体改革

(1) 改革の全体像

国と自治体の事務事業の配分割合は4対6であるのに、国税と地方税の配分割合は6対4と逆転している。つまり、自治体は事務事業執行面での財源不足を国からの補助金等に依存すると同時に、国の補助要綱でコントロールされ、「歳入の自治」を失っていた。

このような状況を改革するため、2001年4月発足の小泉純一郎政権の下で、2004年度から2006年度の3年間にわたって、国庫補助負担金と地方交付税を見直し、国から地方への税源移譲が行われた。これが、いわゆる「三位一体改革」である。具体的には、国が地方へ配分している国庫補助金や国庫負担金を削減し、その分の財源である国税の一部を地方税へ移し、自治体の財政自立度を高め施策の自由度も高めるのが狙いであった。この改革によって、約4.7兆円の国庫補助負担金削減、約3兆円の税源移譲が実現し、国税と地方税の配分比率が6対4からある程度改善されたが、地方交付税が約5.1兆円も削減された（図表3-2参照）。

この改革は、中央省庁の強い抵抗の中実現したものであり、国庫補助負担金を削減し大規模な税源移譲を実現したことは評価できる。だが、地方交付税の大幅削減があったため、地方にとっては必ずしも満足する結果とはいえなかった。このような結果となった三位一体改革のプロセスを、次に詳しくみてみたい。

図表3-2　三位一体改革の概要

【国庫補助負担金改革】	【税源移譲】
総額約4.7兆円	総額約3兆円
○税源移譲につながる改革 　3兆1,176億円　国庫補助負担金の廃止・縮減 　〔内訳〕 　2003年度　2,344億円　義務教育費（長期共済等） 　2004年度　4,749億円　公立保育所運営費 　　　　　　1兆7,539億円　国民健康保険、 　　　　　　　　　　　　　義務教育費（人件費） 　2005年度　6,544億円　児童手当等 ○交付金の改革 　7,943億円　まちづくり交付金等 ○スリム化の改革 　9,886億円　事業の廃止縮減	○2006年度税制改正 　国税の所得税から地方税の個人住民税へ税源移譲 　所得税の税率を変更（細分化） 　個人住民税所得割の税率をフラット化 | 所得税 | 5％、10％、20％、23％、33％、40％（2006年度までは、10％、20％、30％、37％） | | 個人住民税所得割 | 一律10％（2006年度までは、都道府県4％、市町村6％） |

【地方交付税改革】
総額約5.1兆円（臨時財政特例債を含む）
○地方財政計画歳出を見直し・抑制 　人件費を毎年度1万人純減、投資的経費（単独）を1990年度～1991年度の水準を目安に抑制等 ○2005年度～2006年度は安定的な財政運営に必要な交付税等の一般財源総額を確保 　2006年度地方交付税15.9兆円（対前年度比5.9％減）

出所：宮崎県（2007）を元に作成。

(2)改革スタート

　三位一体改革は、もともと2001年6月の地方分権推進委員会の最終報告の中で提言されていた。そして、2002年5月の片山虎之助総務大臣による国税と地方税の配分比率を1対1にするという片山プランに基づき、同年6月に、首相を議長とする経済財政諮問会議による第1弾「骨太の方針2002」に盛り込まれた。これが、本格的な改革のスタートだった。

　この「骨太の方針2002」の内容は、国庫補助負担金と地方交付税、また税源移譲を含む税源配分のあり方を三位一体で検討し、望ましい姿と具体的な改革工程を含む改革案を1年以内に取りまとめるというものであった。さらに、国庫補助負担金の廃止・縮減は、首相主導の下、各大臣が責任をもって年内に結論をだすとなっていた。税源移譲に強く抵抗する財務省がこの方針に賛成したのは、トップダウン型の経済財政諮問会議の成果でもあるが、財政再建という

財務省としてメリットのある目的も盛り込まれたからであった。つまり、この改革は、税源移譲と財政再建という2つの異質な目標を同時に達成するという難しいものであった。

当初の予想通り、やはり中央省庁の抵抗は激しく、また関係する審議会・団体の意見もまとまらなかった。そのため、「骨太の方針2002」で約束した1年以内の改革案取りまとめが難航し、結局、小泉首相自ら数値目標を示すというリーダーシップの発揮によって、2003年6月の「骨太の方針2003」において改革案が示された。

「骨太の方針2003」では、2006年度までの3年間で、①おおむね4兆円の国庫補助負担金を目途に廃止・縮減、②基幹税中心に国から地方へ税源移譲、③地方交付税の算定見直しによる総額抑制、の改革3本柱が示された。この方針に基づき、11月には全国知事会が9兆円の補助金廃止と8兆円の税源移譲を提言する等、地方側から廃止・縮減対象となる補助負担金について活発な提案がなされた。だが、この予算反映への政府側の動きは鈍かった。最終的には、またもや首相指示によって、国庫補助負担金1兆300億円廃止・縮減と所得譲与税等での6,500億円の税源移譲が、改革の初年度である2004年度予算に盛り込まれた。と同時に、地方交付税は投資的経費見直し等で1.2兆円削減され、臨時財政特例債も1.7兆円削減された。改革初年度予算で、1兆円もの国庫補助負担金削減が実現し、税源移譲の道筋をつけたことは評価できる。だが、この地方交付税の削減と、税収減補填のための臨時財政特例債の削減は、自治体財政に大きな影響を与え、来年度の予算を組めないとの悲鳴が自治体から上がった。

（3）政府と地方の対立

2004年は、税源移譲額の決定を先にすべきという地方側に対し、財務省は削減対象となる国庫補助負担金の積み上げによって額は決定すべきと主張した。そこで、両者の対立解消のため、同年6月の「骨太の方針2004」は、改革の全体像とプロセスを示すことになる。それは、①2004年秋までに地方の意見を聞き改革の全体像を明らかにする、②税源移譲は3兆円を目指す、③廃止・縮減対象の国庫補助負担金は、地方団体に具体案作成を要請する、④2006年度まで

に所得税から個人住民税に税源移譲する、というものだった。補助金削減の具体案作成を地方にまかせることは、従来にない画期的な手法であった。

　早速、政府は2004年6月、地方6団体の代表者を内閣府に招き、国庫補助負担金廃止・縮減の地方案提出を要請する。全国知事会は「闘う知事会」を標榜して全国知事会議での激論の末に地方案をまとめ、8月に首相に提出した。地方案の主な内容は、国と地方の協議機関設置、2006年度までに3.2兆円の国庫補助負担金廃止・縮減と3兆円の税源移譲だった。廃止・縮減対象となる国庫補助負担金も具体的に提示されていた。しかし、中央省庁の抵抗は強かった。地方案にあった義務教育費国庫負担金（義務教育教員給与分）廃止は文部科学省が強く反対し、また厚生労働省は地方案になかった生活保護費国庫負担金の負担率引き下げを主張した。国と地方の厳しい議論を経て、2004年11月に、一部結論を延期して決着が図られた。

　この政府・与党合意内容は、①2005年度、2006年度で、国庫補助負担金は3兆円の廃止・縮減。義務教育費国庫負担金廃止については、2005年秋までに中央教育審議会で結論を得る。生活保護費国庫負担金の取り扱い等は、同じく2005年秋までに国と地方の協議機関で結論をだす。②税源移譲は、2005年度に3兆円を目指す。このうち2兆4,000億円の財源内訳は、2003年措置済み6,500億円、2005年秋までに結論をだすとした義務教育費国庫負担金の8,500億円、国民健康保険に係る都道府県負担導入で7,000億円等と決まった。だが、残り約6,000億円の財源は結局決まらず2005年に持ち越された。

（4）改革最終年度と改革の成果

　2005年の残された課題は、税源移譲の財源未決定分6,000億円の国庫補助負担金廃止・縮減の算出と、同年秋までに結論を得るとされた義務教育費国庫負担金、生活保護費国庫負担金等の取り扱いだった。ところで、2005年は大きな政治的動きがあった年だった。郵政民営化の是非を問い、小泉首相は衆議院を解散し、9月に総選挙を行った。その結果、与党が3分の2の議席を獲得する圧勝という結果となった。この大きな政治的局面を経て、三位一体改革は11月30日に政府・与党が最終合意に達する。合意内容は、結論を持ち越した義務教育費国庫負担金は廃止せず、負担率を引き下げて8,500億円捻出、生活保護費

負担金は地方の主張通り削減しないとなった。そして、未決定分6,000億円は、児童手当、児童扶養手当の国庫負担率引き下げ（2分の1から3分の1）で対応するとなった。これらの財源捻出によって、税源移譲額は、既に決定済みとあわせて3兆90億円になった。これにより、2004年11月に示した改革の税源移譲目標額3兆円を達成した。

　以上の結果をみると、「骨太の方針2003」での国庫補助負担金4兆円廃止・縮減の目標に対し、4.7兆円が達成された。そのうち税源移譲に結びついたのは3.1兆円で、その他スリム化が1兆円、交付金化が0.8兆円だった。3.1兆円という大規模な税源移譲は、これまでにない画期的なことで分権にとって大きな前進である。これによって、最終的には、国と地方の税源配分比率は60対40だったものが56対44に改善された。だが、依然として歳入と歳出の間には大きな乖離があり、今回の三位一体改革は第一歩でしかない。それと、地方案に最初はなかった国庫補助負担金の廃止・縮減が行われ、義務教育費や児童扶養手当・児童手当等の国庫負担金では負担率引き下げが行われた。後者は、真の地方分権につながらず単に地方への負担の付け回しになるものである。また、地方交付税が3年間で5.1兆円も削減されたのは、自治体財政に深刻な影響を与えた。自治体の現場では、権限移譲で仕事は増えるのにお金は来ないという不満が残り、これは第2次分権改革を進めるにあたっての自治体側の根強い不安要因として残ることになった。冒頭で述べた改革の2つの異質な目標である税源移譲と財政再建のうち、後者の影響が大きかったといえる。ただ、国庫補助負担金削減案を地方側がつくることになったこと、これを受けて国と地方との協議の場が設けられたこと等、国レベルの政策決定で従来にない新しい展開がみられた。

4　地方分権の今後の展開

（1）地方分権の課題

　第1次分権改革は、機関委任事務の廃止に代表されるように、国と地方の関係を上下関係から対等の関係に改め、国の地方への関与をルール化するとともに、国から地方へ権限移譲を進めた。しかし、その改革は必ずしも十分でなか

った。特に、国のコントロールが少なくなり自治体による地域経営の自由度が高まり、地域の活性化が図られるという観点からみれば、効果が住民に目にみえる形ででているとはいえない。地方分権推進委員会は、2001年6月の最終報告で、さらなる改革の必要性を訴えている。

　第1に、地方財政を分権型社会にふさわしい形に再構築することである。これは、地方税財源の充実確保とともに、国庫補助負担金の縮減とあわせて地方交付税の見直しを必要としている。つまり「歳入の自治」の必要性を訴えている。なおこれは、三位一体改革で第一歩を踏みだしたが、予想以上の地方交付税の大幅削減のため、歳入の自治強化という側面より自治体の財政不安が高まる結果になった。

　第2に、第1次分権改革で国の通達等による自治体への関与は是正されたが、依然として法令等で細かく規制されているので、法令による事務の義務づけや事務事業の執行方法の規制等の廃止・緩和を必要としている。このような規制は、地域実情や住民ニーズに沿った行政サービスの展開の大きな障害になる。実際、自治体歳出の約7割をも占める教育、社会保障、公共事業で、法令による細かい規制が残っている。

　第3に、地方分権や市町村合併を踏まえた新たな地方自治の仕組みの検討である。平成の大合併で自治体の規模がだいぶん変化した。このため、依然として残る小規模町村のあり方の他、都道府県の合併、道州制の問題があげられる。

　第4に、国と地方の役割分担に基づく事務事業の再配分である。これは、シャウプ勧告以来の「住民に身近な行政は、住民に身近な地方団体で」の考えをいかに実現するかであり、最近普及しつつある「補完性原則」の適用である。この原則は、事務配分を行う際に、まず基礎的自治体への配分を優先し、ついで広域的団体に、そして国は、広域的団体が担うのにふさわしくない事務を担当するという考え方である。なお、補完性原則とは、地方自治制度の原則として普及しつつある考え方で、ヨーロッパ評議会閣僚委員会が1985年に制定したヨーロッパ自治憲章に盛り込まれたのが、ヨーロッパに広まる契機となった。

　第5に、自治体の組織等制度設計に関する規制緩和と住民自治の拡充方策の検討である。日本の自治体の組織形態は地方自治法で画一的に定められ、アメリカの地方自治での相当自由な制度設計に比べると対極に位置する。今後は、

自治体の組織等の制度設計において、住民による決定の自由度を高めようとするものである。また、平成の大合併は、自治体の行政能力を高めるという団体自治の強化の側面が強かったが、今後は、住民自治の強化も検討すべきである。

以上のような指摘事項のうち、第２次分権改革では、最終的には主に第２の法令による義務づけ、第４の事務事業の再配分をめぐって展開されるようになった。

（２）第２次分権改革

第２次分権改革では、さらなる分権改革のため、2006年12月に地方分権改革推進法が３年間の時限立法として制定され、2007年４月に地方分権改革推進委員会が内閣府に設置された。この委員会で３年間の調査審議・勧告等を経て、政府は2009年12月には地方分権改革推進計画を策定・閣議決定した。

同委員会は、2007年５月に、改革の基本的な方向性を示していた。それは、①分権型社会への転換、②地方の活力を高めて強い地方を創出、③地方の税財政基盤の確立、④簡素で効率的な筋肉質の行財政システム、⑤自己決定・自己責任・受益と負担の明確化、の５つであった。

さらに同年11月には「中間的な取りまとめ」（中間報告）を示した（図表３-３参照）。その基本的考えは、「地方が主役の国づくり」を行うには地方政府の確立が不可欠で、それは、自治行政権、自治立法権、自治財政権を有する「完全自治体」を目指すものであった。この報告に基づき委員会は審議検討し、順次勧告を行っていったが、ここでは、自治体を縛る国の法令による義務づけや枠づけの廃止・緩和と大幅な権限移譲を中心にみたい。

法令による義務づけ緩和に関しては、自治事務での義務づけを認める指標を設定し、これに該当しなければ原則廃止とした。この指標とは、地方自治の基本的な準則に関する事務を処理する場合等７種類のケースのみとした。また、一定の義務づけが残る場合も自治体の条例に任せる点や条例による法令の「上書き」を認める点を、明らかにするよう求めた。

また、権限移譲や義務づけ廃止等個別事務事業の見直しに関しては、分野ごとに具体案を提言した。まず、道路や義務教育等７分野を重点分野、福祉・保健や労働等10分野を主な分野とし、たとえば、一般国道や一級河川の管理権限

図表 3-3　地方分権改革推進委員会の中間報告の概要（2007年11月）

1　地方が主役の国づくりに向けた取り組み		3　個別の行政分野、事務事業の抜本的な見直し検討	
①地方政府の確立のための権限移譲	・中央政府と対等、協力の関係に立つ地方政府の確立	①重点事項	医療、生活保護、幼保一元化、義務教育、道路、河川、農業
②完全自治体の実現	・自治行政権、自治立法権、自治財政権の確立	②その他の主な事項	福祉・保健、労働、子ども、教育、住宅・都市、交通、環境、農業、商工業、防災
③行政の総合性の確保	・住民に身近な基礎自治体への権限移譲の推進	4　地方分権改革と地域の再生	
	・広域連携による「自立と連帯」の推進	過疎化する中心市街地や地域集落の再生への道筋	
④地方活性化	・地域経済基盤の強化と民主導による地域再生	5　税財政	
⑤自治を担う能力の向上	・住民、首長、議会の意識改革、職員の資質向上	①国と地方の財政関係	・補助金、交付税、税源移譲を含む税配分等の一体的な改革を検討
2　法制度的な仕組みの見直し		②地域間財政力格差の是正	・税源偏在の是正方策を①と一体的に検討
①義務づけ、枠づけ、関与の見直し	・国による義務づけ、枠づけ（執行方法等）、関与（協議、同意等）の徹底した廃止縮小	③社会資本整備に関する財政負担	・補助対象事業の限定など、国と地方の役割分担の見直し
②条例制定権の拡大	・①に合わせて法令を条例で「上書き」する範囲を拡大	④国庫補助負担金改革	・地方の自主性を阻害する補助金等の見直し
③新たな義務づけ、枠づけ、関与についてのチェックシステム			・財産処分に係る補助金返還要件の見直し
④都道府県から市町村への権限移譲	・条例による事務処理の特例制度（1999年創設）の活用実績を積極的に評価	⑤財政規模	・財政運営の透明性確保と自己規律の徹底
		6　分権型社会への転換に向けた行政体制	
		①広域連携の充実	・市町村が単独では担えない事務事業について選択肢としての広域連合等
		②大都市制度のあり方	・広域的な圏域の規模、能力にふさわしい役割を担うためのあり方の検討
		③地方支部局等の見直し	・実態調査結果等を踏まえ、今後、本格的な見直し

出所：『ガバナンス』2008年1月号、22頁。

を国から都道府県に移譲、道路構造令を地域の実情に応じて弾力的に運用、小中学校教員の人事権を都道府県から市町村へ移譲、福祉施設の設置基準や職員配置の義務づけ見直し等である。中間報告は、このような様々な国の基準によって地域の実情に応じたサービス提供が困難と指摘し、国は標準を示し、地域ごとに条例で独自の基準を設定できるようにすべきだと改善を求めていた。

　この中間報告に沿って、地方分権改革推進委員会は4回の勧告を行った。2008年5月の第1次勧告は、国から地方への権限移譲が内容で、同一県内で完

結する一級河川や国道の管理、農地転用の許可権限等を国から都道府県へ移すものだった。しかし、時の福田康夫首相は最大限尊重すると勧告を受け取ったものの、その後の政府要綱では検討すると曖昧な表現に後退した。

2008年12月の第2次勧告は、国の出先機関の統廃合が内容で、国会もチェックがおろそかになる出先機関の事務事業を抜本的に見直し、職員35,000人を削減するものだった。しかし、後に政府がつくった行程表には削減人数はなく統廃合にブレーキがかかった感じとなった。

民主党政権への政権交代後の2009年10月の第3次勧告では、国が法令で自治体の事務事業の内容を決めてしまう「義務づけ・枠づけ」の原則廃止を唱え、892項目を列挙した。しかし後述するように最終的な見直しは121項目で、地方からは不十分との批判がでた。

2009年11月の第4次勧告は税財政改革が内容で、地方交付税の総額確保と法定率引き上げ等が盛り込まれた。小泉政権下での三位一体改革で実現できなかった「国と地方の税源配分5対5」を目指していた。

実は、地方分権改革推進委員会は、もともと2009年春までには全ての勧告を終える予定だったが、政権交代が予想されたため第3次勧告以降は衆院選後に先送りされた。そもそも自民党政権の下でスタートしたため、政権交代により後ろ盾を失った形となりながらも第4次勧告までまとめた。民主党のマニフェストに配慮し踏み込んだ提言に至らなかった面もみられるが、民主党は脱官僚を標榜したため、新たな形で地方分権の進展が期待されていた。

4次にわたる勧告を受けて2009年12月、民主党政権は、新たに分権を進める組織である「地域戦略会議」を鳩山由紀夫首相を議長として設置し、地方分権改革推進計画を決定した。計画は政府と自治体の関係を「対等の立場で対話できる関係」に転換すると規定した上で、義務づけ見直し等3つを重点的に取り組むとし、見直し項目は121項目に及んだ。

2011年4月には、これらを盛り込み関係法令を改正する「地域主権改革3法」が成立し、次に述べる新たな体制の下、地方側の要望の今後の実現が期待されていた。

(3) 民主政権での地方分権の推進

 2009年8月の衆院選では、民主党が3分の2の議席を獲得した。ただ参議院では民主党のみでは過半数を確保できないため、社会民主党などとの連立によって、9月に民主党の鳩山由紀夫代表を首相とする新政権が発足した。

 民主党は、自民党のこれまでの構造改革に対して「生活第一」を掲げたマニフェストを提示し、その中で「地方分権」を「地域主権」といいかえて、地域主権国家をつくると明言していた。自民党が主導してきた地方分権は、中央官庁の官僚や族議員の反対もあって遅々として進まない、そんな負のイメージの一新を狙ったものだった。

 民主党政権での地方分権改革の具体的方針は、まず2010年6月に閣議決定された「地方主権戦略大綱」で示された。この大綱には、地域主権改革の理念・定義のほか、今後実現すべきものとして、①義務づけ・枠付けの見直しと条例制定権の拡大、②基礎自治体への権限移譲、③国の出先機関の原則廃止、④ひも付き補助金の一括交付金化、⑤地方税財源の充実確保、⑥直轄事業負担金の廃止、⑦地方政府基本法の制定、⑧自治体間連携・道州制、⑨緑の分権改革の推進、という6項目が示された。

 このうち、いくつかが実現された。まず、2011年4月には「地方主権改革3法」が成立した。この3つの法律とは、義務づけ・枠付け見直しに関する法律（地域の自主性及び自立性を高めるための改革の推進を図るための関係法律の整備に関する法律：第1次一括法）、国と地方の協議の場の法律、自治体組織と運営の自由度拡大のための地方自治法一部改正である。その後も、目玉の義務づけ・枠付けの見直しは第2次一括法によって、市町村への権限委譲も第2次一括法や個別法によって、ある程度進んだ。

 ただ、地方自治法の抜本的見直しとされる地方政府基本法の制定は、政権獲得後、必ずしも順調な政権運営とはいえなかった民主党政権では、結局、実現できなかった。そのほか国の出先機関廃止もできず、ひも付き補助金の一括交付金化は一部実現されたものの、2012年12月発足の自民党政権（安倍第2次内閣）では、早速見直しの声があがっている。

 このように、3年にわたった民主党政権下での地方分権改革は、道半ばで終わったといえよう。そして、2012年12月の民主党から自民党への政権交代後、

地方分権改革は、第3次改革として、地方への事務・権限移譲が一定程度進んだものの、民主党政権時の一括交付金制度は見直され、国の出先機関の地方への権限移譲は進んでいない。すなわち、民主党政権時に提示された幅広い分権改革は、自民党政権下ではトーンダウンしたといえよう。ただ自民党は、地方の自主性を重んじて、2014年、第4次分権改革として、新たに地方に権限委譲や規制緩和の提案を募る、いわゆる「手上げ方式」を導入した。これは、地方の要望に基づき順次改革を行うという考えであり、また地方には、これまでの地方分権の成果を国民にアピールする情報発信が求められる。このように、これからの地方分権改革は、地方の自主性を重視、国民に目に見える形で進めるべきとの考えも示されている。

(4) 道州制と地方分権

　平成の大合併によって、全国の市町村数は1999年3月の3,232が2006年3月に1,727と47％も減少し、それとともに市町村の規模は拡大して都道府県から権限移譲が行われた。これによって市町村の役割は大きくなる一方、今後、都道府県の役割が縮小し、その存在意義が議論される事態も予想される。このような中、中央政府や経済界において、都道府県をより広域的な「道・州」に再編し、国から道州に権限や税財源の移譲を行う「道州制」導入構想が検討されていた。ただ、これらの道州制は、アメリカの連邦国家のような州が国の政策と全く違う州法を制定できる、つまり州が1つの国家のようなものでなく、あくまで広域的自治体であって地方分権が一層進んだ形といえるものである。

　総務省の審議機関である第28次地方制度調査会は、2006年2月、道州制の導入が適当と首相に答申した。全国を9、11、13ブロックにわける区域割り案とともに、都道府県の事務を大幅に市町村に移譲し、道州の役目を道路や空港・港湾等主要な社会資本整備や環境保全、雇用政策に特化することを提言していた。

　自民党政権下の政府の道州制ビジョン懇談会も、2008年3月、2011年までに道州制基本法案を国会に提出し、2018年までに道州制に完全移行すべきとした中間報告を取りまとめた。国の役割は外交や安全保障等16分野に限定し、道州は公共事業や産業振興等の広域行政、市町村は社会福祉や教育等を担う。国の

権限は道州や市町村に移し、国の出先機関は廃止する。道州制の早期実現のため憲法の枠内での制度設計とし、難しい税制のあり方は新しく設置する専門部会で今後協議するとした。注目度の高い各道州ブロックの区割りは今回の中間報告では見送り、区割り設定基準を定めた上で、2010年春の最終報告で具体案を示すとしていた。

その他、自民党や経済界も精力的に検討していた。自民党道州制推進本部は2008年7月、国の法律を道州法で変更できるようにする等アメリカの連邦制に近い道州制（9から11ブロック）を目指し、市町村を現在の半分程度の700～1,000団体にし、導入時期を2015～2017年とする第3次中間報告をまとめた。自民党の案は、道州を中央政府と呼ぶにふさわしい連邦制を取ることが大きな特色である。

また経済界では日本経団連が、2007年3月の第1次提言で、2015年を目途に現在の都道府県を10程度の道州に統合して市町村を300～500に再編する案を示し、2008年3月には、同年秋予定の第2次提言の中間まとめを発表した。この中間まとめでは、市町村への権限・財源の大幅移譲、国の省庁大幅再編と出先機関廃止が示されている。もともと道州制は、経済界の方が積極的だった。その狙いは、地方の自立、活性化を促すと同時に、国の役割を絞りこみ、行政の合理化、効率化を図ることにある。

一方、全国知事会は、道州制は地方分権を推進するのが前提条件であるとし、①内政に関する事務は道州に決定権を付与する。国の法令の内容を基本的事項にとどめて、広範な条例制定権の確立。②道州が地域特性に応じ自己決定と自己責任の下で政策展開できることを目指す。そのため、国と地方の役割分担に応じた自主性・自立性の高い地方財政制度構築等、いくつかの基本原則を既に提示していた。

このような状況の中、2009年9月に政権交代が起きることになる。新たに政権を得た民主党は、道州制の早期導入にもともと距離をおいていたため、道州制論議が下火になるのが避けられない状況になった。

一方自民党は2009年8月の衆院選でのマニフェストで道州制導入を初めて明記し、2012年12月の衆院選では、道州制基本法を早期に制定し、その5年後に導入と公約していた。しかし、2012年12月の民主党から自民党への政権交代後

は、道州制については、全国町村会の大反発もあり、自民党は導入を謳っていた公約をトーンダウンして、予定していた道州制推進基本法の国会提出を当面見送る方針を2015年に決定している。今後は、安倍政権が目指しているとされる憲法改正の中で再度浮上するかが注目点といえよう。ただ依然として、道州制に関する国民の関心も低く、議論もこれからという状態である。市町村合併の反省に立つとすれば、道州制を今後進める時は、国民の議論を活発化させ、国民にそのメリットとデメリットがわかる形で示し、真の地方分権につながる道州制の検討が必要であろう。

研究課題

1 地方分権とはどのようなもので、第1次分権改革の成果はどのようなものでしたか。
2 第2次分権改革の主な内容と、課題とはどのようなものでしょうか。
3 民主党政権における分権改革には、どのような特色がありますか。

参考文献

青山彰久（2009）「動きだした新政権」『ガバナンス』11月号。
礒崎初仁・金井利之・伊藤正次（2007）『ホーンブック地方自治』北樹出版。
出石稔（2012）「地域主権戦略大綱の中間検証①②」『ガバナンス』11、12月号。
伊藤祐一郎（2002）『地方自治の新時代の地方行政システム』ぎょうせい。
内山融（2007）『小泉政権』中央公論新社。
江口克彦（2007）『地方主権型道州制』PHP研究所。
佐々木信夫（2008）『自治体政策』日本経済評論社。
佐藤俊一（2006）『地方自治要論（第2版）』成文堂。
神野直彦（2006）『三位一体改革と地方税財政』学陽書房。
地方自治制度研究会編（2007）『逐条解説 地方分権改革推進法』ぎょうせい。
西尾勝（1999）『未完の分権改革』岩波書店。
西尾勝（2007）『地方分権改革』東京大学出版会。
増田寛也他（2008）「完全自治体への道──第2期分権改革の展望」『ガバナンス』

1月号。
宮脇淳（2008）「地方分権改革の新展開と地方政府の確立——中間的な取りまとめの基本理念」日本行政学会編『分権改革の新展開』ぎょうせい。
村松岐夫編（2006）『テキストブック地方自治』東洋経済新報社。
森田朗編（1998）『行政学の基礎』岩波書店。
諸富徹・門野圭司（2007）『地方財政システム論』有斐閣。
その他、朝日新聞、宮崎日日新聞の分権改革関連記事を参照。

第 II 部

マネジメント

第4章　NPM（新公共経営）

　欧米先進諸国では、福祉国家思想の行き過ぎが公的部門の肥大化や非効率・無駄、財政危機につながることが意識されるようになり、20世紀後半の約25年間にわたって、政府介入を限定して行政の効率化を志向する動きが高まった。このような新しい公共経営の手法を、NPM（New Public Management：新公共経営）と呼ぶ。日本でも、国や地方自治体で、規制緩和や民営化・民間委託をはじめとして、行政評価、公会計改革、独立行政法人、PFI（Private Finance Initiative：民間資金活用の公共施設整備）、指定管理者制度、市場化テスト等、各種の NPM 手法の導入が進められてきた。しかしながらその一方で、NPM が主に行政の内部管理や執行過程の効率化を強調してきたために、市民参加を重視する立場からは、NPM の理念や手法を批判する動きが高まっている。また、NPM が新自由主義の政治思想・経済思想に近いことを理由に、過度の市場主義が格差を拡大し、弱者の切捨てにつながるとして警戒する声も強い。そのため、行政管理・公共経営の新しい考え方は、ポスト NPM ともいうべきガバナンス（共治）、協働・パートナーシップなどのネットワーク型ガバナンスを重視する傾向にある。ここでは、NPM が登場した背景や理念、手法を明らかにするとともに、ガバナンス、あるいは、協働やパートナーシップという新しい概念が、NPM と相容れないものかどうかを考える。

1　公共経営とは何か

(1) 公共経営論の意義

　国と地方の関係が中央集権から地方分権へと見直される流れとともに、制度論を中心に論じられてきた地方自治論に、政策を中心にして論じる流れが生ま

れてきた。そうした動きを理論的に裏づけるのが公共経営論（Public Management）である。日本でも公共経営論が、政治学、行政学、経済学、経営学等の研究者の関心を集め、新しい研究分野として注目されつつある。

　ここでは、公共経営論の意義を、公的部門の管理を従来の行政管理にみられる階層性を前提にした合法的な管理から脱して、効率性を重視する企業経営の理念や手法を採り入れることを研究する分野（NPMと同意義）と仮の定義をしておく。

　ただ、最近の公共経営論では、NPMにみられる効率性の追求だけでなく、ガバナンス（政府だけでなく、市民、NPO、企業等による多様な主体で公共を支えること）の概念が採り入れられて、公共セクターの管理だけでなく多様な主体とのネットワーク間の調整（協働・パートナーシップ）を重視する傾向が強くなっている。

(2) 公共経営論の対象

　公共経営論の対象として、第1セクター（公共団体、公企業）だけを扱うか、第2セクター（私企業、公益企業）、第3セクター（協同組合、ボランティア・NPO）も含めて考えるべきであるかの問題がある。これまでのところ、第1セクターを中心にして公共経営の研究が進められてきたが、社会の変化を受けてその見直しが迫られている。今後、公共の担い手が拡大するにしたがって、第1セクターと第2セクター・第3セクターとのネットワーク関係、あるいは、公的機能をもつ第2セクター、第3セクターの経営が公共経営論として採り上げられる機会が増えるであろう（図表4-1参照）。

(3) 公共経営と企業経営の差異

　公共経営は、主に行政に効率性を導入するために民間の経営理念や経営手法を導入することと定義される。

　しかし、公共経営と企業経営の関係をめぐって両者の異質論が根強く存在し、公共経営論の成立に否定的な考え方が残っている。公共経営の目的は、公共の福祉（最大多数の最大利益）の実現におかれるが、確かにその定義は抽象的で判断基準も複雑である。これに対して、企業経営の目的は、営利性（株主利益

図表 4-1　企業形態論

部門の別	組織の種類	代表例	所有主体	目的
第1セクター	公共団体	国、地方自治体	国民、住民	公共の福祉（最大多数の最大利益）
	公企業　官庁企業形態　法人体企業形態	都市交通・上下水道・港湾・病院、独立行政法人、公社・公団・金庫、官民出資の「第3セクター」	国、地方公共団体	公共性と営利性
第2セクター	私企業	株式会社、有限会社	株主	営利性（株主利益の極大化）
	公益企業	電力、ガス	株主	営利性（自然独占故強い規制）
第3セクター	協同組合	農協、生協	組合員	組合員の利益
	ボランティア・NPO	ボランティア、NPO法人等	構成員	非営利性

出所：神戸大学大学院経営学研究室（1999）203頁を元に作成。

の極大化）におかれるため、定義は具体的で判断基準もわかりやすい。

　ただし、民間の経営理念・経営手法を、行政に100％導入する訳にはいかない。なぜなら、行政には公正・平等の原理が強く求められ、企業経営に求められる効率性の原理と相反する場合があるからだ。その他にも、地方の行財政は国の政策と融合しており、企業経営のように裁量の余地が少ないことや、長い間の中央集権主義によって住民に官尊民卑の意識が形成されてきたこともあって、企業経営的手法の導入への理解が進まない。特に、安全・教育・衛生・福祉が重視される分野は、経済合理性たる効率性以外の価値観が前面に押し出される傾向があって、民営化・民間委託が進みにくい。

　結局のところ、公共経営と企業経営の目的が異なる以上、同質か異質かの議論は大きな成果を生みにくく、企業経営の理念や手法を何処まで公共経営に応用できるか、具体的にどこをどう変革するのか等の具体的な方法論に目を向ける必要がある。

(4) 公共経営論と政策科学

　国や地方自治体の意思決定や政策決定に至る過程が、近時注目されるようになっている。公共経営論はその１つであるが、公共経営論に近い学問領域にあって、政策に対する科学的アプローチを試みる政策科学もその１つである。

　政策科学は、組織の意思決定を主要な研究領域におき、政策への科学的アプローチを目的にして、管理科学を中心にして政治学、行政学、公共経済学等による学際的な研究を行う研究分野である。

　経営学（公共経営論）と政策科学は、このように成り立ちこそ異なるものの、意思決定論においては、極めて近い関係に立っている。

　管理科学から発展した政策科学は、政策決定における意思決定を当初、合理的な意思決定においた。また、経営学の祖ともいわれるフレデリック・W・テイラーの科学的管理法も、意思決定のベースに合理性をおくものであった。

　その後、ノーベル経済学賞を受賞したハーバート・A・サイモンは、組織の意思決定は合理性ではなく、限定された合理性によって支配されることを主張したが、双方の学問分野もこれを支持したため、今日では、サイモンが提唱した限定された合理性は、経営学の意思決定と政策科学における意思決定の双方に妥当すると捉えられている。

2　NPMの理論的考察

(1) NPMの意義

　民間の経営理念や経営手法をできるかぎり公的部門に導入して行財政改革を図ろうとする考え方は、NPM（新公共経営）と称される。その特徴は、3つのE（Economy：経済性、Efficiency：効率性、Effectiveness：有効性）の実現にあると考えられている。

　NPMの成立の背景には、戦後長らく自由主義国家が追い求めてきた福祉国家思想を見直して、小さな政府を目指そうという新自由主義の政治思想・経済思想がある。NPMは、福祉国家思想の下に肥大化した行政組織や行政サービスを見直すための行財政改革の基礎となる考え方として支持を集めてきた。

　しかし、NPMの概念は、「民間の理念や経営手法を採り入れる」という基

本的なポリシーが一致しているだけで、欧米を中心とする各国で導入されたNPMを比較研究しても、導入背景と導入時期を異にしている関係から、定まった政策はみつけられない。つまり、NPMは、行財政改革を進めるための指導理念に過ぎず、NPMの理念から演繹的に新しい政策や改革手法が導きだされるという性質のものではない。

　日本において、NPMに基づいた代表的な行革ツールとして、これまでは行政評価と公会計改革（企業会計方式の導入）の２つが採り上げられることが多かったが、欧米の改革事例からもわかるように、NPMは、規制緩和や民営化・民間委託はもちろんのこと、独立行政法人、PFI、指定管理者制度、市場化テストの他、予算制度改革等々へ多様な広がりをもつものであって、行政評価と公会計改革に限られるものではない。

(2) NPMの政治思想と展開

▼ NPMの政治思想

　絶対君主が絶対的な権力を振るう絶対主義の時代は、国家の安定を図るために福祉の増進が理解されるようになり、政府の役割が重視される大きな政府が志向された。その後、市民革命を経て近代市民社会が誕生すると、政府の役割を制限して小さな政府を実現しようという考え方（政治思想としての自由主義、経済学としての古典派経済学）が生まれた。その代表であるアダム・スミスは、国家の役割を治安の維持、国防、司法及び最小限度の公共土木事業に限定されるべきだと主張している。

　しかし、第２次世界大戦後、先進資本主義国は、共産主義への対抗もあって、不幸や貧困も自己責任ではなく社会的原因から生まれるとの考えに基づき、国家がその除去の責任を負うとする福祉国家思想に依拠して、政府の役割を重視する大きな政府を志向した。そして、経済政策においては、不況は有効需要の不足から生まれるとして、政府は有効需要を喚起する呼び水的な政策を行うべきだとするケインズ政策を採用した。

　ところが、1970年代後半から1980年代、福祉国家思想に基づく行政サービスの拡大や「市場の失敗」を原因とする政府の介入が、公的部門の肥大化や行政の非効率・無駄を生み、財政赤字を拡大させることが「政府の失敗」として理

解されるようになってきた。

　このような時代背景を受けて、アダム・スミスに由来する新自由主義の政治思想が支持を集めるようになる。その意味するところは、「市場に任せてこそ効率的で公正な富の配分がなされる」とするもので、政府は弱者に対するセーフティネット機能を最低限果たせばよいというものである。新自由主義に基づく小さな政府への志向は、行政需要の拡大に対して政府活動の肥大化を抑止しようとする公共哲学にもなっている。

▼ NPMの展開

　NPMは、イギリスの首相であったマーガレット・サッチャーの政治思想と実施された改革に端を発している。1979年に誕生した保守党のサッチャー政権は、新自由主義思想に基づいて、市場原理を公的部門に持ち込み、国営企業の民営化や市場規制の緩和を推し進めた。

　その政治思想と改革手法は、1980年代を通じて世界的な広がりをみせ、アメリカのレーガン、ブッシュ、イギリスのメージャーをはじめ、ニュージーランド、オーストラリア等他のアングロサクソン系の国々、北欧諸国、そして日本の中曽根康弘政権へ伝播していった。

　その後、イギリスでは社会民主主義色の強い労働党のブレア、アメリカでは民主党のクリントンが政権につき、新自由主義からの揺り戻しが起こる。ブレアは、「第3の道」の理念を提唱して福祉国家思想と自由主義を統合する新しい社会民主主義の姿をみいだそうとした。そして、サッチャーの市場重視の路線を引き継ぎ英国の競争力回復に努めた。クリントンも、「人民優先」を掲げて、新自由主義に距離をおいた政策を展開した。ニュージーランドにおいても、行財政改革を推し進めた国民党に代わって労働党が政権についた。

　しかし、財政の膨張という現実的な問題への対処は、いかなる政治思想に立脚しようとも避けられない。クリントン政権では、ゴア副大統領を長にしてNPR（National Performance Review：国家業績評価）、後にNPRG（National Partnership for Reinventing Government：国家行革協定）と名を変えた連邦政府改革が進められるとともに、1993年8月制定のGPRA（Goverment Performance Result Act：政府業績成果法）によって業績予算の試みが続けられた。

　このようにNPMは、新自由主義の政治思想とつながりを有するものの、政

治思想の変化を伴う政権交代が必ずしもNPM政策の放棄につながらないという事実は、NPMが非政治的・行政技術的な性格をもつことを示している。

▼反グローバリズムとNPM

　市場主義を信奉する新自由主義の政治思想・経済思想の広がりは各国経済の回復を促すことに貢献する一方で、ヒト・モノ・カネの垣根を取り払って経済を活性化させようとするグローバリズムの考え方と結びつきやすい。

　しかしながら今、グローバル化は人々に不安と不満を抱かせつつある。グローバリズムは、その恩恵に浴さない人々にとっては、自分たちのこれまでの生活を悪化させるものと受け止められている。グローバリズムと期を一にする新自由主義に基づいた小さな政府や市場原理の重視の考え方は、政府の予算を抑制・減少させるばかりで、高齢者や子育て世代の国民が政府に求める福祉や教育などの肝心な政策が手薄にされているのではないかという認識が国民の間に広がりつつある。このような流れは、再び国家の復権、大きな政府の考え方に結びつき、財政支出や国民生活に関わる分野への政府の関与を求める動きを作りだす。

　反グローバリズムの動きに合わせて、新自由主義を思想的背景にすると考えられるNPM批判はさらに高まる可能性がある。

(3) NPMの理論分析

▼フッドの分析

　NPMを最初に理論的に採り上げたのは、クリストファー・フッドとされ、フッドが1991年に著した"*A Public Management for All Seasons*?"は、公共経営論や政策科学を研究する者の必読論文となっている。

　フッドは、NPMを、3Eを公的部門に取り入れる行政手法であって、経営学と経済学に基礎をおく次の4つの特徴をもつとしている。

　第1に、政府が提供する財・サービスの顧客として住民を認識するという顧客志向である。顧客満足度を業績評価によって測定して、行政サービス活動の改革に結びつける。評価・改善の手法として、TQM（全社的品質管理）、CS（顧客満足度）、ベンチマーキング（業績目標の設定）等の手法を用いる。

　第2に、公的部門の統制を法令・規則による事前規制から、業績評価による

事後評価に変える成果志向である。評価対象をインプット（投入）から、アウトプット（産出）、あるいはアウトカム（成果）に変え、業績評価に応えるインセンティブ、任務に応じた組織区分と現場の裁量権の拡大を求める。

第3に、市場主義の導入である。民営化・民間委託、バウチャー制度（補助金を消費者に与えて購入を選択させる制度）、PFI等、市場メカニズムを直接的に利用する方法と、エージェンシー、市場化テスト等、市場メカニズムを擬似的に利用する方法がある。

第4に、分権化・権限移譲である。ヒエラルキーを簡素化するために分権化・権限移譲を進めて、現場の管理者への裁量性を高め、責任の明確化・アカウンタビリティの向上・現場のエンパワーメントを図る。

▼ NPMの経済理論と限界

国や自治体の行政管理モデルとして、伝統的な官僚制がイメージされる旧行政管理（OPA：Old Public Administration）から、行政サービスの効率化を図る新公共経営（NPM：New Public Management）への転換が進められている。

新公共経営と訳されるNPMは、経済学と経営学の2つの理論的根拠をもつ。1つは経済学からのアプローチであって、経済主体の効用最大化を前提とする経済学における公共選択の理論や新制度派経済学に立つエージェンシー理論・取引コスト理論等に基づくものである。公共部門の予算執行の基礎に、関係する個人の効用最大化をおき、「政府の失敗」を明らかにして、政府の非効率と無駄、財政赤字を説明する。

もう1つが経営学からのアプローチであって、マネジリアリズム（managerealism）あるいは新経営管理論（new managerealism）と呼ばれる。民間との比較によって、行政機構が抱える問題解決の方向を示すもので、民間企業の経営理念や経営手法の公共部門への導入に力点がおかれる。

ただ、これらの理論は、行政システムの非効率性の発生メカニズムを指摘するものの、具体的な行政改革手法を明確な形で呈示するものではない。そのため、新しい行政システムのあり方は、欧米の先進改革事例や長い年月をかけて洗練されてきた民間企業の経営理念や組織構造、活動の仕組みを例にする他ない。

▼ NPMへの批判

　各国で実施に移されていったNPMであるが、次のような批判もある。
　第1に、顧客志向への批判である。市民は消費者・顧客であると同時に有権者の地位にあるので、民間経営のアナロジーでは説明しきれない要素をもちあわせている。市民を公共サービスの客体としてだけ考えるのではなく、市民がサービス供給の決定に関わるべきである。
　第2に、成果志向への批判である。民間は営利性を成果として扱えるが、公的セクターの評価基準は複雑である。公務は使命によって実行されるものが多く、民間企業における成果志向の評価になじまない部分がある。
　第3に、市場主義の導入への批判である。公正・平等という価値を追求する公的部門は、営利を目的とする民間企業と同一に捉えられず市場主義の導入に適さない。OECD（1995）の報告書においても、NPMの有効性を認めつつ、公共価値の維持向上のために公務員倫理や組織文化改革の必要性が強調されている。また、『行政革命』の著書の1人で、クリントン政権下でのゴア副大統領を責任者としたNPR（国家業績評価）に参加したオズボーン（1995、2001）も、後の著作において、政府経営は企業経営と同じとする考え方を神話として、行財政改革にあたって政府内部の組織文化の重要性を主張している。
　第4に、分権化・権限移譲への批判である。経済学で説かれる公共選択の理論にしたがえば、公的セクターの自由裁量の範囲はなるべく狭くするべきことになるが、NPMでは、ヒエラルキーを簡素化するために、分権化・権限移譲を進める点で矛盾が生まれる。
　以上のようなNPMへの批判を理由にして、NPMを全否定する考え方もあるが、批判を踏まえた上で、公的部門の中にも、民間企業のマネジメントが活かせる分野とそうでない分野があると受け止める考え方が有力である。

(4) OPA・NPM・ポストNPM

▼ガバナンス、協働・パートナーシップ

　ガバナンスの用語は、国家や地方自治体の活動をチェックするという意味で使用される場合と、それらの意思決定を行う主体は誰かという意味で用いられる場合がある。ここでは主に後者の意味で使われる。

図表4-2 「ガバメントからガバナンスへ」：視点の変化

ガバメント	ガバナンス
古い政府	新しい政府
国家	国家と市民社会
公的部門	公共、民間、ボランタリー
制度	過程
組織構造	政策、産出、成果
漕ぐ、供給する	操縦する、実現させる
命令する、統制する、指示する	導く、容易にする、協働する、取引する
階層性	ネットワークと協働

出所：Learch and Percy-Smith（2001）p.5を元に作成。

　ジョージ・ワシントン大学のジェームズ・ローズナウ（1992）は、国連の役割拡大やNGOの台頭によるグローバル・ガバナンスを視野において、「政府なきガバナンス」という概念を提示している。人間社会の生活を維持する上で欠かせない統治機能が存在することを前提にして、必ずしもそれは政府という公式の権限・組織に属する必要はないという主張である。

　ここで提起された内容は、グローバル・ガバナンスだけでなく他の分野にも拡がりをみせ、地方自治においても、ロナルド・リーチ＝パーシィスミス（2001）の「ガバメントからガバナンスへ」の表現によって、ローカル・ガバナンスとして、これまでの行政のあり方を見直して、新たに住民・NPO・事業者をはじめとした多様な主体によるガバナンス（共治、コ・ガバナンス）を認めようという動きにつながっている。

　つまり、政府や地方自治体があらゆるサービスを提供し住民が受益者にとどまるこれまでのシステムから、市民やNPO、企業までを含んだ多様な主体との協働・パートナーシップに、政府や地方自治体の活動を委ねていこうとするものである（図表4-2参照）。

　このようなガバナンス、協働・パートナーシップの考え方は、ポストNPMともいうべき独立した新しいモデルとなるものか、あるいは、NPMの発展型・進化型としてあくまでNPMの一形態にとどまるものかの議論がある。

▼ NPS

　アメリカの行政学者デンハート（2000）は、行政の役割はもはや管理ではなくサービスであるとして、デンハート・モデルともいうべき NPS（New Public Service：新行政サービス）という新たな概念を提唱して、これまでの OPA、NPM に対比させている（図表4-3参照）。

▼ NPM への批判と反論

　ガバナンス、あるいは、協働・パートナーシップが強調されるようになって、新自由主義の政治思想・経済思想に基いて市場主義の導入を推進する、あるいは、行政の内部管理の視点から行政の効率化を強調する NPM の理念や手法とこれらの新しい考え方とが相反するのではないかとして NPM への批判が生まれている。

　しかし、これらの問題の存在は、NPM を否定するものではなく、NPM は、多様な主体の参加を意味するガバナンス、協働・パートナーシップと必ずしも対立する概念ではないといえよう。公共の担い手についていかなる観点に立つとしても、行政の効率化や無駄の削減は、普遍性を持つものであって、どのような政治体制や環境の下でも推進する必要性があることは否定できないからだ。

　NPM の行政技術的性格を考慮する時、住民生活との関わりが比較的少ない分野では、民間のマネジメント手法がかなりの程度効果をあげることが期待される。一方、住民の意識と深い関わりを持つ分野では、ガバナンスあるいは協働・パートナーシップというネットワーク型のガバナンスを採り入れ、両者を併用していく必要がある。

3　NPM の海外比較

（1）NPM の特徴づけ

　NPM を日本に紹介した大住（1999）は、NPM を地域によって特徴づけすると、市場メカニズムの活用を重視する英米型と中央集権下でのモニタリング（業績測定）を重視する北欧型の2つに分類している。

　英米を中心とするアングロサクソン系諸国では、民営化・民間委託、PFI、エージェンシー等の市場メカニズムが利用されてきた。ただ、時代とともに

図表4-3　OPA、NPM、NPSの比較

	OPA（旧行政管理）	NPM（新公共経営）	NPS（新行政サービス）
主要な理論的・認識論的基礎	政治理論 固有の社会科学から語られる社会的・政治的言辞	経済理論 実証主義社会科学を基礎とするより技巧的な議論	民主的理論 実証主義、解釈主義、批判主義、ポストモダニズムを含む知識に対する様々なアプローチ
優先される合理性と関係する人間行動モデル	概括的合理性 "管理人"	技術的経済的合理性 "経済人"もしくは私益追求意思決定人	戦略的合理性 合理性（政治・経済・組織）の複数のテスト
公益の概念	政治的に定義され法律で表現	個別利益の集合を代表	共有価値についての議論の産物
公務員は誰を代表するか	依頼人と有権者	顧客	市民
政府の役割	漕ぐ （政治的に定義された単一目標に焦点をあてた政策の計画実行）	操縦する （市場の力を解き放つ触媒としての機能）	奉仕する （市民・コミュニティグループ間の利益の交渉・仲介、共有価値の創造）
政策目標を達成するためのメカニズム	既存の統治機関による施策の実行	民間と非営利組織による政策目標を達成するためのメカニズムとインセンティブの創造	必要に応じて相互に結ばれる公共・非営利・民間の連携の成立
説明責任へのアプローチ	階層的 行政職員は民主的に選ばれた政治指導者に対して責任を負う	市場主導 私益の蓄積は広範囲の市民（あるいは顧客）グループにとって望まれる結果となる	多面的 公務員は、法律、コミュニティ価値、政治的規範、専門的規準、そして、市民利益に配慮しなければならない
行政裁量	行政職員に与えられる限定された裁量	起業家たちの目的に適う広い範囲の自由裁量	必要ではあるが、規制され、説明責任を伴う裁量
考えられる組織構造	機関内のトップダウン権力と依頼者の統制・規制によって特徴づけられる官僚的組織	機関内に統制を残す分権化された公共組織	対内的にも対外的にもリーダーシップが共有される協働組織
考えられる公務員や管理者のモチベーションの基礎	報酬と利益 市民サービスの保護に基づく	起業家精神 政府サイズの縮小を望む理想主義的な願望に基づく	公共サービス 社会に貢献しようという願望に基づく

出所：Denhardt & Denhardt（2000）p.554を元に作成。

NPM の手法は変化している。NPM の中心地であるイギリスにおいても、政権交代を経て、市場メカニズムの利用から公的部門の評価に重点を移している。

一方、市場規模の小さな北欧では、政府への信頼・依存から、市場メカニズムの利用よりも戦略計画と業績測定が中心で、政府から切り離されたエージェンシーの自律性を確保しつつ、目標管理、業績に基づく支払い、ベンチマーキング（Benchmarking：業績目標の設定）、バランスド・スコア・カード（Balanced Score Card：4つの視点からの業績評価）等が採用されている。

これに対して、改革当初の日本型 NPM は、成果主義が強調される半面で、意識改革が重視されて精神主義色が強調される傾向があった。

(2) イギリスの NPM

NPM を先導したイギリス保守党のサッチャー首相は、長年続いた福祉国家思想によって増大した政府の財政赤字を減らすために、新自由主義思想に基づき、市場主義の導入による小さな政府を志向して積極的な行政改革を行った。この保守党のサッチャー政権と次の保守党のメージャー政権の下、民営化、民間委託、市場化テスト、エージェンシー、CCT（強制競争入札）、PFI、市民憲章、VFM 監査（Value For Money Audit）等が実施に移された。

その後、保守党から労働党への政権交代によって誕生したブレア政権は、サッチャー時代の新自由主義による厳しい市場主義を批判しつつも、以前のように福祉政策を過度に重視した大きな政府には戻らないとして「第3の道」の理念と政策を選択した。そこでは、公共の担い手が政府や自治体に限定されることなく、多様な機関とのパートナーシップの必要性が強調される。ブレア政権の下では、ベストバリュー（Best Value：業績計画の策定と見直し）、ベストバリュー監査（外部の監査委員会による監査と検査）、CPA（Comprehensive Performance Assessment：包括的業績評価制度）、PPP（Public Private Partnership：官民協働）が実施された。

このように、イギリスでは、政権交代によって内容の変化を伴いつつも、行政の効率性を求める VFM あるいはベストバリューの考え方が浸透している。

(3) アメリカの NPM

アメリカにおいて、行政に対する効率性の概念の導入は、テイラー (1911) によって提唱された科学的管理法にその起源をもっている。

行政に効率性を求めるアメリカでは、1961年にマクナマラ国防長官による国防省に対する PPBS (Planning, Programming, and Budgeting System) の導入に結びつく。PPBS は、複数施策について事前に有効性と能率性の評価を行って予算を決定する予算編成方式である。その後、PPBS は、連邦政府の全省庁に導入されたが、政治家の反対、客観的基準への疑問、事務量の増加を理由に短期間のうちに使用されなくなった。

その後、アメリカ会計検査院 (GAO) でプログラム評価 (施策評価) が実施されたが、当初の複数施策の事前評価から、単一施策の事後評価に修正された。プログラム評価は、当初アカウンタビリティを目指すものであったが、1970年代後半の財政赤字の肥大化を契機に、行政サービスのコスト削減や品質管理といった経営の視点が採り入れられることとなった。

現在、アメリカでは、プログラム評価を予算に反映させる業績予算方式が導入されている。業績予算制度は国により制度設計が異なるが、施策別に予算額とともに多くのアウトプット (産出) またはアウトカム (成果) の業績指標が設定されることが一般的である。

(4) 日本の NPM

日本の NPM 改革は、導入当初は職員の意識改革が中心で精神主義的な性格が強かったが、急速に制度の整備が進み、次第に成果をあげつつある。

まず、行政活動の評価に関しては、事務事業評価が普及するとともに施策評価・政策評価へのレベルアップが図られようとしている。公会計改革では、現金主義、単式簿記を特徴とする現行の地方自治体の会計制度に対して、貸借対照表や行政コスト計算書の導入が進むとともに、現在では、連結会計・発生主義・複式簿記等の一歩進んだ企業会計方式の導入に進もうとしている。

公共サービスの供給においては、多様な行政サービスの民営化・民間委託が進む他、PFI／PPP による社会資本の整備、市場化テストへの取り組み、独立行政法人制度の採用、指定管理者制度の導入等が行われている。

公共部門の業務改善や経営改善では、環境マネジメントシステムのISO9001、ISO14001の認証取得、また、行政運営一般には企業を対象とする経営品質賞の考え方を採り入れた行政経営品質賞の導入を図る自治体も生まれている。

ただ、日本でも、これまでNPMと結びつきやすい行政の内部管理や行政の執行過程の効率化が強調されてきたが、市民参加のニーズの高まりとともに、協働・パートナーシップが唱えられることが多くなっている。こうした概念は、NPMと相容れないとみることもできるが、欧米では、NPMの発展型・進化型として捉えられることが多い。

4　NPM改革の検証

(1) NPM改革の必要性

旧地方自治法1条の2①（改正後の地自法2⑭）は、「地方公共団体は、その事務を処理するに当たっては、住民の福祉の増進に努めるとともに、最少の経費で最大の効果を挙げるようにしなければならない」と定めている。このように、地方自治体は、住民の福祉の増進を図ることを基本として、地域における行政を効率的に実施する役割を担っている。

しかし、戦後の日本では、費用対効果よりもサービスの量が優先された結果、行政の非効率・無駄をもたらすとともに行政経費の増大を招いた。その結果、地方自治体の借入金残高が急速に増えるとともに、経常収支比率や公債費比率等の財政指標も徐々に悪化して財政の硬直化が進んだ。今後の高齢化社会における多様な行政需要に応えるために、行政支出全般にわたるコスト意識の導入と歳出構造の見直しが不可避となっている。

確かに、民間企業の経営目標に比して、地方自治体が最大化すべき住民福祉の向上を数量化して効率化を図ることは難しい。ただ、これまでの地方自治体において、予算中心主義の運営が行われ、執行額に示されるインプット（投入）が強調され、事業量に示されるアウトプット（産出）や、どれだけの効果を住民にもたらしたかをみるアウトカム（成果）が考慮されることは少なかった。

従来からの計画行政が上手く機能すれば、事業の抑制・歳出削減も可能と考

えられるが、行政の縦割りや歳出増圧力を受けて事業は総花的になりやすく、選択と集中という戦略性を欠くものとなっている。いいかえれば、従来の中央集権的な財政主導の減量改革が限界に直面し、時代にあった新しい行財政手法が求められている訳である。

そこに、NPMと呼ばれる民間の経営理念や経営手法を採り入れた新たな行政管理の方法が求められる理由がある。

(2) NPMと市民の利害調整

▼行革ツールに内在する限界

行財政改革の具体的な実行段階では、権限を失う官僚組織や受益していた行政サービスを削られる市民の側からの強い反対が避けられない。行政サービスと市民の受益と負担の関係は、全国一律の税財政制度によって遮断されており、サービスを削られる側の反対が抑えにくい。その意味で、行財政改革成功の鍵は、いかに既得権益層の利害調整を行って、限られた資源の再配分を行えるかにかかっている。

しかしながら、行財政改革のツールとして導入されてきたモニタリング、即ち、行政評価や公会計改革は、そのもの自体には関係者の利害調整機能がなく、資源の再配分にあたって市民の利害調整にどれだけ役立つかは依然として不明なままである。

▼政策決定プロセスへの市民参加

NPMは、自治体の行財政改革へ新たなコンセプトを供給した。しかしながら、NPMのツールとしてのモニタリングに関係者の利害調整機能がないゆえに、限られた資源を再配分する場合に、資源の削り先として最大のターゲットとなる市民の理解をどのように得るかが大きな課題となって残されている。このような状況下にあって、市民の納得を得るための方法として、市民参加による政策決定手法に期待が集まっている。

現行の間接民主制度は、選挙によって被選挙者の施策一般への姿勢は問えるが、個別政策の当否については有権者の意見を反映することができない。本来、自治体の主権者であるはずの市民が、政策形成に携わることができるシステムにはなっていない。また、議会も、多数派として首長の与党側に回ることによ

って、首長提出の議案や予算を承認するだけの存在になっている。

　住民主権の立場に戻って、情報公開の徹底と市民による直接的な意思決定が、財政再建の決め手として期待されている。進まない財政再建に、直接民主主義的な意思決定方法を求める声は勢いを増すであろう。

▼政策形成への市民参加の課題

　日本では、欧米と異なって国家が地方に先行して形成された歴史もあって、地方自治は上から与えられたものという意識がある結果、日本の市民運動は、参画協働型というよりも抵抗阻止型となって先鋭化しやすく、「審議がつくされていない」という「代案なき反対」が蒸し返されることが多い。

　行財政改革の実行段階において、市民意識の成熟度の差が、利害調整をする際の大きな障害となってあらわれてくる。一方で、市民の成熟度に対する不信が、役所を自己完結的に追い込むあまり、「知らしむべからず、依らしむべし」ともいうべき秘密主義を採らせて、両者の利害調整を一層困難に陥れる危険性がある。

　限られた資源の配分について市民の理解を得るためには、市民社会の成熟を待つだけでなく、行政の側からも、市民の主権意識を満たしつつ、短期的利益・部分的利益に偏重しない市民意思の形成を図る制度的仕掛けが必要になっている。

5　政策過程

(1) 政策過程における政策評価の意義

　社会科学における科学の意味を、自然科学と同じように実証主義（対極に「理念主義」が位置する）の視点から捉えるならば、社会科学の対象は検証される必要があり、また、検証可能なものでなければならない。

　そうすると、政策に科学を持ち込もうとする政策科学においては、たとえ政策が、（善、平和、福祉、環境等の）価値（判断）を伴おうとも、政策の効果は検証されなければならず（科学性の付与）、また、そのような検証に耐えうる政策が策定されなければならない。しかしながら、社会科学においては、自然科学のように実験によって対象を確認することが不可能であるので、経験則によ

って判断するしかない。したがって、政策の効果も、経験則によって吟味されることになる。このような経験則によるチェックが制度化されたものの1つに、政策過程・政策サイクルにおける政策評価がある。

このような評価システムは、政策の体系に応じて、政策評価、施策評価、そして、行政が行う事務事業一般を対象とした事務事業評価に分類される。

（2）地方独自の政策形成への環境変化

第1に、地方分権改革の進捗があげられる。国と自治体の役割分担や関係の在り方を見直した地方分権一括法が、2000年4月から施行された。自治体の首長を中央省庁の出先機関と位置づけてきた機関委任事務制度の廃止をはじめ、地方に対する様々な国の関与が縮減され、国と自治体の関係は、従来の上下主従の関係から、対等協力の関係へとおきかえられた。

これによって、地方は、国の下部機関として仕事をすることがなくなるとともに、国が決定した政策を執行するだけでなく、地域社会の声を採り入れて自ら政策をつくり、政策を実施する地方自治体の本来あるべき姿に一歩近づくことになった。地方は、自己責任の下に、地域の様々な課題から取り組むべきテーマを選別して政策を決定し、その目的に沿った施策や事務事業を実施することが求められている。

第2に、行財政改革への「外圧」としての財政危機があげられる。1980年代末からはじまったバブル経済の崩壊を境に、日本経済は、グローバル化によって低成長路線へと転換し、右肩上がりの経済成長が期待できなくなった。しかしながら、バブル期に増大した歳出によって、国は莫大な財政赤字を抱えることとなり、地方も巨額の地方債発行残高を抱えて、公債費負担に苦しむようになった。

経済が高度成長の時は財政的余裕もあって、計画と予算の整合性を図る計画行政が尊ばれた。しかしながら、グローバル化や少子高齢化による行政ニーズの多様化、そして、経済の低成長に伴う財政難が進むと、国の長期計画に沿った事業の実施は財政赤字を増大させる一方で、十分な経済効果を生まず、その見直しが求められている。

したがって、自治体は中央主権的な計画行政、総花的な政策展開と決別して、

自己責任による「選択と集中」による戦略的な経営が求められている。

　第3に、社会の成熟と市民参加があげられる。経済の高度成長を経て市民社会の成熟が進み、市民は自己実現欲求やタックスペイヤーの視点から、地方行政への参加を求めるようになった。自治体は、行政の透明性を確保してアカウンタビリティ（説明責任）を果たすとともに、市民参加制度の拡大が求められている。

　第4に、地方に独自の政策形成能力が求められるようになったことがあげられる。これまでの機関委任事務の存在による国の下部機関ともいえる自治体の位置づけ、「3割自治」と揶揄されてきた自主財源の弱さ、補助金行政による国と地方の政策融合度の高さ等の制度的な制約が原因となって、地方の政策形成能力の向上を妨げてきた。しかし、国依存体質や横並び体質に象徴される自治体の自立意識の弱さが原因となり、地方の側においても政策形成能力を磨く努力が尽くされてきたとはいえない。ようやく近年、地方分権の進展とともに地方独自の政策が期待されるようになり、関係者にも政策への関心が高まってきた。

（3）政策とは何か

▼政策の意義

　政策の用語は、多様な場面で使われるために非常に定義しにくい。ここでは、政策を広義と狭義の2つにわけて考える。

　政策を広義で捉えると、政策は公共的な目標を実現するための一連の取り組みであって、施策や事業は政策の一部としてその中に含まれることになる。一方、政策を狭義で捉えると、政策・施策・事業の階層性を前提にして、政策は課題の解決のために取り組むべき方向を示すもの（狭義の政策）であり、その下で具体的な取り組みがグループ化されたものが施策であり、個々の具体的な取り組みが事業あるいは事務事業になる。

▼政策の構造

　政策を政策・施策・事業の三層で捉えた場合、それらの3つは相互に目的と手段の関係となって体系的に組みあわされたもので、階層状に連鎖する構造となっている。

図表 4-4　政策の体系と行政評価の区分

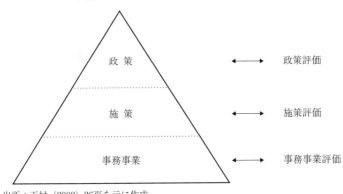

出所：玉村（2002）36頁を元に作成。

　地方自治体が策定する全ての行政計画の基本となる「総合計画」を例にすると、自治体の基本構想・基本計画が政策であり、それが部局単位に分類されたものが施策であり、具体化するために課単位に分類されたものが事業になる。なお、自治体によっては、事業を、事務事業あるいは事務と呼ぶところもある。また、事業を、基本事務事業と事務事業にわけるところもある（図表4-4参照）。

　2011年5月2日の地方自治法の改正で、基本構想の策定義務を定める第2条第4項は削除された。ただし、同日付の総務大臣通知で個々の地方自治体の判断によって議会の議決を得て基本構想の策定を行うことは可能であるとされている。

▼政策の種類

　政策は、その対象の違いによって、住民に直接影響を及ぼす公共政策と、自治体の内部管理のあり方に影響を及ぼす管理政策にわけられる。公共政策を実行するための行政組織として、国の省庁あるいは省庁内の各局に対応する部局がおかれることが通常である。管理政策は、組織体としての自治体を管理するための政策であって、組織管理・人事管理・給与管理・財務管理等を担当する。総務局や財務部といった名称の部局が設けられるのが通常である。

(4) 政策過程と政策サイクル

　政策過程は、一般に政策形成過程や政策形成プロセスと呼ばれている。地方自治体における政策過程は、地域社会が抱える問題を発見し、問題の分析を行い、問題解決の基礎となる理念や目標を設定して、政策案を作成・採択して、実施、評価する過程である。

　政策過程は、従来は政策決定を中心に捉えられており、政策決定に至る過程は、問題の発見、問題の分析、政策課題の設定、政策案の作成、政策案の採択の5つの要素に分類されてきた。

　しかし、近年、政策の3E（経済性・効率性・有効性）評価と評価結果を踏まえた政策改善の観点から、政策過程を単に一方向の流れで捉えるのではなく、循環を考えた政策サイクルとして捉える考え方が有力になっている。即ち、政策過程を経営学のPLAN（計画）―DO（実行）―SEE（評価）、あるいは、PLAN（計画）―DO（実行）―CHECK（評価）―ACTION（改善）のマネジメントサイクルと同様に考えて、政策決定・政策実施・政策評価・政策改善を政策サイクルとして捉え、プロセスマネジメントによって政策効果を高めようとするものである。

(5) 二元代表制と政策形成

　日本の地方自治制度は、相互の抑制と均衡（チェック・アンド・バランス）を期待して二元代表制を採用し、公選で選ばれる首長と議会が政策形成の主たる主体となることが想定されている。しかし、チェック・アンド・バランスは必ずしも期待通りに機能せず、政策形成における議会の比重は小さいものとなっている。

　議会は、首長と並んで議案提出権をもつにもかかわらず、議会事務局の予算や人員の制約によって、政策形成に携わる機会が少ない。加えて、予算の編成・提出権は首長に属するものの、予算の修正・決定権は議会にあり、議会は予算の議決権という強力な権限を有しているにもかかわらず、与党となって首長の提出する予算や議案の追認機関となるか、野党として反対を唱えるだけで、充分なチェック機能を果たしていない。また、議会は利益代表・地域代表の性格が強く、予算議決権を背景にした首長への「口利き」も後を絶たない。

国の政策担当秘書制度のように政策調査スタッフを強化するか、英米の地方議会制度にならって議員定数を減らして、議院内閣制やシティ・マネージャー制度の採用等の方法によって、議会の責任を高めるか、あるいは反対に、議員報酬の無料化、議会の土日・平日夜間開催によって住民自治を推し進め、首長主導の政策形成へのチェック機能に重点をおくか、いずれの方向にせよ、制度の見直しが検討課題となっている。

6　行政評価

(1)行政評価の意義と目的

　行政評価は、政策を評価するものであるから、本来、政策評価と呼ばれるものである。日本では、政策遂行の主体である行政（国・地方自治体）に重点をおいて、行政評価と呼ばれることが多い。

　政策の重要性が強調される一方で、国や地方自治体の政策の進め方に対して、次のような問題点が指摘されている。

　第1に、施策や事務事業を新たに企画立案する際、その費用対効果が十分検討されていないという点である。第2に、施策や事務事業遂行中の進行管理が適切に行われていないという点である。第3に、社会経済情勢の変化に対応した事務事業内容の見直しが行われていないという公共事業の硬直性である。

　これらの問題を解決するために、一定の方法で政策評価（ポリシーエバリュエーション、ポリシーアナリシス）あるいは行政評価（モニタリング）を実施して、政策を正していこうとする動きが広がっている。

(2)導入の背景

　日本経済が長期低迷を続ける中、国、地方自治体ともに深刻化する財政危機が「外圧」となって、行政改革への推進力となっている。自治体は、右肩上がりの経済成長を前提にした「あれもこれも」から、財政危機を踏まえて「あれかこれか」の「選択と集中」による政策選択が迫られている。

　また、大規模公共事業に関する情報開示と説明不足にみられるように、行政組織内部で行われる政策決定のプロセスはブラックボックス化しており、納税

者でもある市民からの批判が高まっている。閉鎖的な政策決定過程を明らかにして、アカウンタビリティ（説明責任）を果たすことが求められている。

　さらに、旧地方自治法1条の2①（改正後の地自法2⑭）は、「地方公共団体は、その事務を処理するに当たっては、住民の福祉の増進に努めるとともに、最少の経費で最大の効果を挙げるようにしなければならない」と定めている。しかし、戦後の福祉国家思想の下、行政サービスの拡大によって財政の硬直化が進む中、行政改革による歳出削減が不可避となっている。そのため、NPMの代表的な手法の1つとして行政評価の導入が求められている。

　もちろん、民間企業が目標とする収益の極大化の数量化が容易であるのに比べて、地方自治体が目標とする住民福祉の向上を数量化することは難しい。ただ、これまでの自治体運営が予算中心主義で、インプット（投入）が重視されることはあっても、アウトプット（産出）やアウトカム（成果）が重視されることが少なかったために、後者を重視する行政評価は新たな視点を持ち込むものとなっている。

(3)行政評価の種類：政策評価と業績測定

　行政評価導入に功績があった上山（1998）は、行政評価を「行政に数値による目標管理の考え方を導入し、民間企業の改革ノウハウを活用すること」と目的論的に定義するが、ただ単に「行政に評価を導入する」と価値観を排除した形で使われることが多くなっている。

　行政評価の対象である政策の体系は、政策（最狭義の政策）、施策（政策と施策を合わせた狭義の政策）、事務事業の3レベルで捉えることができ、行政評価（＝政策評価）の種類は、それぞれの政策レベルに対応している。一般に政策・施策レベルで政策評価、事務事業レベルで業績測定が行われる。

　行政評価で先行する英米では、行政評価に該当するものに、政策評価と業績測定の2種類が存在している。政策評価と業績測定の意義と性質は、それぞれ次のように説明される。

　まず、政策は政策目的を達成するために実施される具体的取り組みをグループ化したプログラムの形を採ってあらわれるので、政策評価は、一般にプログラム評価（施策評価）となって、特定のプログラム（施策）についての深く包

括的な評価となる。最狭義の政策は価値に基づくもので直接的な評価対象とはならない。

次に、業績測定は、特定の組織全体に網をかけてその業績を評価するものであるので、行われている事業についての広く浅い評価となる。

(4)評価区分等

評価区分は、評価の対象となる政策レベルによって、政策評価、施策評価、事務事業評価の3方式に区分される。

行政評価は、評価対象を全事業とするか、公共施設、公共投資、行政サービス等特定の事業を評価対象とするかによって2つに分類できる。全事業を対象にしつつも、一般事務事業、建設事業、主要プロジェクト、公営企業、出先機関等、事業ごとに評価方法をわける方法もある。

評価指標としては、投入指標、活動指標、成果指標の3種類がある。投入指標は行政コストのことで、費用や人員を選ぶのか、1人あたり費用等の分析指標を用いるかの違いがある。産出指標あるいは活動指標は行政活動量のことである。成果指標は、目的達成度・住民満足度のことである。成果指標の算出が難しい場合は、アンケート調査によって満足度を求める場合もある。

評価時期は、事前・中間・事後評価に区分される。評価視点は、内部・共同・外部評価に区分される。市民が多様な事務事業を評価するのは事実上不可能に近く、現在の行政評価は内部評価が中心となっている。内部評価にも、担当事業部門が行う原局評価、管理部門が行う評価部局評価、トップが行うトップ評価がある。外部評価には、専門委員方式と市民委員会方式（市政モニターによる評価も類似）がある。外部評価の一種に市民オンブズマン評価等の第三者評価がある。

評価方式としては、定量・定性・評点方式がある。定量評価（ベンチマーク方式、事業評価方式）が評価の具体的な対象となる実績や数値が客観性をもつので望ましいが、全ての行政活動が数値化できる訳ではない。行政サービスの質を測定する場合は評点方式（行政サービス評価方式）が採用されることが多い。数人の評点者が行財政活動を評点して平均点を算出、数値化する。定量方式・評点方式ともに困難な場合には、定性評価が行われる（図表4-5参照）。

図表4-5　行政評価の種類、評価区分等

評価種類	評価区分	評価対象	評価指標	評価時期	評価視点	評価方式
政策評価	政策評価	行政全体	投入指標	事前評価	外部評価	定性評価
	施策評価	特定施策	活動指標	中間評価	共同評価	評点方式
業績測定	事務事業評価	個別事業	成果指標	事後評価	内部評価	定量評価

出所：高寄（1999）16頁を元に作成。

(5)評価基準

　行政評価の評価基準は、NPM（新公共経営）の理念を受けて、以下の3Eにしたがうことが通常である。第1に、同じ成果をもっと安い経費で達成する方法があるのではないかという単位行政量に占める費用の割合を考慮した経済性（Economy）である。第2に、同じ経費でもっと高い成果を上げる方法があるのではないかという費用に占める活動量の割合を考慮した効率性（Efficiency）である。第3に、施策ないし事業計画の初期の目的が十分に達成されているかという活動量に占める目標達成度の割合を考慮した有効性（Effectiveness）である。

　なお、この基準は論理的な典型を示す理念型であって、実際の評価においては、3Eだけでなく必要性、妥当性等も考慮されている。

(6)具体的な評価方法

▼ベンチマーク方式（行政目標方式）

　行政目標を設定して指標化し、その達成度を評価する方法である。行政目標には、投入指標（インプット）よりも、活動指標（アウトプット）や成果指標（アウトカム）が望ましく、かつ、類似団体の比較ができる指標が望ましいとされる。評価方法は、行政評価の中では比較的簡単である。アメリカでは、州はベンチマーク方式による政策・施策評価、市は事業評価方式による事務事業評価システムが主流である。

▼事業評価方式

　行政活動を指標化する数値を算出し、評価基準に基づいて選別する方法である。政策・施策・事務事業のように階層別に区分して、上位が下位の目的にな

るように、目的と手段の関係を連鎖させていく。技術的には、ベンチマーク方式（行政目標方式）が簡単で事業評価方式は難しい。しかしながら日本の場合、都道府県・市町村ともに、事業評価方式が主流となっている。

▼行政サービス評価方式

　住民票発行等の地方自治体の行政サービスを、QCD（Quality：品質、Cost：費用、Delivery：納期）によって評価する方法である。実施事例は少ない。

▼定性的評価方式

　客観的な実績や数値によって評価するのでなく、その価値や理念、取組みの姿勢や熱意など数値化が難しい要因も考慮して、評価者の判断にしたがってランク付けする、あるいは判断内容を記述する形で行われる。

(7) 新たな評価方法

▼事業仕分け

　事業仕分けは、民間の政策シンクタンク「構想日本」が2002年2月岐阜県で始めて以降、地方自治体に広がった事業の無駄を洗い出す行政評価の一手法である。2010年度の予算編成に際して、政府の行政刷新会議でも採用され、注目を集めた。

　従来の行政評価は、事業全般を対象とするため評価が総花的であるとともに、評価結果が分かりにくかった。これに対して事業仕分けは、予め選ばれた事業について、抽象論でなく具体的な事業を基礎に必要性を評価するとともに、公開の場で行う、外部者の参加を前提にする、評価結果が明確であるところに特色がある。

　手順は、行革担当部局等が対象事業を抽出した上で、事業担当者が公開会場で説明を行い、仕分け人が当該事業の必要性（見直し、廃止等）を判定する。公募による市民判定人を設ける市民参加型事業仕分けを採用する例も多い。仕分け目的は政策手段の効率性を審査するだけで政策目的を否定するものではない。仕分け結果に法的拘束力はないが、関係者に与える影響は少なくない。

▼行政事業レビュー

　行政事業レビューは、「予算編成等の在り方の改革について（2009年10月23日閣議決定）」によって始められたもので、事業仕分けの考え方を各府省に適用

したものである。主に外部者によって行われてきた事業仕分けの内容を見直して、行政の内部機関が、原則的に全ての事業を対象にしてPDCA（計画、実施、評価、改善）の観点から、事業の目的、内容、予算額と使途・執行状況、事業の成果を外部の視点を入れて事後的に点検し、レビューシートを作成して公表するもので、次年度の予算要求・査定の基礎資料として使用される。

事業仕分けは、予算の削減を予算査定の段階で行うことを目的にするものであったが、査定段階で削減努力をしても、予算要求の段階から十分な見直しが行われておらず、削減の限界があった。また、仕分け対象とする事業数が限られており、仕分け結果を類似事業に波及させることも十分できなかった。

その反省の下に行われる行政事業レビューは、原則的に全ての事業の点検・見直しを行うもので、いわば「行政事業の総点検」とでもいうべきものとなっている。国で始まった行政事業レビューの手法は、その後地方自治体にも波及している。

(8) 行政評価の課題

行政評価を導入した地方自治体からは、今なお、行政評価の効果について疑問がだされている。その解決のために、次のような点に留意して不断に改革していくことが必要とされる。

▼フィードバック

行政評価を実施するだけでなく、そのフィードバックが重要である。政策評価は、評価だけで終わるものではなく、政策循環を通じて、新たな政策立案につなげていく必要がある。また、業績測定においては、評価結果によって無駄遣いをなくし、業務の効率性を高めることが望まれる。

▼縦割りの排除

組織の縦割りへの反省のないまま、行政評価を捉えるならば、事業部局にとってみれば、行政評価は評価担当部局へのおつきあいのために仕事が増えるだけのことになってしまう。評価担当部局においても、従来の行政監督と同一視して捉えるならばその効果は低いものとなる。

▼行財政システムとの連携

行政評価を結果に結びつけるためには、組織・人事・財政の各システムとの

連携が欠かせない。また、今後、行政評価で著しい成果を上げた部署に対して、予算・人事等の面においてインセンティブを与えるのも1つの方向である。

▼市民参加と外部評価

　市民と行政のパートナーシップによる協働型社会を実現する上で、政策形成や行政評価への市民参加がこれから一層求められる。そのためにも、評価への参加機会の確保や評価結果を広く市民に公表していくことが望まれる。さらに、評価の客観性を確かなものにする視点から外部評価の必要性も高まっている。

▼行政評価の「ライジングバー」

　イギリスの例をみても、行政評価方法が被評価者に学習され、評価の高止まり傾向がある。そのため、行政評価を様々な方法でレベルアップしていく必要がある。

研究課題

1　伝統的な行政管理はどのような理念と特徴を持っていますか。
2　NPMの理念と特徴、そして代表的な手法について述べなさい。
3　ポストNPMともいうべきガバナンス（共治）、協働・パートナーシップと呼ばれるネットワーク型ガバナンスが、NPMから独立した新しい概念であるか否かを述べなさい。

参考文献

上山信一（1998）『「行政評価」の時代——経営と顧客の視点から』NTT出版。
大住荘四郎（1999）『ニュー・パブリック・マネジメント』日本評論社。
神戸大学大学院経営学研究室編（1988）『経営学大辞典』中央経済社。
神戸大学大学院経営学研究室編（1999）『経営学大辞典』（第2版）中央経済社。
自治省行政局行政体制整備室（2000）「地方自治体に行政評価を円滑に導入するための進め方」。
財団法人自治体国際化協会（2003）「英国の地方自治」CLAIRREPORT。
高寄昇三（1999）『自治体の行政評価システム』学陽書房。
高寄昇三（2000）『自治体の行政評価導入の実際』学陽書房。

玉村雅俊（2002）『Policy Debate No.2』政策分析ネットワーク。

デビッド・オズボーン、テッド・ゲーブラー、高地高司訳（1995）『行政革命』日本能率協会マネジメントセンター。

デビット・オズボーン、ピーター・プラストリック、小峯弘靖・前嶋和弘訳（2001）『脱官僚主義』PHP研究所。

トニー・ボベール、エルク・ラフラート、みえガバナンス研究会訳、稲澤克祐・紀平美智子監修（2008）『公共経営入門——公共領域のマネジメントとガバナンス』公人の友社。

橋本行史（2004）「行政評価の導入と内部者主導改革の可能性」『地方自治研究』19巻2号。

古川俊一・北大路信郷（2001）『公共部門評価の理論と実際』日本加除出版。

フレデリック・テイラー、上野陽一訳（1969）『科学的管理法』産業能率大学出版局。

真山達志（2001）『政策形成の本質』成文堂。

宮川公男（2002）『政策科学入門（第2版）』東洋経済新報社。

宮脇淳（2003）『公共経営論』PHP研究所。

山内弘隆・上山信一（2003）『パブリックセクターの経済・経営学』NTT出版。

Hood, C. (1991) "A Public Management for All Seasons ?", *Public Administration*, Vol. 69, pp. 3-9.

James N. Rosenau & Ernst-Otto Czempiel eds. (1992) *Governance without Government : Order and Charge in World Politics*, Cambridge University Press.

Learch, R. & Percy-Smith, J. (2001) *Local Governance in Britain*, Palgrave, pp. 1-5.

OECD (2005) Governance in Transition, *Public Management Reforms in OECD Countries*, Published by OECD Publishing.

Robert B. Denhardt & Janet Vizant Denhardt (2000) The New Public Service : Serving Rather Steering, *Public Administration Review* (Washington, D. C.), N/D 2000, Vol. 60, No. 6, p. 554.

第5章　政　策

　第1次地方分権改革は、国と自治体の対等な関係を実現するため、機関委任事務制度の廃止をはじめ大きな法的変動を実現した。自治体は、もはや国の政策の下請け機関ではなく、地域における政策主体として、自己決定・自己責任において、地域の独自の課題に適合した創造性のある政策を生み出し、実施していく必要がある。そして、自治体がその地域の特性に応じた自主性・自立性を発揮する上で、条例に基づく施策の実施は非常に重要である。

　地方自治体は、憲法によって自治立法権を保障されている。条例は、法律の範囲内で、法令に反しない限りにおいて制定できるが、その制定権の範囲はどこまでか、あるいはその限界はどのような点にあるかなどが、これまで判例・学説において論じられてきた。今日、分権改革により条例制定権の拡大が図られたことにともない、創意工夫を凝らした自主的な条例制定が可能となっている。法令との関係での条例制定権の限界などの問題点を整理するとともに、自主的な条例の制定、法律・条例の創造的な解釈を含めた、地域の実情に合った自治体政策のあり方を検討する必要がある。

1　地方自治体の処理する事務

（1）国と地方自治体の役割分担

　憲法94条は、「地方公共団体は、その財産を管理し、事務を処理し、及び行政を執行する権能を有し、法律の範囲内で条例を制定することができる」と規定する。これを根拠として、地方自治体はその事務を処理する権能を有し、地方自治体の事務とされたものを処理する。

　地方自治法は、地方自治体の役割について、「住民の福祉の増進を図ること

を基本として、地域における行政を自主的かつ総合的に実施する役割を広く担う」と定めている（地自法1の2①）。これは、1999年の地方自治法改正により新たに挿入された規定であるが、第1次地方分権改革では、後述する機関委任事務の制度を廃止し、国と地方自治体の間に残っていた中央集権的な上下関係に基づく統治システムを改めて、国と地方自治体との役割を明確化することで、自治体の自主性と自立性を高め、個性豊かで活力に満ちた地域社会の実現を図ることを理念とした。

これに対し、地自法1条の2第2項は、国が重点的に担うべき事務について、①国際社会における国家としての存立にかかわる事務、②全国的に統一して定めることが望ましい国民の諸活動または地方自治の基本的な準則に関する事務、③全国的な規模または全国的な視点で行わなければならない施策および事業、という3種類を挙げている。すなわち、地方自治法は、国と地方との間での役割分担について、国は本来果たすべき役割を重点的に担うこととして、住民にとって身近な行政はできるだけ自治体に委ねることを基本とし、また、国は地方自治体に関する制度の策定および施策の実施にあたり、地方自治体の自主性・自律性が十分に発揮されるようにしなければならないと定める。

（2）旧地方自治法下における事務の分類

地方自治体が処理する事務について、旧地自法2条2項は、「普通地方公共団体は、その公共事務及び法律又はこれに基く政令により普通地方公共団体に属するものの外、その区域内におけるその他の行政事務で国の事務に属しないもの」を処理すると定めていた。ここから、地方自治体の処理すべき事務（自治事務）は、①公共事務（固有事務）、②団体委任事務、③行政事務の3つに分類されていた。①は、地方自治体に固有のもので、住民の福祉を増進するという本来の存立目的を実現するための事務、②は、国や他の自治体から法令によりその処理を委任された事務、③は、公共の秩序を維持し住民の安全および福祉を保持するために住民の権利を制限し、自由を規制するような権力の行使を伴う事務、と解されていた。しかし、これら事務区分については、相対的・流動的であること、分類の基準が不明確であること、制度的な効果の相違が伴わないことなどが指摘され、分類の実益に乏しいと言われた。

第1次分権改革まで、地方自治体が処理する事務には、自治体の本来的事務である自治事務（団体事務）のほかに、機関委任事務の制度が存在していた。機関委任事務とは、本来的には国の事務であるものを、法律またはこれに基づく政令により地方自治体の長とか委員会などの執行機関に委任して行わしめる事務のことをいう。端的に言えば、国が地方自治体の機関をいわば国の下部機関として利用し、国の事務を行わせる仕組みであった。

　自治事務について、自治体は法令に違反しない限りで条例を制定することができたが、機関委任事務については条例を制定することができなかった。機関委任事務の執行にあたっては、知事は主務大臣の、市町村長は国の機関としての知事の指揮監督を受け、国が職執行命令訴訟を提起して勝訴すれば、事務を代執行することも可能であった（1991年以前は、国の指示に従わない長を罷免することも認められていた）。そして、地方議会や監査委員によるチェック機能も制限されていた。そのままこのような機関委任事務制度は、国と地方を主従関係・支配服従の関係とし、中央集権的な行政システムにする要因となっていた。また、住民による選挙で選ばれた地方自治体の長が国の機関となるというのは、憲法のとる地方自治観にそぐわないものであった。機関委任事務は従前、都道府県の事務の約7～8割、市町村の事務の3～4割を占めたと言われる。

(3) 機関委任事務の廃止
　機関委任事務については様々な問題点が指摘され、その整理合理化、見直しが求められていた。すなわち、①わが国の中央集権型行政システムの中核部分を形づくる制度となっている、②主務大臣が包括的かつ権力的な指揮監督権をもつことにより国と自治体とを上下・主従の関係に置いている、③知事や市町村長に二重の役割を負わせていることから地方自治体の代表者としての役割に徹しきれない、④国と地方自治体の間で責任の所在が不明確となり、住民にわかりにくいだけでなく、地域の行政に住民の意向を反映させることができない、⑤地方自治体は国との間の事務を負担することとなり、多大な時間とコストの浪費を強いられている、⑥地域における総合行政の妨げとなる、など様々な弊害が指摘されていた。

　したがって、地方分権改革では、「地方自治の本旨を基本とする対等・協力

の新しい関係を築くため、機関委任事務制度を廃止する」とされ、地方分権一括法による改正で、機関委任事務制度は2000年4月から廃止された。

（4）自治事務と法定受託事務

　現在の地方自治法は、地方自治体の役割について、「地域における行政を自主的かつ総合的に実施する役割を広く担う」と規定し、また、「住民に身近な行政はできる限り地方公共団体にゆだねることを基本とする」としている（1条の2）。そして、地方自治体は、①地域における事務（地域事務）と、②その他の事務で法律またはこれに基づく政令により処理することとされるもの（非地域的法定事務）を処理する（地自法1②）。これらの事務は、次にみる自治事務と法定受託事務に区分される（図表5-1）。

　機関委任事務の廃止により、地方自治体の事務は「自治事務」と「法定受託事務」に再整理され、かつての自治事務の三区分は廃止された。従来の機関委任事務のうち、約55％が自治事務、約45％が法定受託事務とされた。また、少数ながら国の直接執行に切り替えられた事務および廃止された事務がある。

　自治事務とは、地方自治体が処理する事務のうち「法定受託事務以外のものをいう」と定義されている（地自法2⑧）。このような控除概念が採用されたのは、自治事務は非常に広範囲にわたるものであり、地域における行政を地方自治体が広く担うという考え方にも一致するからである。自治事務に関しては、地方自治体がそれぞれの地域の特性に応じて、自主性を発揮して事務の処理を行うことができるように、国は特に配慮しなければならない（同法2⑬）。もっとも、自治事務であっても、自治体がそれを処理する際には、法律による行政の原理の要請から、法令の趣旨・目的を踏まえた運用が求められる。したがって、自治事務においても国等の関与が残されている。

　地自法は自治事務につき控除方式で定義するので、法令でその旨の定めがあるときのみ法定受託事務として扱われ、それ以外のものは自治事務となる。法定受託事務とは、国（または都道府県）が本来果たすべき役割に係るものであって、国（または都道府県）においてその適正な処理を特に確保する必要があるものとして、法律またはこれに基づく政令で、特に自治体にその処理が委託される事務をいう（国政選挙、旅券の交付、国の指定統計、国道の管理など）。法

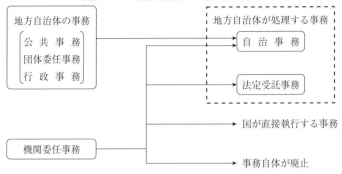

図表 5-1　地方自治体の事務区分の改正

定受託事務には、「法律又はこれに基づく政令により都道府県、市町村又は特別区が処理することとされる事務のうち、国が本来果たすべき役割に係るものであつて、国においてその適正な処理を特に確保する必要があるものとして法律又はこれに基づく政令に特に定めるもの」（第一号法定受託事務）と、「法律又はこれに基づく政令により市町村又は特別区が処理することとされる事務のうち、都道府県が本来果たすべき役割に係るものであつて、都道府県においてその適正な処理を特に確保する必要があるものとして法律又はこれに基づく政令に特に定めるもの」（第二号法定受託事務）がある（地自法2⑨）。

　法定受託事務は、国（や都道府県）が本来果たすべき役割にかかる事務とされるが、これらもすべて国（や都道府県）の事務ではなく、自治体の事務とされている。このため、機関委任事務とは異なり、法定受託事務に関しても条例を制定することができる。法定受託事務と自治事務の違いは、その執行への国または都道府県の関与の強度の違いに求められる。法定受託事務については、その執行手続に対して国または都道府県の強い関与が認められている。

(5) 法定受託事務の問題点

　かつての機関委任事務制度では、それを処理する首長ほか自治体の機関は、国の機関に位置づけられ、その事務は国の事務として整理されていた。自治体は法令に従う義務があるが、機関委任事務制度においては、自治体の機関は各省大臣の所管の諸機関に該当し、大臣等が発する「通達」にも拘束されていた。

第1次分権改革では、自治体が地方自治の本旨に則した自治を進めていくことができるよう、上下・主従関係にあった国と自治体の関係を対等・協力の関係に再構築するともに、自治体が処理する事務区分の整理と国等の関与の見直しを行った。事務区分の整理では、機関委任事務制度を廃止した上で、自治体が処理する法定事務を自治事務と法定受託事務に区分した。すなわち、自治事務だけでなく、法定受託事務も自治体の事務としたことにより、機関委任事務において発せられていた大臣等の通達が効力を失うとともに、関与の見直しにより国・自治体間の関係が整序された。また、自治体が処理する事務がすべて自治体が責任を持つ事務となったことで、議会や監査委員の関与も可能となったほか、これらの事務について条例制定権を有するようになった。

しかし、実際には各省の強い抵抗があり、機関委任事務の廃止に伴う区分けの際には、各省調整の結果、妥協的に法定受託事務とされたものが少なくない。したがって、自治事務と法定受託事務の区分は、現行法制下ではあくまで相対的なものに過ぎない。また、現状では、法定受託事務の新設について国の立法裁量の余地が大きく、将来的に法定受託事務の増殖も危惧される。さらに、自治体の現場では、法定受託事務についての関与を拡大解釈し、関与を受ける自治体自ら、あたかも機関委任事務の処理と同様の運用がなされているという実態も指摘されている。このようなことから、自治事務と法定受託事務の区分について見直し、再整理の必要性が主張されている。

2　自治立法権

(1)条例

地方自治体は、憲法によって自治立法権を保障されている。地域の課題を解決する自治体の政策を条例の制定によって具体化することは、自治体行政の基本的な政策実施のあり方であり、条例という自治体の立法は、地域の実情・特性に応じた自治行政を進める上で重要な意義を有する。

憲法上の根拠について、「地方自治の本旨」(92条)に基づく自治権には自治立法権を含むと解釈する学説もあるが、一般的には、94条によって自治体の自治立法権が保障されていると考えられている。同条は、「地方公共団体は、

……法律の範囲内で条例を制定することができる」と定めるが、条例という形式の立法を行えるということだけではなく、自治体としての立法権、すなわち条例以外の形式でも法規を定める権能を保障していると解されている。法形式としては、議会が制定する条例のほか、長や行政委員会が定める規則がある。

このように、憲法94条がいう「条例」には、議会が制定する条例と自治体の長が定める規則を含むが、これを「実質的意味における条例」という。これに対し、議会への条例案の提出、議会の議決を経て、長が制定・施行するという地方自治法が定める条例制定手続（地自法16）に基づいて制定される条例を、「形式的意味の条例」という。

条例は、長が議会に提案して議決・制定される場合（地自法149Ⅰ）がほとんどであるが、議会の議員にも、議員定数の12分の1以上の賛成があれば、条例案を議会に提出することが認められている（同112②）。住民も、選挙権者総数の50分の1以上の者の連署を集めることで、長に対して条例の制定・改廃を請求することができる（同74）。しかし、条例制定の実態としては、長による提案が圧倒的に多いと言われる。すなわち、条例のほとんどが執行機関（主として長の部局）で立案され、長がまとめて代表して議会に提案し、その審議を求め、議決により制定される。

議会に提案された条例案は、議会の議決を経て制定・改廃される。議決があったときは、議長は3日以内に議決書を長に送付し（地自法16①）、長は（再議の処置を講ずる必要がある場合を除き）送付を受けた日から20日以内に公布しなければならない（同16②）。特別の定めがなければ、条例は公布の日から10日を経過した日より施行される（同16③）。

地自法14条2項は、「普通地方公共団体は、義務を課し、又は権利を制限するには、法令に特別の定めがある場合を除くほか、条例によらなければならない」と定める。この規定は、法律による行政の原理における法律の留保原則に関する侵害留保説（国民の権利自由を制限する権力的な行政活動には法律の根拠を要する）に基づき、条例制定が必要とされる最低限度のルールを確認したものである（「必要的条例事項」）。しかし、この要素を含まなければ条例を制定できないということではなく、権利義務に関しないことを規定する条例もある。重要事項については、住民代表議会で議論し決定すべきという考え方（重要事項

留保説）により、条例を制定する方法をとる自治体もある。

　法律上の制度を執行するために、当該法律が自治体に条例の制定を要求している場合がある（例えば旅館業法4②、風営法4②）が、法律の個別委任に基づいて制定される条例を「法律施行条例（委任条例）」という。これに対し、自治体の事務に関して、（法令の委任なしに）独立して制定される条例を「自主条例」という。自主条例が定める内容には、法令と競合することもある。

（2）規則

　規則とは、地方自治体の長（または行政委員会）がその権限に属する事務に関して制定する法形式である。

　自治体の長は、法令に違反しない限りにおいて、その権限に属する事務に関し、規則を制定することができ（地自法15①）、規則に違反した者に対し5万円以下の過料を科すことができる（同15②）。「権限に属する事務」は確かに広いが、住民に義務を課し権利を制限するものは、条例で定めなければならないため（同14②）、これを長の規則で定めることはできない。また、法令の規定により条例によることとされている事務や、議会の議決を要するとされている事務については、単独で定めることはできない。

　自治体の執行機関である行政委員会も、その権限に属する事務に関し規則を定めることができるが、制定に際しては個別法律の授権を必要とし、また、制定内容は、法令だけではなく、条例や長の定める規則にも違反してはならない（地自法138の4②）。したがって、委員会の規則は、同じ自治立法である条例や長の規則に劣後するものであり、制定内容が重複ないし矛盾抵触が生ずる場合には、条例や長の規則が優先される。

（3）条例と規則の関係

　条例と規則は、法律と命令との関係のように、規則が条例の下位法に位置づけられるのではなく、併存・独立の関係にあると解されている（図表5-2）。地方自治体の事務のうち、住民に義務を課し権利を制限する事項については、条例で定めるべきとされるが、地方自治法で規則の専管事項としているものもあり（地自法152③、170⑥、243の2①後段など）、長の規則で定めうる領域につ

図表 5-2 条例と規則の比較

	条 例	規 則
自治事務	法令に違反しない範囲で可	法令に違反しない範囲で可
法定受託事務	法令に違反しない範囲で可	法令に違反しない範囲で可
義務を課し、権利を制限する定め	法令に特別の定めがある場合を除いて可	不可
定めるこのできる罰則	刑罰（懲役、禁錮、罰金、拘留、科料、没収）、過料	過料

いては、条例の委任なしに規則を制定することができる。

　しかし、条例と規則が競合する領域は実際に多く、両者の規定が抵触した場合、どちらが優先されるべきかが問題となる。長と議会のいずれもが直接公選によって選ばれており、民主的正当性の点では対等であるが、長の規則は長のみの判断で制定できるのに対し、条例は討議手続を経て制定されること、また、長の規則違反に対する制裁としては過料のみで刑罰を科すことができないことなどを理由に、条例の規定が優先すると解されている。

　したがって、ある共管事項に関し、規則が制定されている場合に、条例が後から制定されたときであっても条例が優先的に適用されるとともに、条例が定める事項については、規則で規定することはできない。なお、条例で具体的な定めを規則に委任したり、条例の執行のための細目を規則で定めることが少なくないが、その場合には、命令と法律との関係と同様に、条例の委任の範囲を超えたり、条例の規定に反することはできない。

3　条例制定権の範囲

（1）憲法94条と地方自治法14条1項

　憲法94条は、地方自治体は「法律の範囲内で」条例を制定できると定め、また地自法14条1項は、「法令に違反しない限りにおいて」条例を制定できると規定する。憲法と地方自治法とでは文言が異なるが、法律の授権に基づいて制定された命令は法律の具体化であると考えられるから、一般に両者は同じ趣旨であると理解されている。

条例は、自治体が自主立法権に基づき制定する自主法であるから、地方自治体は、その事務に関して必要な事項を、個別的な法律の授権によらずに、自主的な判断により条例を制定することができる。しかし、条例もまた国法秩序内に位置する法規であるから、当該自治体が処理すべき地方的利害に関わる事項を規律対象とし、かつ法令の規定に抵触する内容を定めることはできない。

法律に違反する条例を制定することはできないが、どのような条例が法律に違反することになるのか、その限界がどこにあるのかを明らかにしておく必要がある。これまで条例制定権の限界として、事項的限界、憲法の法律主義規定との関係、法律と条例の関係などが議論されてきた。

(2)事項的限界

地方自治体は、「法令に違反しない限りにおいて、第2条第2項の事務に関し、条例を制定することができる」(地自法14①)。ここから、条例の対象事項は、地方自治体が処理すべき「地域における事務」と「法律又はこれに基づく政令により処理することとされる事務」である。分権改革前は、自治体の条例制定権は自治事務についてのみ認められ、機関委任事務については認められないと解されてきたが、「地域における事務」は、自治事務のみならず法定受託事務も含む。従前、機関委任事務であったものの相当部分が、自治事務または法定受託事務になったため、自主条例制定権の範囲は拡張したことになる。もっとも、法定受託事務については、その処理につき通例、法令に詳細な規定が置かれているから、実際に条例で定めうる余地はあまり広くはない。

地方自治体は、当該自治体の事務に関し広く条例を制定することができるが、逆に言えば、国やその他の自治体に関する事務については、対象外である。事務の性質上、国の法律によって統一的に処理すべき事項は、法律の専権事項であり、条例で定めることはできない。例えば、刑事犯の創設や、物権の設定・債権の融通性の制限など財産取引基礎となる事項は、事柄の性質上、国が全国統一的な視点から定めるべき事項であり、条例で規定することはできない。

(3)憲法の法律主義規定との関係

憲法が法律で定めることを規定している事項について、条例で定めることが

できるかどうか。これが、条例と憲法の法律主義規定との関係の問題である。

条例で定める内容は、最高法規である憲法に抵触してはならない。一般的に、条例による規制で人権を制約する場合、当該規制は必要かつ合理的な最小限の制限でなければならず、目的と手段の均衡が図られていなければならない。条例による暴走族の規制について、最高裁判例（最判2007年9月18日刑集61巻6号601頁）は、公共の場所における暴走族の集会等が公衆の平穏を害してきたこと、規制に係る集会であっても、これを行うことを直ちに犯罪として処罰するのではなく、市長による中止命令等の対象とするにとどめ、この命令に違反した場合に限り処罰するという事後的かつ段階的規制によっていること等にかんがみると、その弊害を防止しようとする規制目的の正当性、防止手段の合理性、規制により得られる利益と失われる利益の均衡の観点に照らし、憲法21条1項、31条に違反するとまではいえないと判示した。

▼財産権法定主義との関係

憲法29条2項は、「財産権の内容は、公共の福祉に適合するやうに、法律でこれを定める」と規定するが、条例による財産権の規制を許さない趣旨かどうかが問題となってきた。

ため池の破損・決壊等による災害を未然に防止するため、その堤とうに農作物を植えること等を禁止した条例の適法性が問われた、奈良県ため池条例事件（最判1963年6月26日刑集17巻5号521頁）で、最高裁は、財産権の制限を定める条例を合憲と判断している。すなわち、当該制限は災害防止という社会生活上の必要によるものであって、ため池の堤とうに関する財産上の権利を有する者は、公共の福祉のため当然これを受忍しなければならない責務があるとした上で、ため池の破損等の原因になる堤とうの使用行為は、憲法でも民法でも適法な財産権の行使として保障されないものであるから、これらの行為を条例でもって禁止、処罰しても憲法および法律に抵触またはこれを逸脱するものとはいえず、また右条項に規定するような事項を既に規制していると読むべき法令は存在していないのであるから、これを条例で定めたからといって、違憲・違法な点は認められないとしている。もっとも、この判決は、ため池の堤とうを使用する権利が財産権の行使として保障されるものではないとの理由で、条例による規制の違憲・違法を否定したものであり、条例による財産権の規制が可能

かどうかについて直接答えるものでなく、微妙な言い方をしている。

　通説では、憲法の規定の文言にかかわらず、条例による財産権の規制が可能であると解している。その理由としては、条例は地方議会という民主的な基盤に立って制定されること、条例により地域の事情に応じた制限を財産権に加える必要性、条例による精神的自由の制限が可能であるのにより社会的内在的制約のある財産権について規制を認めないのは均衡を失すること、などが挙げられる。建築規制や屋外広告物の規制などは、地域の実情に応じて様々であるから、条例による財産権規制は許されるべきと考えられる。

▼罪刑法定主義との関係

　憲法31条は、「何人も、法律に定める手続によらなければ、その生命若しくは自由を奪はれ、又はその他の刑罰を科せられない」と定めている。条例の実効性を確保し、行政目的を達成するためには、条例で刑罰を設けることが必要となるが、地自法14条3項は、「普通地方公共団体は、法令に特別の定めがあるものを除くほか、その条例中に、条例に違反した者に対し、2年以下の懲役若しくは禁固、100万円以下の罰金、拘留、科料若しくは没収の刑又は5万円以下の過料を科する旨の規定を設けることができる」と規定している。そこで、この規定が憲法31条の罪刑法定主義に反しないかどうかが問題となる。

　最高裁は、大阪市売春防止条例事件（最判1962年5月30日刑集16巻5号577頁）で、「憲法31条はかならずしも刑罰がすべて法律そのもので定められなければならないとするものでなく、法律の授権によってそれ以下の法令によって定めることもできると解すべき」とした上で、「条例は、……公選の議員をもって組織する地方公共団体の議会の議決を経て制定される自治立法であって、行政府の制定する命令等とは性質を異にし、むしろ国民の公選した議員をもって組織する国会の議決を経て制定される法律に類するものであるから、条例によって刑罰を定める場合には、法律の授権が相当な程度に具体的であり、限定していれば足りる」として、合憲の判断をした。

　学説では、地方自治法の規定を違憲とするものはほとんど見当たらず、論点はむしろそれを合憲とする理由づけにあろう。上記の最高裁判決は、条例に罰則を委任する場合にも明確な委任が必要だが、条例の民主性から委任の個別性・具体性が緩和されると考えているようである。これに対し、条例が議会制

定法であるという性格から、条例への委任規定は包括的・一般的でも構わないとする考え方もある。さらに、条例制定権が憲法によって直接授権されたものである以上、法律の特別の委任がなくとも、条例違反に対する罰則を定めることができるという考え方も有力である。この説によると、地自法14条3項の規定は、罰則規定の上限を定めるものに過ぎないということになる。

▼租税法律主義との関係

憲法84条は、「あらたに租税を課し、又は現行の租税を変更するには、法律又は法律の定める条件によることを必要とする」と定める。一方で、地方自治法223条は、「普通地方公共団体は、法律の定めるところにより、地方税を賦課徴収することができる」と規定し、地方税法2条は、「地方団体は、この法律の定めるところによって、地方税を賦課徴収することができる」と規定し、同法3条1項は、「地方団体は、その地方税の税目、課税客体、課税標準、税率その他賦課徴収について定をするには、当該地方団体の条例によらなければならない」と規定している。

ここに憲法の租税法律主義との関係において、地方自治体の課税権は、地方税法（法律）によって与えられたものなのか、憲法上保障されているものなのか、という問題が議論された。しかし、これについては、憲法が地方自治体に対して自治権を保障している以上、その基礎となる自主財政権、その中心をなす課税権も保障されているという考え方から、憲法92条の「地方自治の本旨」の内容として自治体の財政自主権が、また憲法94条の「事務を執行する権能」には課税権が含まれており、地方自治法や地方税法の規定がなくても、自治体には課税権が保障されていると考えられている。

最高裁は、神奈川県臨時特例企業税条例事件（最判2013年3月31日民集67巻3号438頁）で、「普通地方公共団体は、地方自治の本旨に従い、その財産を管理し、事務を処理し、及び行政を執行する権能を有するものであり（憲法92、94）、その本旨に従ってこれらを行うためにはその財源を自ら調達する権能を有することが必要であることからすると、普通地方公共団体は、地方自治の不可欠の要素として、その区域内における当該普通地方公共団体の役務の提供等を受ける個人又は法人に対して国とは別途に課税権の主体となることが憲法上予定されているものと解される」と判示した。

市が電気ガス税を賦課徴収してきたところ、地方税法が特定製品の製造に直接使用する電気の消費は非課税とすると定めていたことで、大きく税収を減らしたため、市が減収分について国に国家賠償を請求した大牟田市電気ガス税事件（福岡地判1980年6月5日判例時報966号3頁）で、憲法は地方自治体に自主財政権・課税権を認めていると判示した。しかし、具体的税目についての課税権まで認めてはおらず、電気ガス税についても、地方税が許容する限度においてのみ賦課徴収できるに過ぎないとして、請求を棄却した。秋田市国民健康保険税事件（仙台高秋田支判1982年7月23日行集33巻7号1616頁）では、「地方自治の本旨に基づいて行われるべき地方公共団体による地方税の賦課徴収については、住民の代表たる議会の制定した条例に基づかずに租税を賦課徴収することはできないという租税（地方税）条例主義が要請され」、「憲法84条にいう『法律』には地方税についての条例を含む」と判示した。

（4）法律と条例の関係

　条例にかかわる法的問題の中で、法律と条例の関係は最も中心的な論点である。条例は、「法律の範囲内で」（憲法94）、「法令に違反しない限りにおいて」（地自法14①）制定することができる。しかしながら、現実には国の制定する法令が地域的な問題に十分に対応していない場合や、地域の判断に委ねるべき問題にまで規律している場合などがあり、その地域の事情に応じ住民の健康・生活や地域の良好な環境を保持しようとする自治体の条例としばしば緊張関係を生んできた。このため、条例については、どのような場合に国の法令に反することになるか、その基準が必要となり、議論されてきた。

▼法律先占論

　条例が法律に違反しているか否かの基準について、かつては法律先占論と呼ばれる考え方が支配的であった。すなわち、法律が規制を定める場合には、それは当該領域における必要かつ十分な規制とみるべきであるから、法律が規制を置いた領域について条例でこれと同一目的の規制を加えることは違法であるという考え方である（「法律専占論」と呼ぶ意見もある）。

　法律先占論をとると、国がある分野について法律を制定すると、同一事項について同一目的でより強力な規制をしていた条例が違法とされ、地方自治体が

地域の実情に応じた規制を行うことができなくなるという問題がある。しかし、1960年代後半から公害問題が深刻となり、法律の規制では不十分なことから、公害防止条例で法律による規制よりも厳格な規制を定める例がみられるようになった。法律先占論によると、かかる条例は違法・無効であるが、国の公害行政が後手後手に回り、地方自治体が住民の生命健康を守るため、やむなく先導的試行をしてきたにもかかわらず、法律先占論により硬直的にこれを違法とすることに対しては、批判が強まった。今日では、古典的法律先占論はほとんど支持を失っているといえよう。

▼「上乗せ条例」「横出し条例」「裾きり条例」「上積み条例」

条例が法律に反するか否かをめぐり、特に問題となってきた類型として、「上乗せ条例」、「横出し条例」、「裾きり条例」、「上積み条例」がある。

上乗せ条例とは、現に法令が定める規制基準につき、当該法令と同一の目的でそれよりも厳しい基準を定めるものである。例えば大気汚染防止法3条1項は、ばい煙の排出基準を環境省令で定めるとしているが、同法4条1項は、都道府県条例で、「よりきびしい許容限度を定める排出基準を定めることができる」としている（同様の例として、水質汚濁防止法3③、騒音規制法4②）。

横出し条例とは、条例が国の法令と同一の目的で規制を行う場合に、法令の規制対象から外れている事項を規制するものである。例えば大気汚染防止法32条は、ばい煙発生施設について、ばい煙以外の物質の大気中への排出をはじめ、同法が規制対象としていない事項について条例で必要な事項を定めることを認めている（同様の例として、水質汚濁防止法29、悪臭防止法23）。

裾きり条例とは、法令で一定規模または一定基準未満は規制対象外としているときに、その裾切りされた部分を規制対象とするものである。これは、その内容に応じて上乗せ条例または横出し条例の一種として説明されることもある。

上積み条例とは、法令による給付を上積みして手厚くするものである。例えば、給付の開始年齢を法令よりも早めたり、給付金額を法令の定めよりも高くするなどである。生存権の積極的保障を目的とするものである限り、そもそも抵触の問題は生じず、自治体の裁量で行うことができるものといえよう。

▼徳島市公安条例事件最高裁判決の示した基準

法律と条例との関係についてリーディング・ケースとなったのは、徳島県公

安条例事件最高裁判決（最大判1975年9月10日刑集29巻8号489頁）である。この事件では、デモ行進を規制する法律として道路交通法があるが、道路その他公共の場所における集会や示威行進を公安委員会への届出制または許可制により規制する公安条例が、道路交通法に抵触しないかが争点となった。最高裁は、条例と法律との抵触に関する判断基準を次のとおり示した。

「条例が国の法令に違反するかどうかは、両者の対象事項と規定文言を対比するのみでなく、それぞれの趣旨、目的、内容及び効果を比較し、両者の間に矛盾抵触があるかどうかによってこれを決しなければならない」とした上で、[1]「ある事項について、国の法令中にこれを規律する明文の規定がない場合でも、当該法令全体からみて、右規定の欠如が特に当該事項についていかなる規制をも施すことなく放置すべきものとする趣旨であると解されるときには、これについて規律を設ける条例の規定は国の法令に違反することとなりうる」とし、逆に、[2]「特定の事項についてこれを規律する国の法令と条例とが併存する場合でも」、[a]「後者が前者とは別の目的に基づく規律を意図するものであり、その適用によって前者の規定や意図する目的と効果をなんら阻害することがないとき」や、[b]両者が同一の目的に出たものであっても、国の法令が必ずしもその規定によって全国的に一律に同一内容の規制を施す趣旨でなく、それぞれの普通地方公共団体において、その地方の実情に応じて、別段の規制を施すことを容認する趣旨であると解されるときは、国の法令と条例の間にはなんらの矛盾抵触はなく、条例が国の法令に違反する問題は生じえない」。本件では、[2-a]の基準から、当該地方の実情に応じて、別段の規制を施すことを容認する趣旨であること認め、公安条例は道交法に違反するものではないと判断した。

最高裁判例によると、法令と条例の矛盾抵触の有無は、法令の趣旨、目的、内容、効果を読み取って決められる。そして、具体的な判断方法を3つ例示している。[1]法令中に明文規定がないことが規制をしてはならない趣旨であれば、条例による規制は法令に抵触する。[2-a]特定事項について法令と条例が併存していても、条例が目的を異にしていて、条例によって法令の目的・効果が阻害されない場合には抵触はない。[2-b]法令と条例が同一目的であっても、法令が全国一律規制を意味せず、自治体ごとに別段の規制を容認する趣旨と解

図表 5-3 条例と法令との関係

対　象	目的／趣旨	内容／効果	制定の可否
対象が重複する	目的が同一	全国同一内容の規制の趣旨である	不可
		全国同一内容の規制の趣旨ではない	可
	目的が異なる	法令の目的・効果を阻害する	不可
		法令の目的・効果を阻害しない	可
対象が重複しない	放置する趣旨		不可
	放置する趣旨ではない	均衡を失する	不可
		均衡を失しない	可

される場合には、条例に特別の意義と効果があり合理性もあれば抵触はない（図表 5-3）。このような判断基準については、国の法令の趣旨解釈を重視しすぎていると批判されることがあるが、判例が示しているのは基本的な考え方であって、学説はこれを妥当なものとして支持しているといえよう。

▼具体的事例
[1] 法令で規律対象とされていない事項を条例で定める場合

　これは、横出し条例または裾切り条例の問題である。国の法令が規制をせず放置すべきとする趣旨であるとすれば、それに規制を加える条例は法令に違反する可能性がある。

　河川区域内の工作物設置を許可制にしている河川法は、一級河川と二級河川のみを対象としているが、高知市が河川法の規制対象外である普通河川について管理条例を制定して、普通河川の工作物を設置するときは市長の許可を要するとした。高知市普通河川管理条例事件（最判1978年12月21日民集32巻9号1723頁）において、最高裁は、次のように判示している。「河川の管理について一般的な定めをした法律として河川法が存在すること、しかも、同法の適用も準用もない普通河川であっても、同法の定めるところと同程度の河川管理を行う必要が生じたときは、いつでも適用河川又は準用河川として指定することにより同法の適用又は準用の対象とする途が開かれていることにかんがみると、河川法は、普通河川については、適用河川又は準用河川に対する管理以上に強力な河川管理は施さない趣旨である」とし、河川法以上に強い河川管理の定めを置く条例について違法であると判断した。

福岡県青少年保護育成条例事件（最判1985年10月23日刑集39巻6号413頁）において、最高裁は、「児童に淫行させる行為」のみを規制する児童福祉法の規定は、18歳未満の青少年との合意に基づく淫行をも条例で規制することを容認しない趣旨でないと判示した。

[2-a]規制対象が同一であるが目的が異なる場合

　条例と法律の規制対象が同一であったとしても、規制の目的を異にする場合には、条例の規制が法律に反することはないとされる。よく挙げられる例として、狂犬病予防法と飼犬取締条例の関係がある。両者は共に飼い犬を規制対象とするが、前者は、狂犬病の発生・まん延の防止など公衆衛生上の目的から、後者は住民や来訪者への危害防止の観点から、犬の係留を義務づけている。

　紀伊長島町水道水源保護条例事件高裁判決（名古屋高判2000年2月29日判例タイムズ1061号178頁）は、住民の生命・健康を守るために安全な水道水を確保する目的で制定された水道水源保護条例は、廃棄物処理法とはその目的・趣旨が異なるので、産廃処理施設を規制する当該条例が無効であるということはできないとした。これに対し、同事件の最高裁判決（最判2004年12月24日民集58巻9号2536頁）は、本件条例に基づく処分が廃棄物処理法とは「異なる観点から規制するもの」としながら、本件条例が定める町長との「協議は、本件条例の中で重要な地位を占める手続である」ことなどを踏まえて、事業者との十分な協議を尽くし、「地下水使用量の限定を促すなどして予定取水量を水源保護の目的にかなう適正なものに改めるよう適切な指導をし、上告人の地位を不当に害することのないよう配慮するべき義務があった」として、本件処分がそのような義務に違反してされたものである場合には、本件処分は違法となるといわざるを得ないとした。

　目的が異なるものであったとしても、条例の適用によって法令の目的・効果が阻害される場合には、当該条例は違法となる。宗像市環境保全条例事件（福岡地判1994年3月18日判例タイムズ843号120頁）では、「自然環境の保全」という廃棄物処理法とは異なる目的で、産廃処理施設の設置を規制する同条例の規定が、廃棄物処理法の目的を阻害し違法であると判示した。

[2-b] 規制対象事項が同一であり目的も同じくする場合

　法令と条例の規制対象事項と目的が同一であるとき、法令が「全国最小限規制立法」（ナショナル・ミニマム）の趣旨である場合には、条例の法令に対する抵触問題は生じず、自治体が地域需要に応じて独自規制を設けることができると解されている。これに対し、法令が「全国最大規制立法」の趣旨をもつ場合、または条例が法令の目的・効果を阻害すると認められるときには、当該条例は法令に抵触する違法なものと扱われることになる。

　飯盛町旅館規制条例事件（福岡高判1983年3月7日行集34巻3号394頁）は、旅館業法とモーテル類似施設を規制する条例との関係について、旅館業を規制する旅館業法の規定は、全国一律に施されるべき最高限度の規制を定め、各自治体が条例で旅館業法より強度の規制をすることを排斥する趣旨まで直ちに解することは困難であると判示した。もっとも、本件では、旅館業法の旅館業者に対する規制は、職業選択の自由などを保障した憲法22条の規定を考慮したものと解されるから、条例により旅館業法よりも強度の規制を行うには、それに相応する合理性、すなわち、これを行う必要性があり、かつ規制手段がその必要性に比例した相当なものであることが肯定されなければならず、そうでない場合、当該条例の規制は比例原則に反し、旅館業法の趣旨に背馳するものとして違法、無効となるというべきであるとして、条例の規制を検討した結果、条例の規制が比例原則に反し、旅館業法の趣旨に反するとした。

　風俗営業法はパチンコ店の場所的規制を行うが、同法に基づく都道府県の施行条例よりも厳しい規制をする市町村のパチンコ店等規制条例につき、伊丹市教育環境保全条例事件（大阪高判平成6年4月27日判例集未登載）は、風営法は全国一律に同一内容の規制を施すものではなく、同法と同一目的の市町村条例であったとしても、各市町村の実情に応じて独自の規制をすることを容認していないとは解されないと判示した。しかし、宝塚市パチンコ店等規制条例事件高裁判決（大阪高判1998年6月2日民集56巻6号1193頁）は、風営法は風俗営業の場所的規制について全国的に一律に施行されるべき最高限度の規制を定めたものであるとして、当該地方の行政需要に応じてその善良の風俗を保持し、地域的生活環境を保護することが、本来的な市町村の自治事務に属するとしても、同一目的で市町村条例がより強度の規制をすることは違法であるとした。

他方、東郷町ホテル建築適正化条例事件（名古屋高判2006年5月18日判例集未登載）は、ラブホテルの建築規制につき、条例で風営法規制対象外のラブホテル建築を規制したとしても、「風営法は、それが規制の最大限であって、条例による上乗せ規制、横出し規制を一切許さない趣旨であるとまではいえず」、かえって地域の実情に応じた風俗営業への規制を行うことにより、良好な生活環境、教育環境の維持、発展を図ることが自治体の本来的責務であると考えられることに照らせば、同法の趣旨に反するとまではいえないと判示した。

(5)「義務付け・枠付け」の見直しと条例制定権

第1次分権改革によって、機関委任事務が全廃されたことにより、かつて機関委任事務とされた領域についても条例制定が可能となった。しかし、依然として法律で事務処理の基準が詳細に定められたことで、事務執行を担う自治体の判断は拘束されてしまい、条例制定の余地も限定的なものに止まった。

他方、1999年に大改正された地方自治法は、自治体に関する法律の今後の立法指針（2⑪）、既存法令についての解釈・運用指針（2⑫）、自治事務に関する国の配慮義務（2⑬）を定めた。2条11項は「地方公共団体に関する法令の規定は、地方自治の本旨に基づき、かつ、国と地方公共団体との適切な役割分担を踏まえたものでなければならない」、同12項は「地方公共団体に関する法令の規定は、地方自治の本旨に基づいて、かつ、国と地方公共団体との適切な役割分担を踏まえて、これを解釈し、及び運用するようにしなければならない」、同13項は、「法律又はこれに基づく政令により地方公共団体が処理することとされる事務が自治事務である場合においては、国は、地方公共団体が地域の特性に応じて当該事務を処理することができるよう特に配慮しなければならない」と定める。そして学説には、これらはいずれも憲法上の原則の確認であり、法定自治事務の基準等が詳細に定められたとしても、2条13項の法意から、それは例示に止まり一応の標準を定めたものとして受け止めるべきであり、条例で国の法令の基準を一般的に上書きする基準を定めることができると解すべきである、と主張する考え方が登場した。

第2次地方分権改革では、特に、法令による自治体に対する義務付け・枠付けの見直しが課題とされた。「義務付け」とは、一定の課題に対処するために、

地方自治体に一定種類の活動を義務づけていること、「枠付け」とは、地方自治体の活動について手続、判断基準等の枠付けを行うことである。2010年の閣議決定「地域主権戦略大綱」では、「地域主権改革を進めるためには、義務付け・枠付けの見直しと条例制定権の拡大を進めることにより、地域の住民を代表する議会の審議を通じ、地方公共団体自らの判断と責任において行政を実施する仕組みに改めていく必要がある」とする方向が示された。この内容は、3つの一括法（「地域の自主性及び自立性を高めるための改革の推進を図るための関係法律の整備に関する法律」。第1次一括法（2011年4月）、第2次一括法（同年8月）、第3次一括法（2013年6月））により、個別の制度において実現された。

　上記の一括法は、自治体の自主性を強化するという趣旨で、義務付け・枠付けのためにこれまで国が行ってきた基準設定を条例に委任することにした。条例に委任する場合の基準設定として、3つの類型が示されている。①「従うべき基準」＝条例の内容を直接的に拘束する、必ず適合しなければならない基準で、当該基準に従う範囲内で地域の実情に応じた内容を定めることは許容されるが、異なる内容の制定は許さないもの。②「標準」＝法令の「標準」を通常よるべき基準としつつ、合理的な理由のある範囲内で、地域の実情に応じた「標準」と異なる内容を定めることが許容されるもの。③「参酌すべき基準」＝自治体が十分参酌した結果であれば、地域の実情に応じて、異なる内容を定めることが許容されるもの。これを踏まえて、自治体は、規律事項に対する基準の分類に応じて、条例で自らの事務に適用すべき基準を定めることになった。

　これによって、自治体の条例制定の範囲は確かに拡大したと言える。実際、各自治体は、公営住宅の入所基準や、保育所等の施設の設備・運営に関する基準、民生委員の定数など、様々な基準を各自の条例で定めている。ただし、明示的な委任・許容のない場合には条例で定めることができない、と解されるおそれのあるという問題も指摘されている。

4　要綱行政

(1) 要綱の意義と種類

　自治体行政を進めるにあたって、地方自治体が根拠とする法規範は法律や条

例である。しかし、地方行政の現場においては、それ以外にも、「要綱」に基づいて具体的な行政活動をしている場合が少なくない（要綱行政）。要綱とは、自治体が定める規範のうち内部的な定めであり、条例や規則が正規の法形式であるのに対して、行政上の扱いを統一するために行政内部で定められる事務処理の基準ないし指針のことであり、住民に対して法的拘束力をもつものではない。要綱行政は、宅地開発や住宅建設の規制、大規模店舗の進出に関する規制などの分野で広く行われている。

　昭和40年代から高度経済成長に伴う人口増加のために、大都市の郊外はベットタウン化して、都市開発をめぐる様々な問題が生じていた。人口が増加した都市周辺の自治体では、小中学校の建設、上水道や道路の整備など、行政需要が急速に増大するとともに、地域の住環境の悪化という問題を抱えていた。他方、国の法令では、事業者の営業活動を重視する反面、住環境や自然環境を保全し形成していくといった面では不十分であり、自治体は問題に対処しうる法的権限を欠いていた。また、前述した条例制定権の限界のため、自ら望む条例を制定することが困難であった。そこで、国の法令の不備を補い、かつ健全な地域社会を形成するために、多くの自治体が開発指導要綱を作成し、それに基づく行政指導という方法を用いて、多様な行政需要に対応した。

　要綱行政は、地方自治体が次々と派生する諸問題に機動的かつ弾力的に対応していくための手段となっている。また、それに基づいて行われる行政指導は、行政機関が一定の行政目的を実現するために、住民の自発的な協力を求めて指導、勧告、助言等を行う非権力的な行政活動として、当事者の納得・合意を得ながら、行政需要の変動に臨機応変に対応できるといったメリットがある。このような要綱行政については、その存在や意義を積極的に評価する者もいる。他方、公権力を背景に、事業者等に法定外の負担を半ば強制するものであるとして、法治主義の観点から批判されることもある。

　自治体が定める要綱は、以下のように類型化される。①行政指導の基準・内容等を定めるもの（例えば宅地開発に関する指導要綱、浄化槽取扱指導要綱）、②金銭による助成の対象・要件・手続等を定めるもの（例えば災害弔慰金等補助金交付要綱、住宅や中小企業資金貸付要綱）、③各種事業の実施について定めたもの（例えば市民活動活性化事業実施要綱、男女共同参画推進アドバイザー派遣制度

実施要綱)、④組織の構成等を定めたもの(例えば市民活動センター評価委員会設置要綱)。

(2)要綱行政の限界

　指導要綱の内容は、①行政指導に関する条項、②負担・規制強化条項、③制裁条項などに大別できる。①は、開発行為を実施するに先立ち、あらかじめ自治体と協議しその指導勧告に応ずべきことなどである。②は、緑化、駐車場の完備など法定外の各種の要求に応じまちづくりに協力すること、宅地開発等を行う事業者に、公共施設の用地の無償提供、負担金の納付等を求めるなどである。③は、要綱やそれに基づく行政指導に従わない場合に、建築確認の留保、上下水道の使用の停止、氏名の公表等の制裁措置を盛り込むものである。

　しかし、要綱は、統一的な事務処理の基準や行政指導の指針などを定めた内部的な定めに過ぎず、あくまでも担当職員に向けられたものであり、私人に対する外部的効果を有しない。「行政指導に従う法的義務はない」というのは建前に過ぎず、実際には、行政庁が許認可権限などをバックに、開発事業者に対して義務のない行政指導に従うよう強要することが少なくなかった。つまり、住民の権利義務に関わる問題について、法律や条例によることなく現実に規制することは、法治主義の観点から大きな問題があると言わざるを得ない。

　行政指導に応じるかどうかは相手方の任意であり、強制にわたることがあってはならず(行政手続法32①)、行政指導に応じないことを理由に、不利益な取扱いをすることは禁止される(同32②)。また、行政指導に従う意思がない旨を表明したにもかかわらず行政指導を継続することなどにより、申請者の権利の行使を妨げたり、許認可等の権限に関連しその権限の行使を殊更に示して行政指導に従うことを余儀なくさせるようなことをしてはならない(同33、34)。これらの原則は、学説・判例を通して形成された法理であり、1993年に制定された行政手続法で法定化された。

　では、行政指導の限界が争点となった具体例をみていこう。

　マンションの建築確認を留保したままでの行政指導の違法性が争われた品川マンション事件(最判1985年7月16日民集39巻5号989頁)において、自治体が地域の生活環境の維持・向上のために、建築主に一定の譲歩・協力を求める行政

指導を行い、建築主が任意にこれに応じている場合は、社会通念上合理的と認められる間、建築確認を留保しても、直ちに違法とはいえないとする。しかし、建築主が、建築確認を留保されたままでの行政指導にはもはや協力できないとの意思を真摯かつ明確に表明し、当該確認申請に対し直ちに応答すべきことを求めているものと認められるときは、建築主が行政指導に協力しないことが社会通念上正義の観念に反するといえるような特段の事情がない限り、行政指導が行われているという理由だけで確認処分を留保することは違法であると判示した。この最高裁判例は、行政指導の限界を示すものとして、開発指導要綱に基づく行政指導の適法性に関するリーディング・ケースとなっている。なお、行政手続法33条は、この判例を基礎として条文化されたものである。

　要綱に基づく行政指導に従わない者に対する制裁として、行政サービスの提供拒否がなされる場合がある。水道事業者は、給水契約についてその申込みを受けたときは、「正当な理由」がなければ拒否することはできない（水道法15）が、最高裁は、宅地開発指導要綱に基づく行政指導に従わないマンション建設業者に対して給水契約の締結を拒否した事件で、この給水拒否は「正当な事由」に当たらず違法であるとした（最判1989年11月7日判例時報1328号16頁）。

　宅地開発に際して指導要綱に基づいて行われた教育施設負担金の納付を求める行政指導について、最高裁は、「強制にわたるなど事業主の任意性を損なうことがない限り、違法と言うことはできない」としながら、指導要綱の文言および運用の実態からすると、水道水契約締結の拒否等の制裁措置を背景にその納付を事実上強制しようとしたものであり、「指導要綱に基づく行政指導が、……市民の生活環境をいわゆる乱開発から守ることを目的とするものであり、多くの……市民の支持を受けていたことなどを考慮しても」、「本来任意に寄付金の納付を求めるべき行政指導の限度を超えるものであり、違法な公権力の行使」であると判示した（最判1993年2月18日民集47巻2号574頁）。

（3）要綱行政の展望

　要綱行政は、国法の欠陥を補い、かつ新たな行政施策を試行的に先取りする手法として、重要な役割を果たしてきた。要綱行政に対する評価は一様ではなく、「地方自治の英知の結晶」と高く評価する見方がある一方、法治主義の観

点から問題があるとして否定的な見方もある。

　地自法14条2項は、地方自治体は「義務を課し、又は権利を制限するには、……条例によらなければならない」と定める。この規定の趣旨からしても、住民・事業者の権利義務にかかわる内容について、それを要綱で定めたままで放置することは、法治主義の観点からやはり妥当ではない。とはいえ、行政指導は通常、効果的であるし、実際にはトラブルも少ない。また、条例の制定にはそれなりの周到な準備とコストを要し、要綱を条例化しようとするインセンティブは生じにくいかもしれない。しかし、地方分権により、自治体の自主条例制定権が拡大し、自治体にも中央と対等の自主法令解釈権が与えられたのであるから、それを活用せず要綱に安易に依存するのは、適切な対応とは言えないだろう。要綱行政の有用性は広く認められるべきであるが、それは、あくまで法令の欠陥・不備を補う補足的ないし緊急避難的な手段として位置づけ、要綱を条例化できるものはできるだけ条例で定めるのが筋であろう。

　したがって、「要綱の条例化」は望ましいことであり、要綱行政の重要な課題と1つといえる。この点、愛知県豊田市は、2014年に『豊田市政策法務推進体制整備計画』を策定して注目されている。そこでは、「行政基準の策定等及び規制的行政指導要綱の条例化の検討」が、目標として掲げられている。「法治主義との関係が心配される「行政指導」については、政策実現のために特に規制的措置を必要とするもの等の要綱の条例化を検討し、行政指導の限界を排することに積極的に取り組む」という認識が示されている。

　現代の自治体行政は、法律・条例に基づく行政執行だけではなく、行政過程の公正性の確保と透明性の向上が強く求められる。1993年には行政手続法が制定されたが、同法は、「ソフトでスムーズ」なものとして多用されている行政指導について、その公正性と透明性を確保するために、第4章で行政指導に関する規定を設けた。したがって、行政手続法との関係も、要綱行政の重要な課題である。自治体が行う行政指導には、行政手続法の適用はない（同3③）が、行政運営の公正の確保と透明性の向上を図るため必要な措置を講ずるよう、地方自治体に求めている（同38）。ほとんどの自治体は行政手続条例を制定し、行政手続法の行政指導に関する規定と同様の規定が設けられている。

　行政手続法では、要綱は「行政指導指針」と定義される（2Ⅷニ）が、行政

指導指針を定め、かつそれを公表することを要求している。複数の者を対象とする行政指導について、「行政機関はあらかじめ、事案に応じ、これらの行政指導に共通してその内容となるべき事項を定め、かつ、行政上特別の支障がない限りこれを公表しなければならない」（同36）。また、要綱の公表化だけではなく、行政指導指針を定めるに際しては、パブリック・コメントを付すことが義務づけられている（同38）。2014年行政手続法改正では、私人の側から行政指導の中止を求めることも可能となった（同36の2）。

(4) 協定方式による行政

　規制行政の中で法律や条例に基づく規制や取締りでは不十分な場合、自治体は、相手方と協議して、遵守すべき事項を協定のかたちにとりまとめ、その遵守を相手方に求めていくこともある。公害発生施設を有する事業者との間で締結される公害防止協定は、その典型例である。公害防止協定は、元々は公害が深刻であった1960年代に多数締結され、規制が不十分であった当時の公害法規の欠陥を補う役割を果たした。このような「協定方式による行政」は、要綱行政と同様、法令の不備を補い規制の充実を図るための重要な行政手法であり、他の例としても、宅地開発協定や環境保全協定などがある。

　公害防止協定は、自治体と事業者が協定を結ぶことによって、法律に定められていない規制、あるいは法律よりも厳しい規制を行おうとするものである。すると、このような協定は、事業者の営業活動の自由を制約することから、法律による行政の原理に照らし問題となる。したがって、公害防止協定は法的な拘束力のない紳士協定に過ぎないという考え方がある（紳士協定説）。しかし、公害防止協定の場合、その目的は地域住民の生命・健康を公害から守るという重大な法益の保護であり、他方、制約される事業者側の自由は経済活動を無制約に行わせないという程度のものであること、そして、事業者側の合理的な意思決定の枠内で協定が締結されるとすれば、その法的効力を一概に否定する理由はないはずである。そこで、公害防止協定は法的拘束力をもつ契約であると解しうる（行政契約説）。最高裁判例も、協定の内容が、相手方の自由・合理的な意思に基づいて締結されるものである限り、相手方の具体的な義務を定める条項については法的拘束力をもち、民事訴訟を提起してその履行を求めること

も可能であるとしている（最判2009年7月10日判例時報2058号53頁）。

　協定では、関係法律より厳しい規制を行うことが少なくない。しかし、契約によって権力を創出することは法律による行政の原理からして認められず、協定の中で強制的な調査権限を定めたり、行政上の強制措置を定めることは許されない。例えば、操業時間を8時から20時までとする旨の規定や自治体職員が立入検査できる旨の規定は、それ自体として適法だと考えられる。これに対し、この規定に違反した場合に罰則を置く規定は、罪刑法定主義の原則からして協定により設けることはできない。また、立入検査を拒否した場合に罰則を置くなど立入検査に強制力を与える規定も、同様に設けることはできない。事業者が夜間操業等を行った場合、地方自治体は、夜間操業の差止めや損害賠償などの法的措置を求める民事訴訟により、協定内容を強制することができる。

5　政策法務

(1) 地方分権と政策法務

　今日、法（条例を含む）を政策実現のための手段として使用することは、一般的に「政策法務」と呼ばれ、高い関心を集めている。自治体の「法務」というと、これまでは、条例や規則の形式的な審査や訴訟に対応する法務というイメージで捉えられることが多く、また、担当部局も法制文書課など法務担当だけに関係する仕事と考えられた。しかし、政策法務の考え方では、「法務を戦略的、創造的に捉える」という観点が重要であり、また、法務担当のみならず、どの部局にも関係してくる。

　分権改革以前は、自治体の機関が担当する事務には機関委任事務が多く、また、団体委任事務であっても中央政府からの詳細な指示が多かったため、原課においては、法律に基づく事務について、「自らが考えて処理する」ことは少なかった。しかし、地方分権一括法によって機関委任事務が廃止され、自治事務はもとより法定受託事務についても地方自治体の事務とされ、条例制定権が及ぶことになった。また、分権改革後の地方自治法は、地方自治体を「地域における行政を自主的かつ総合的に実施する役割を広く担う」（1の2①）と定め、地域における総合的な行政主体としての位置づけを明示した。そして、国

はその本来果たすべき役割を重点的に担い、住民に身近な行政はできる限り地方自治体に委ねるとされた（地自法1の2②）。したがって、国による「政策の下請け機関」から脱却し、「自己決定・自己責任」の理念に基づいて、地域における政策主体として、自主的・自律的な自治体運営の実現を目指す上で、政策法務は、その重要性・必要性を非常に高めている。

(2) 政策法務の内容・あり方

　政策法務は、これらの手段を行使する場面に応じて、①立法法務、②執行法務、③評価・争訟法務に分化される。さらに、これらに共通の基盤として、④組織法務が位置づけられる。

　立法法務とは、条例や規則の制定など自治体の立法にかかわる法務のことである。分権改革後は、条例制定権の範囲が拡大したことにより、地方自治体が地域における政策主体として、地域の独自の課題に応じた創造的な政策を実行するため、自主的な条例制定権の重要性も増大したといえる。条例の制定については、法律との関係などが問題となるが、地方自治法は、法令の制定および解釈運用に関して、国と地方自治体の適切な役割分担を踏まえること等の原則（1の2②、2⑪～⑬）を定めており、「法律の範囲内」（憲法94）か否かについても、これらの原則を踏まえて解釈されなければならない。したがって、自主立法法務として、これまで以上に積極的に条例制定権を行使することが求められる。条例の立案に際しては、条例化の対象となっている施策等が法的に妥当なものかどうかを自ら検証するなどして確認し、かつ内容についても、憲法（特に基本的人権）との抵触がないか、他の法令との矛盾・抵触がないかなどを検討していくことが必要である（本章第3節、参照）。

　執行法務とは、法令や条例の解釈・運用にかかわる法務のことである。分権改革以前の自治体の実務においては、法案を起草した国の省庁が示した「有権解釈」に従って法令の解釈、運用が行われていた（「国依存の法務」）。分権改革後は、「地方公共団体に関する法令の規定は、地方自治の本旨に基づいて、かつ、国と地方公共団体との適切な役割分担を踏まえて、これを解釈し、及び運用するようにしなければならない」（地自法2⑫前段）とし、自治体も国と対等な立場で法令を解釈する権限をもつことが明記された。そして、自治体と省庁

との間で異なった法令解釈がなされることを前提に、自治体に対する国の関与に関する法制度がきめ細かく規定されている（地自法245以下）。

したがって、地方自治体は法律・条例の執行にあたり、当該規定について自ら解釈し運用することができる。法律の解釈・運用については、各省庁からの通知、行政実例やその作成した逐条解説などがあるが、これらはあくまで参考にすべきものであって、自治体の判断を拘束するものではない。このような自主的な法令解釈権限を活用して、自治体は、地域の実態を踏まえた自らの政策を実現していくことが求められる。

評価・争訟法務の中心には、訴訟への対応が位置する。従来の訴訟法務は、自治体が訴訟の被告となった場合の「受け身の訟務」であった。しかし、不服申立てや訴訟の提起にともなって、自治体が制定した条例やそれに基づく処分等の執行について、事後的にその適法性、適切性が争われるが、行政運用を再チェックする機会として訴訟を捉えるべきである。また、分権改革後は、自治体が原告となり政策実現を図るための訴訟や国と地方の係争処理制度の活用など「攻めの訟務」が求められている。さらに、自治体法務にもマネジメント・サイクルを働かせようとするなら、最後の段階は「評価法務」となるが、評価法務の観点からは、訴訟を契機に、個々の事件について、その結果のみではなく、背景や行政の対応、他の選択肢の有無などの事実を掘り下げ、問題点を探し、課題を検討することで、自治体の条例整備や法執行状況など立法法務と執行法務の見直しにつなげていく取組みが期待されている。

研究課題

1. 地方分権によって、条例制定権が拡大されたと言われます。これは、具体的にどのようなことを意味しますか。また、どのように拡大していますか。
2. 法律と条例との関係について、条例制定権にはどのような限界があり、どのような場合に法令と抵触しますか。現在の最高裁判例の立場を踏まえて、横出し条例や上乗せ条例の可否を検討しなさい。
3. まちづくりの分野では、要綱に基づく規制的な行政指導がなされていますが、このような要綱行政の問題点は何ですか。また、要綱の条例化の課題につい

ても、考えてみましょう。

参考文献

阿部泰隆（2008）『行政法解釈学Ⅰ』有斐閣。
出石稔（2014）「自治体の事務処理と国の関与」髙木光・宇賀克也編『行政法の争点』有斐閣。
礒崎初仁（2012）『自治体政策法務講義』第一法規。
礒崎初仁・金井利之・伊藤正次（2014）『ホーンブック地方自治（第3版）』北樹出版。
板垣勝彦（2016）『ようこそ地方自治法（第2版）』第一法規。
宇賀克也（2011）「条例の適法性審査―地方分権改革後の最高裁判例の動向」『法学教室』369号。
宇賀克也（2015）『地方自治法概説（第6版）』有斐閣。
岡田正則・榊原秀訓・大田直史・豊島明子（2014）『地方自治のしくみと法』自治体研究社。
兼子仁（2006）『自治体行政法入門』北樹出版。
川崎政司（2015）『地方自治法基本解説（第6版）』法学書院。
北村喜宣（2015）『自治体環境行政法（第7版）』第一法規。
北村喜宣・礒崎初仁・山口道昭編著（2005）『政策法務研修テキスト（第2版）』第一法規。
北村喜宣・山口道昭・出石稔・礒崎初仁編（2011）『自治体政策法務』有斐閣。
木佐茂男・田中孝男編著（2012）『自治体法務入門（第4版）』ぎょうせい。
駒林良則・佐伯彰洋編著（2016）『地方自治法入門』成文堂。
斎藤誠（2014）「条例制定権の限界」髙木光・宇賀克也編『行政法の争点』有斐閣。
柴田直子・松井望編著（2012）『地方自治論入門』ミネルヴァ書房。
原田直彦（2005）『（新版）地方自治の法のしくみ』学陽書房。
人見剛・須藤陽子編著『ホーンブック地方自治法（第3版）』北樹出版。
松本英昭（2015）『新版逐条解説地方自治法（第8次改訂版）』学陽書房。
松本英昭（2015）『地方自治法の概要（第6次改訂版）』学陽書房。
松本英昭（2015）『要説地方自治法（第9次改訂版）』ぎょうせい。

第 6 章　財政と会計

　　2007年 3 月末に「夕張ショック」として夕張市の財政破綻が表面化してその窮状を知るにつれ、市民の間では、わが町は大丈夫かと地方財政への不安が拡大し、地方財政についての関心が急速に高まっている。しかし、残念ながら、現在の地方財政の危機は、その背景に地方の歳入の多くの部分を国に依存するが故に歳入の増加が容易でない一方で、主要な歳出項目とその金額がほぼ固定されているという地方財政制度の構造的な要因があり、そう簡単に解消しそうにない。ここではまず、地方財政の危機が生まれた原因とその対策を考えるために、地方財政の仕組みと、地方財政の破綻を防ぐ目的で2008年度決算から本格的に導入された地方財政健全化法の概要と新しく導入された 4 つの財政指標の意義と機能を考察する。次に、財政の一分野である公の施設の管理に導入された指定管理者制度の仕組みと課題を検討する。最後に、地方自治体で採用されている現行の公会計制度に企業会計的要素を取り込むことによって、整備が進みつつある新地方公会計制度について、その導入の背景になっている発生主義・複式簿記の考え方と関係団体も含めた連結ベースの財務書類 4 表の作成意図を考察するとともに、提唱されている 3 つの公会計改革モデルを比較する。

1　財　政

(1) 地方財政の意義

　財政は、国家や地方自治体を経済主体とする経済活動で、収入を得るための権力作用と取得した財の管理作用から構成される。

　財政の機能には、市場（マーケット・メカニズム）に任せるだけでは供給が過少になりがちな公共財（道路や公園等のインフラ）を供給する資源配分機能、累

進税率による課税や社会保障制度によって所得格差を緩和する所得分配機能、裁量的財政政策（フィスカル・ポリシー）による有効需要創出や財政の中に制度的に組み込まれている景気の自動安定装置（ビルト・イン・スタビライザー）に基づく経済安定機能の3つの機能があげられる。

このうち、国家財政に対して、都道府県や市町村等の地方自治体によって運営される財政を地方財政という。地方財政は、外交や防衛等を担当する国の財政と異なり、教育、文化、環境、衛生、民生、交通、水道、消防等、住民の生活に密着した公共サービスを受け持っている。

その一方で、地方財政は国の財政と極めて密接な関係にある。それを顕著に示す例が、総務省が毎年作成する地方財政計画（正式名称「地方団体の歳入歳出総額の見込額」）である。

（2）地方財政計画

地方財政計画は、1948年から作成がはじまったもので、翌年度の予算編成時に総務省と財務省の協議によって全地方自治体における翌年度の普通会計の歳入歳出総額を取りまとめて国会に提出し、一般にも公表するものである（地方交付税法7）。

地方財政計画の規模は、国の一般会計予算にほぼ匹敵し、国全体の財政に占める地方自治体の役割の大きさを示している。ただ、地方財政計画は、単に地方自治体の歳入歳出予算の総額をまとめるだけでなく、地方交付税及び地方債を通じて歳入面で地方財政を統制して国の財政政策に合致させるための調整機能をもっている。

地方財政計画における主な歳入項目は、地方税、地方譲与税、地方交付税、国庫支出金及び地方債等であり、主な歳出項目は、給与関係経費、一般行政経費、投資的経費及び公債費等である。

歳入では、地方税等だけでは不足するため、歳出入を一致させる目的で、地方交付税の総額及び臨時財政対策債の発行総額を決める。そのため、地方交付税においては、その計上額が全地方自治体が交付される地方交付税の総額となるものであり、地方交付税の交付総額を事実上決定する機能をもっている。臨時財政対策債においても同様である。地方債においては、その計上額が別途作

成される地方債計画の普通会計分の総額と一致し、国が協議制度によって地方債の発行に関与しているが故に地方債に暗黙の政府保証があるとされる根拠の1つとなっている。

(3) 地方財政の特徴

地方財政の歳入構造をみると、国や他の機関からの依存財源が多く、地方自治体の自主財源が少ないことが特徴となっている。自主財源は、地方税、分担金・負担金、使用料・手数料、財産収入等からなり、依存財源は、国庫支出金、地方交付税、地方債、地方譲与税、地方消費税交付金等から構成される。

特筆すべきは、自主財源の中心となる地方税の割合が低く、地方財政の国依存につながる大きな原因となっていることである。全地方自治体を平均するとかつては3割程度と地方財政の特徴とされた「3割自治」の用語の語源ともなっていた。なお、今日では地方税の比率はやや高まったものの、国と地方の歳入総額と歳出総額における比率が、歳入時点で6対4であるのに対して、歳出時点で4対6と逆転していることに焦点があてられ、地方財政の国依存の象徴であるとして、国から地方へ財源移譲を進めるべき根拠として採り上げられている。

地方財政の歳出構造をみると、支出が事実上強制される義務費の比率が高く、独自の政策を遂行するための投資的経費が制限される「財政の硬直化」が進んでいる。地方自治体の財政の弾力性を示す指標として使用される経常収支比率（＝経常経費充当一般財源÷経常一般財源総額×100）は、従来の総務省の指導では道府県で80％、市町村で75％を上廻らないことが望ましいとされていたが、今日ではそれを大幅に上廻る自治体が増えている。

主な歳出経費を性質別にみれば、人件費、扶助費、公債費、普通建設事業費（補助及び単独）、災害復旧事業費、失業対策事業費等から構成される。また、主な歳出経費を目的別にみれば、総務費、民生費、衛生費、農林水産業費、商工費、土木費、公債費、教育費等から構成される。このうち、人件費、扶助費、公債費が、歳出が強要される義務費である。

近年、投資的経費の大部分を占める普通建設事業費は、補助事業と単独事業の双方において減少傾向にある一方で、義務的経費のうち、人件費及び公債費

は減少傾向にあるものの、生活保護費の増加等によって扶助費の伸びが大きく、義務費の総額は増加傾向にある。

(4) 地方財政の内容
▼予算制度
　地方自治体の会計は、主に税金で賄われる一般会計と収益事業を取り扱う特別会計にわけられる。そのため、地方自治体の予算は、一般会計と特別会計にわけて策定される。特別会計は、地方自治体が特定の事業を行うに際して事業収入によって事業支出に充てる場合に、一般の歳入歳出と区分して経理するために、条例で設置される（地自法209）。

　また、地方自治体の会計は、一般会計と特別会計の区分とは別に、類似団体比較等の決算統計上の理由で作成される普通会計と公営事業会計の区分が存在している。ただし、この普通会計及び公営事業会計という名称は、地方財政統計における分類上の用語に過ぎない。

　普通会計は、一般会計に公営事業会計を除く特別会計（本来一般会計に含まれるものが政策的理由から特別会計とされたもの）を加えたものをいう。公営事業会計は、公営企業会計（公営企業は、企業会計を設けて独立採算制で営まれなければならない）にその他の事業会計（地方公営企業法に基づき企業会計が適用される事業以外の事業会計）を加えたものをいう。

　公営企業の種類は、地方公営企業法に基づき、地方自治体の経営する企業のうち、水道事業（簡易水道事業を除く）、工業用水道事業、軌道事業、自動車運送事業、鉄道事業、電気事業、ガス事業、その他条例で定める事業が該当する（地方公営企業法2）。

▼地方税
　地方では公共サービスの提供範囲が限定される関係から、地方税は国税と比較して応能原則よりも応益原則の色彩が強い。

　主な地方税は、使途を定めない普通税として、道府県税に道府県民税、事業税、自動車税等、市町村税に市町村民税、固定資産税、市町村たばこ消費税等があり、使途が限定される目的税として、道府県税に自動車取得税、軽油取引税、入猟税等、市町村税に入湯税、事業所税、都市計画税等がある。

2000年4月施行の地方分権一括法によって、地方の課税自主権を尊重する観点から地方税法が改正された。その結果、地方税は、法定外普通税が総務大臣の許可から事前協議による同意で設置可能になるとともに、法定外目的税が設置不可から事前協議による同意を条件に設置可能になった。また、法人事業税の上限を全国一律の標準税率の1.2倍までと定める制限税率が撤廃になった。

　地方自治体の財政力を強化するために、国からのさらなる財源移譲によって地方税の拡充が望まれるが、地方税自身にも地域間の財源の偏在という問題を抱えている。特に、都道府県が徴収する法人2税（法人住民税、法人事業税）は、全税収の4割を法人が集中する東京都が集めており、偏在の比率が目立つ結果となっている。そこで、その偏在を緩和するために、2008年4月から法人事業税の一部を国税の地方法人特別税として徴収し、地方法人特別譲与税として各都道府県に分配されることになった。また、「ふるさと納税」制度が創設され、住民税の最大1割までは納付すべき地方自治体を指定できる制度が設けられ、2008年度から実施されている。

　2014年4月から、これらの制度に加えて法人住民税（法人税割・均等割）のうちの法人税割が引下げられ、この引下げ部分を国税の地方法人税として徴収し、地方交付税の原資にすることになった。さらに2016年4月から、地方自治体が実施する地方創生プロジェクトに対して寄附した企業に、寄附額の最大30％が法人住民税と法人税から控除されることになった。

▼地方交付税

　戦前の地方財政の仕組みは、現在よりむしろ分権的であったという見方もされている。地方税（府県と市町村が折半）は、国税の付加税としての地租、家屋税、営業税、住民税、遊興飲食税、入場税等と地方独自の独立税から成り立っていた。前者は付加税ではあるものの税率決定に関して地方の自由度が高く、後者は地方自治体の自主的決定に委ねられており、地方の自主性は高かった。戦後、付加税が廃止されて独立税だけになったが、事業税（国税である所得税・法人税の課税所得をベースにして算出）や住民税（国税である所得税・法人税の課税所得をベースに所得割＋均等割で算出）は、独立税とはいうものの算出方法からみると税率決定の自由度が乏しく、事実上付加税化している。

　戦前は、地方間の財政調整を行うための国庫支出金（補助金）や地方交付税

もない代わりに、国税である所得税と法人税等の一定割合を地方自治体に配付する地方配付税（府県と市町村が折半）があって財政調整機能を果たしていた。

また戦後すぐ、1949年のシャウプ勧告によって、地方財政平衡交付金が新設された。地方財政平衡交付金は、財政調整と財源保障の両機能を有し、地方自治体の行政サービスの質を均等化する目的で標準的な財政需要額を測定して、財政収入と財政需要が一致しない地方自治体について、税収との差額を国税で補填するものであった。

戦前や戦後当初の地方財政制度は、このように地方の独立性が比較的高いものであったが、次第に、拡大する地域間の格差是正を進める観点から地方の独立性は弱められ、国への依存度が高まった。

地方財政平衡交付金は、財政需要算定のための単位費用が過小算出であったこと、交付金の配分が道府県重視で市町村軽視（総額の3分の1）であったこと、公共事業増大や公務員給与の改訂等の義務的経費の増加に対応できていなかったこと、緊縮財政政策下にあって当初から十分な財源配分ができていなかったこと等が原因となって、1950年度から4年間しか続かず、1954年度には、現行の地方交付税制度におきかわった。

地方交付税は、地方財政平衡交付金と同様に、自治体間の財源均衡を図る財政調整機能と全国で標準的な行政運営を可能にする財源保障機能の2つの機能をもつが、地方財政平衡交付金とは異なって国税の一定割合を地方自治体に配分する方法を採用することによって財源の安定的な確保措置が講じられた。

現在では、幾度かの配分率の変更等を経て、国税のうち法定5税（直近）といわれる所得税、法人税、酒税、消費税、地方法人税のそれぞれ、33.1％（2015年度から）、33.1％（2015年度から）、50％（2015年度から）、22.3％（2016年度から）、100％（2016年度から）が、国の一般会計から交付税特別会計に繰り入れられ、地方交付税交付金の原資となっている。

しかしながら、1975年以降、地方交付税の財源が恒常的に不足するようになり、2001年度から、財源不足分を交付税特別会計から借り入れる措置を改め、地方交付税として地方自治体に交付される額の一部を国の一般会計による臨時財政対策措置（国負担）と地方財政法5条の特例債（赤字地方債）としての臨時財政対策債（地方負担）によって調達する制度に改められた。しかし、地方

負担分の臨時財政対策債の元利償還金は、次年度以降の基準財政需要額に全額算入されるため、実質的な地方負担は発生しない仕組みになっている。

地方交付税には、普通交付税（94％相当）と災害復旧等の特別な理由で交付される特別交付税（6％相当）の2種類があるが、このうち、特に普通交付税については使途に限定がないため、自治体にとっては極めて使いやすい資金となっている。

その一方で、国から交付される普通地方交付税は、基準財政需要額から基準財政収入額を引いた額が財源不足額として算出されて交付されるために節約意識が働かず、自治体にモラルハザード（倫理観の欠如）を引き起こしやすい。そこで、地方交付税の財源保障機能が地方の歳出削減努力を弱めるものとして地方交付税の規模を縮小し、財源保障機能を廃止して財政格差を是正する財政調整機能のみに限定する考え方が生まれている。

その反対に、地方財源の拡充の立場から、地方交付税は全自治体の98％が交付を受けるとともに、公共事業の負担や地方債の元利償還分までも補填している等、地方交付税の本来の目的でない国の政策誘導に使われているとして、国から地方への財源移譲を進めるとともに、地方交付税を自治体共有の独自財源である「地方共有税」と捉えて、その配分にあたって国の関与を減らそうとする考え方も提唱されている。

▼国庫支出金

国が、地方自治体に対して、公共事業、社会保障、教育等その使途を決めて交付する補助金のことを国庫支出金という。国庫支出金は、使途が限定されるために「ひもつき」といわれることがあり、使途を特定されない地方交付税と対比される。国庫支出金には、国が地方自治体と共同で行う事務に対して一定の負担区分に基づいて義務的に負担する国庫負担金、国が施策を行うため特別の必要があると認める場合、または、地方自治体の財政上特別の必要があると認める場合に交付する国庫補助金（国が国家的見地から一定の施策を推進し奨励するために支出する奨励的補助金と地方自治体の特定の経費にかかる財政負担を軽減するために支出する財政援助補助金）、国が委託する事務で国が経費の全額を負担する国庫委託金の3つがある。

一方、社会資本整備を進める公共投資の実施形態には、国の直轄事業（国だ

けでなく地方も便益に応じて負担)、国庫補助事業(地方が国の補助金を受けて行う事業)、地方単独事業(地方が100％費用負担)が存在する。このうち、国直轄事業については、従来、地方の負担金の明細が示されてこなかったことが「ぼったくり」として問題視されており、地方負担分の廃止を含め、詳細な明細の呈示が要求されている。

また、国庫補助事業についても、地方交付税による法律に基づかない「裏負担」(補助事業に伴って発行される地方債の償還に地方交付税を充てること)が常態化し、補助金を"付ける"国土交通省と、地方債の償還に地方交付税を"配分する"総務省が、地方自治体とともに補助事業を推進する仕組みが形成されている。このような仕組みが、地方にとって必ずしも優先度が高いとはいえない必要性の低い公共事業への投資を招きやすいとして問題視されるようになっている。さらに、国庫補助事業については、細かな補助基準の設定が地域の実情にあっていないこと、施設の維持管理費が支出されないこと等もあわせて問題視されている。

▼地方債

地方自治体が、債務者となって金融機関等に借り入れを行うに際して、一会計年度を超える債務を地方債という。地方債の種類は、証書借入れ、地方債証券、振替地方債の3方式がある。一会計年度内に償還されるものは一時借入金として地方債とは区別される。

地方の歳出財源は原則として地方債以外の財源を充てるものとされ(地財法5)、地方債は、地方財政計画にあわせて策定される地方債計画により、公営または準公営企業の経費、出資金及び貸付金にあてる経費、地方債の借り換えのための経費、災害復旧や救助に要する経費、文教・厚生・消防・土木等の施設の建設事業費等の5分野に限定されて発行される。その一方で、国が発行する国債は使途が限定されず赤字国債の発行が許容されている。地方債計画は、地方が翌年度に発行する地方債の総額の発行目的別所要額と資金区分が表示される。

国は、従来、地方債の発行許可制度と地方債計画によって地方の地方債発行総額をコントロールしてきたため、長らく、地方債は暗黙の政府保証があるといわれてきた。しかし、2006年度から、地方債の発行にあたって必要とされて

きた総務大臣の許可が原則として廃止され、事前協議制へ移行している。ただし、地方債に暗黙の政府保証があるとする考え方は依然として残っている。

地方債を財源とする公共投資による社会資本整備は、生活や産業のインフラとなって将来世代に便益が及ぶ。したがって、社会資本の整備を目的とする建設地方債は、地方財政法5条で発行が原則禁止される特例債（赤字地方債）とは異なって、その発行理由が正当化されてきた。しかし、建設地方債であるとはいえ、発行残高が過度に累積すると赤字地方債と異ならず、大量の地方債の発行は元利金の償還にあてられる公債費を増やし、地方自治体がその裁量によって使用できる政策的経費の比重を下げて、「財政の硬直化」を招く危険性が高い。

▼地方譲与税

地方譲与税は、国が国税として徴収した税金を一定の客観的基準で各地方自治体に分与して、地方自治体の一般財源とするものである。地方道路税、石油ガス税、航空機燃料税、自動車重量税、特別とん税等が、地方譲与税の対象となる。

(5) 地方分権と「三位一体改革」

小泉純一郎内閣の下で進められた財政面での地方分権の視点から、国が地方に支出している国庫補助金・地方交付税を削減する代わりに、国から一定の税源を地方に移譲する政策を「三位一体改革」という。

国と地方の歳入と歳出をみれば、歳入面では国税と地方税の割合が6対4であるのに対して、歳出割合では国対地方が4対6と逆転している。その差を埋めるために国から地方へ国庫補助金や地方交付税が交付されるが、その資金の移転過程において、国の関与が過度に高まるとともに、必ずしも地方の実情にあわない公共事業が実施される原因になっている。

地方分権を進める小泉内閣において、「骨太の方針2002」（「経済財政運営と構造改革に関する基本方針2002」）で「三位一体改革」が決定され、「骨太の方針2003」で2006年度までに概ね4兆円の国庫補助負担金の廃止、続く「骨太の方針2004」で3兆円程度の税源移譲が決められた。これによって2004年度から2006年度までの3年間で、概ね4兆円の国庫補助負担金廃止、3兆円程度の税

源移譲、地方交付税の見直しという「三位一体改革」の内容が決定された。

　政府は、この方針に基づき、2004年度から2006年度までの3年間で、国庫補助負担金を約4.7兆円削減するとともに、国から地方へ約3兆円を税源移譲し、概ね4兆円の国庫補助負担金廃止と3兆円程度の税源移譲という「三位一体改革」の目標を達成した。

　しかし、国庫補助負担金の削減対象は、2004年に決まった国民健康保険、2005年の義務教育費、児童扶養手当など、地方の負担が義務付けられた経費に係る国庫補助金の引き下げが大半であり、それらの削減対象額をあわせると税源移譲額の3分の2にもなっていること、さらに、この間の地方交付税の削減額が年約5.1兆円と莫大になったことから、地方では、「三位一体改革」への不満が却って高まることになった。

2　地方財政の危機と地方財政健全化法

(1) 地方自治体は倒産するか

　地方の財政危機が問題になると、地方自治体は企業と同じように倒産するのか否かが問われることが多い。ここで倒産とは、企業や個人が弁済期にある債務を弁済できずに経済活動を続けることが困難になることをいう。こうした場合の手続に、裁判所の管理下で債務整理を図る法的処理による方法として、事業を継続して再生を目指す会社更生法や民事再生法と、事業の清算を目的とする破産や特別清算がある。また、債権者の合意の下に裁判所を通さずに債務整理をする私的整理の方法として、全国銀行協会等のルールの下に行う私的整理ガイドラインや事業再生ADR（裁判外紛争解決手続）等がある。

　確かに、地方自治体であっても企業と同じように債権者に支払う資金の支払いが事実上ストップすることはある。しかし、地方自治体は、徴税機能をもつとともに国から地方交付税が入ってくるために、支払いの繰り延べが許される限り倒産（支払不能）という事態は発生しない。また、地方自治体の決算には、4月から5月までの2か月間、前年度末までに確定した債権債務について現金の未収未払の整理を行うために設けられる出納整理期間があり、その間に収納される翌年度の収入で前年度債務の支払いが可能であるために、支払いの繰

延べという事態も通常は発生せず、地方自治体の倒産ということは考えられない。また、地方自治体は、民間企業と同様に、一時借入金として金融機関から一会計年度を超えない借入を行うことができ、会計年度内の資金需要に応えられないという事態は生まれない。

　しかし、地方自治体も深刻な財政難に襲われると日常の資金繰りが困難になり、支払期限が到来した経費の支出に支障をきたす外、必要とされる行政サービスが十分にできないという事態も起こりうる。国もこのような場合において、地方自治体が住民の福祉を守るという公的な役割を負っている関係から、そのまま放置しておくということはできない。そこで、地方自治体の財政再建を図るために、地方自治体に対して債権者が有する債権のカット（債務整理）を認める破綻法制を整備するか、国の監督下に歳出削減を通じて財政再建を図る再建法制を整備するかの政策選択が迫られる。夕張市の財政破綻を契機に地方財政再建の方法論が政府内で検討され、結果的に後者の方法が選択された。なお国を対象とする国家財政健全化法は制定されていない。

(2) 法整備とその背景

　2007年3月末に「夕張ショック」ともいわれる夕張市の財政破綻が表面化したことがきっかけとなって、2007年6月、地方自治体の財政再建法制が見直された。法案成立過程で債権のカット（債務整理）に踏み込む破綻法制が検討されたが、結局そこまで踏み込むことはせず、従来からの国の管理下で厳しい歳出削減を通じて自治体財政の再建を図る再建法制をさらに強化することとなった。

　従来の地方財政再建特別措置法を廃止して制定された新しい地方財政健全化法（2007年6月22日法律第94号）は、監視（モニタリング）の基準となる新しい財政指標を定めるとともに、自治体財政が完全に破綻する一歩手前の段階で財政状況がチェックできるように、自治体財政を2段階でチェックするシステムに改められた。

　新しく導入された財政指標は、夕張市において普通会計の財政赤字が他の会計からの借り入れで隠蔽されていたことに鑑み、地方自治体に公営企業や第3セクターまでを含めた連結会計指標を含む4つの財政指標の作成と公表が義務

づけられた。

　また、自治体財政を2段階でチェックして早期に財政健全化を図る方法に関しては、第1段階として、地方自治体の新しい財政指標が早期健全化基準より悪化した場合に、地方自治体は財政健全化計画を策定して健全化に取り組むこととし、第2段階として、新しい財政指標が財政再生基準より悪化した場合に、地方自治体は国の同意が必要な財政再生計画を策定して再建に取り組むこととした。なお、4つの財政指標のうち、ストック指標である将来負担比率は、フローの資金の余裕を測る財政再生基準によるチェックからは外されている。

　地方自治体の放漫財政は厳しく戒められなければならないが、地方自治体は企業と異なって、住民の生活共同体であることを考えると、破綻法制の導入は必ずしも適切とはいえない。仮に債権のカット（債務整理）が実施されると地方債全般の信用力が急低下して、資金調達が困難になる団体が生じる可能性も危惧されるからである。

　各地方自治体の新しい財政指標は2007年度決算から公表されており、計画策定の義務づけ等は、2008年度決算に基づいて、2009年4月から適用されている。

（3）新財政指標による管理

　従来の地方財政再建特別措置法は、実質赤字比率という1つの指標が一定比率を超えた自治体を財政再建団体に指定したのに対して、地方財政健全化法では、実質赤字比率、連結実質赤字比率、実質公債費比率、将来負担比率の4つの指標のうちどれか1つが一定基準（早期健全化基準、財政再生基準）を超える場合に、早期健全化団体あるいは財政再生団体（将来負担比率は除外）に指定する仕組みになっている。

　4つの財政指標の内訳は、普通会計（一般会計等）を対象とする実質赤字比率の他、連結指標として実質公債費比率、連結実質赤字比率、将来負担比率が新しく設けられた。このうち、実質赤字比率、実質公債費比率、連結実質赤字比率はフロー指標、将来負担比率はストック指標である。また、地方公営企業については、資金不足比率を設けて早期の経営健全化を図ることとされた。

　新財政指標の導入に伴って、自治体のガバナンスも強化され、毎年度、新財政指標に基づく数値は、監査委員の審査・議会報告・公表が義務づけられる外、

図表6-1　地方自治体の会計区分と4指標の対象範囲

(住民・議会向け)　(総務省向け)

一般会計	普通会計	実質赤字比率（フロー）	連結実質赤字比率（フロー）	実質公債費比率（フロー）	将来負担比率（ストック）
特別会計					
企業会計	公営事業会計				
一部事務組合・広域連合					
地方公社・第3セクター					

注：旧基準では、実質赤字比率が市町村で20％超、道府県で5％超になると財政再建団体となる。新基準では4つの財政指標のどれか1つが基準を超えると早期健全化団体あるいは財政再生団体（将来負担比率を除く）となる。
出所：総務省（2008）を元に作成。

早期健全化基準を超えると、財政健全化計画の策定、個別外部監査契約に基づく監査（外部監査）が義務づけられる。さらに財政再生基準を超えると、国（市町村は都道府県）の実質的管理下に入り、財政再生計画の策定と国の同意手続が要求され、地方債の発行が制限（代替措置として再生振替特例債等が許容）されることとなった（図表6-1参照）。

(4) 地方債協議制度による起債基準と地方財政健全化法の起債基準

2006年度から、地方自治体が行う地方債の発行に関する国の承認手続は、許可制度から地方債協議制度へ移行した。これに伴い、国が設ける地方債発行の許可等の指針も、地方債許可方針から地方債同意等基準に変更された。従来の地方債許可方針の下では、実質赤字比率と起債制限比率が用いられていたが、地方債同意等基準の下では、起債制限比率に代わる指標として実質公債費比率が導入された。新しい地方債同意等基準にしたがえば、まず実質赤字比率が、都道府県2.5％、市町村は標準財政規模に応じて2.5％～10％を上回れば、起債協議から起債許可に移行することとなる（図表6-2、6-3参照）。

また、実質公債費比率が18％を上回れば、起債協議から起債許可に移行する。なお、実質公債費比率が18％を超える場合、18％～25％未満は一般的許

図表6-2　地方債協議制度の基準と地方財政健全化法の基準

		地方債協議制度	地方財政健全化法		地方財政再建促進特別措置法
		協議団体／許可団体	早期健全化基準	財政再生基準	(準用)財政再建団体
実質赤字比率[*1]	都道府県	2.5%	3.75%	5%	5%
	市町村	2.5%～10%	11.25%～15%	20%	20%
連結実質赤字比率[*2]	都道府県	―	8.75%	15%[*6]	―
	市町村	―	16.25%～20%	30%[*6]	―
実質公債費比率[*3]	都道府県	18%、25%、35%	25%	35%	
	市町村	18%、25%、35%	25%	35%	
将来負担比率[*4]	都道府県	―	400%	なし	―
	市町村	―	350%	なし	―
公営企業における資金不足比率[*5]		10%	20%	―	

注：[*1]は、一般会計等（普通会計）の実質赤字を標準財政規模で割った数値。
　　[*2]は、全会計の実質赤字等を標準財政規模で割った数値。
　　[*3]は、一般会計等が繰出金として負担する公営企業の元利償還金及び一部事務組合等の公債費類似経費を公債費に算入して、標準財政規模で割った数値（過去3年平均）。
　　[*4]は、公社や第3セクターの債務保証や損失補償など、公営企業、出資法人等を含めた一般会計等で実質的に負担すべき負担額を標準財政規模で割った数値。
　　[*5]は、公営企業ごとの事業規模に対する資金不足額（一般会計などの実質赤字に相当）を営業収益等で割った数値。
　　[*6]は、連結実質赤字比率の財政再生基準については、2009年度～2011年度の3年間の経過的基準あり（都道府県は25%→25%→20%→15%、市町村は40%→40%→35%→30%）。
出所：総務省（2009）を元に作成。

可団体として公債費負担適正化計画を前提に起債許可、25%～35%未満は起債制限団体として一般単独事業債の起債不可、35%以上は起債制限団体として一般公共事業債が起債不可とされる（図表6-2参照）。

　したがって、実質赤字比率と実質公債費比率に限定すれば、地方債協議制度によって協議団体に求められる発行要件の方が、地方財政健全化法の早期健全化基準よりも厳しいことになる。このため、地方債発行に際しては、連結実質赤字比率と将来負担比率が地方財政健全化法によって新たに注意するべき指標

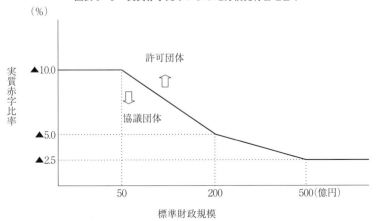

図表6-3 実質赤字比率による地方債発行管理基準

注：都道府県、政令市及び標準財政規模500億円以上の市は実質赤字比率2.5％。
出所：総務省自治財政局財務調査課（2007）を元に作成。

となった。

その後、2012年度から、地方債協議制度が再び見直され、一定の要件を満たす地方自治体が地方債として民間等資金債を発行する場合は原則として協議を不要とし、事前届出で発行できることになった。協議不要対象団体は、①実質公債費比率が18％未満、②実質赤字額が0、③連結実質赤字比率が0、④将来負担比率が都道府県及び政令指定都市にあっては400％未満、一般市区町村にあっては350％未満であることが要件とされる。なお、協議不要対象団体であっても、資金の不足額がある公営企業に係る民間等資金債を発行する場合は協議をしなければならない。2016年度からは、公的資金を充当する地方債のうち特別転貸債及び国の予算等貸付金債が届出制の対象になった。

(5) 早期健全化団体等の状況

総務省は、2009年10月、地方財政健全化法に基づき全都道府県と市区町村計1,845団体の2008年度決算の財政状況をまとめて発表した。

財政再生団体は、2007年に破綻した北海道夕張市の1団体のみであった。早期健全化団体は、山形県新庄市や大阪府泉佐野市、高知県安芸市、沖縄県座間

図表6-4　2008年度決算基準による早期健全化団体

北海道	歌志内市、利尻富士町、浜頓別町、中頓別町、由仁町、洞爺湖町、江差町
青森県	大鰐町
山形県	新庄市
福島県	双葉町
群馬県	嬬恋村
長野県	王滝村
奈良県	御所市、上牧町
大阪府	泉佐野市
兵庫県	香美町
鳥取県	日野町
高知県	安芸市
沖縄県	座間味村、伊平屋村、伊是名村

注：財政再生団体は北海道夕張市1市で、早期健全化団体は上記21市町村である。
出所：総務省（2009）。

味村等21市町村で、北海道や関西地方に集中した。早期健全化団体の9割超の19市町村が、実質公債費比率で基準を超え、多額の地方債の返済が自治体財政に負担を与えている状況が明らかになった（図表6-4参照）。

旧法によって2007年度から既に財政破綻にあるとされてきた夕張市は、引き続き国の管理の下に厳しい歳出削減に努めることとなったが、新たに早期健全化団体として認定された21市町村は、2009年度末までに職員の削減や組織の合理化による歳出削減や、施設利用料の引き上げ等による歳入増加措置を盛り込んだ財政健全化計画を策定して、国に提出する義務が課せられた。

　問題は、このような深刻な財政危機にある地方自治体が特殊事例ではなく、むしろ一般的な事例として捉えられるところにあった。1990年代はじめに、世界の経済を実態以上の好景気にみせかけていたバブルが崩壊するが、日本では、国と地方の双方において、バブル後の冷え込んだ景気対策として公共投資が続けられ、財源として、将来の税収の増加による返済を見込んで、国や地方自治体の借金である国債や地方債が大量に発行された。

　そのため、多くの地方自治体において、以前から増えていた地方債の発行残高が急速に膨らんで、地方債返済のための公債費の比率が高まり、地方自治体の財政自由度を奪う結果となった。

　しかしながらその後、地方自治体の財政状況は確実に好転した。総務省発表の2015年度決算数値によれば、財政指標が早期健全化基準以上は、青森県大鰐町が2015年度に財政健全化計画の完了報告を行ったことから夕張市の1団体のみ、財政再生基準以上も同じく夕張市1団体のみとなっている。なお、夕張市

の実質公債費比率は2014年度61.0％、2015年度76.3％、将来負担比率は2014年度724.4％、2015年度632.4％となっており、財政再生計画の計画期間は2009年から2029年度までとされている。

　このように早期健全化団体、財政再生団体の数の推移をみれば、確実に地方自治体の財政危機は解消している。しかしながら、その一方で地方の過疎は構造化しており、財政健全化対策だけでなく、地方創生を目指した政策的対応が迫られている。

3　公の施設と指定管理者制度

（1）公の施設の定義

　公の施設とは、地方自治法238条の定める公共用財産のうち、244条1項に規定する施設のことで、「住民の福祉を増進する目的をもってその利用に供するために地方公共団体が設ける施設」であり、次の5点の要件をもっている。①「住民の福祉を増進する目的」をもって設けるものであること、②住民の「利用」に供するためのものであること、③「当該地方公共団体」の住民の利用に供するためのものであること、④「施設」であること、⑤「地方公共団体」が設けるものであること、である（図表6-5参照）。

　公の施設の中には、社会情勢や経済環境等が大きく変化する中で、設置の意義が薄れたり（必要性）、民間施設との競合等により利用率が低下しているもの（有効性）、民間事業者の活力を利用した方が効率化とサービスの向上が期待できるもの（効率性）がみられ、時代にあわせてその見直しが求められている。

（2）指定管理者制度の導入の経緯

　1991年の地方自治法の一部改正によって、公の施設の管理は、直営だけでなく地方公共団体が2分の1以上の出資をしている法人（管理のための財団法人や社団法人等）、土地改良区等の公共団体、農協、生協、自治体等の公共的団体に管理を委託する管理委託制度が設けられた。しかし、受託者は、委託契約に基づき料金徴収等の管理業務を行えるものの、設置者である地方公共団体に管

図表6-5　公有財産の区分

行政財産	公用または公共用に供する財産	公用財産	地方公共団体の利用に供するもの	庁舎、試験研究施設等に供される建物及び敷地等
		公共用財産	住民共同の利用に供するもの	行政財産・普通財産以外の一切の財産
普通財産	行政財産以外の一切の財産			売却用の動産・不動産、行政財産の用途廃止物等

出所：地方自治法238条を元に作成。

理の権限と責任があるため、施設の使用許可等、処分に該当する業務は委託できなかった。

　そこで、2003年9月施行の地方自治法の一部改正（2003年法律第81号）により、管理委託制度が廃止され、自治体が指定する機関に公の施設の管理をさせる指定管理者制度が設けられた。指定管理者の範囲は特段の制約がなく、議会の議決を経て指定される。なお、施設の維持補修等のメンテナンス、警備、清掃等の業務の委託は、指定管理者制度とは別個のものであり、従来通り民間事業者との委託契約によることができる。

　その結果、既に管理委託をしている公の施設については、改正法施行後3年以内の2006年9月までに直営または指定管理者制度に移行することとされ、新規の施設は、施設供用開始時から直営または指定管理者制度によって管理することとされた。なお指定期間に特段の制限はなく、期間が満了すると、再度、直営または指定管理者制度による管理を行う必要がある。

(3)指定管理者制度とPFI／PPP

　福祉国家思想を見直し、小さな政府を志向して行政の効率化を進めるNPM（新公共経営）の一手法にPFI（Private Finance Initiative）がある。PFIは、公共施設等の建設、維持管理等を民間の資金、経営・技術能力を活用して行う手法で、国や地方自治体よりも効率的かつ効果的に事業を実施することが可能になる。イギリス等海外では、PFIによる公共サービスの提供が進んでおり、橋、鉄道、病院、学校等の公共施設の整備、再開発等の分野で成果を挙げている。

　日本でも、1999年7月、PFI法（民間資金等の活用による公共施設等の整備等

の促進に関する法律）が制定された。しかしながら、PFIの対象となる公共施設等には公の施設が多いにもかかわらず、PFI事業者は出資法人でないので公の施設の管理受託者となることができなかったため、公の施設の管理主体にPFI事業者を含めることが早急に求められていた事情も指定管理者制度の導入の背景になっている。ただし、PFIは契約であるので競争入札により契約者が決定する。これに対して指定管理者制度は行政処分であるので、同一者に施工と管理をさせようとすると、PFIの入札に合わせて公の施設の指定管理者として指定しなければならない。

　また、近時、公共の役割を政府や自治体だけでなく、市民、NPO、企業等多様な主体との協働・パートナーシップで担おうという認識が広まっており、指定管理者制度の導入は、その一環の施策として捉えることもできる。

　なお、2011年6月、欧米で主流のPPP（Public Private Partnership）に倣ってPFI法が改正され、公共施設等運営権（＝公共施設等の管理者が所有権を有する公共施設等（利用料金を徴収するものに限る）について、運営等を行い、利用料金を自らの収入として収受する権利）が新設され、日本においてもコンセッション方式と呼ばれる政府と民間企業の契約により、民間企業が公共サービスの運営・維持・投資を行うことができる方法が用意されることとなった。

(4)指定管理者制度の課題

　指定管理者制度の導入に際して、従来から公の施設を管理している地方自治体の地方公社・第3セクターのあり方の見直しが迫られている。必ずしも十分な理由がないにもかかわらず、第3セクターを存続させるために、当該団体を指定管理者として施設管理を受託させる例がみられるが、効率化を進めるという改正の趣旨に合致しない。ただ、入札で競争に負けた第3セクターの職員の雇用確保を考慮すると、欧米のような流動性に欠く雇用市場をもつ日本、とりわけ、地方都市においては他に斡旋する仕事もなく、第3セクターへの管理委託をそう簡単に打ち切れない事情もある。

　また、指定管理期間が短すぎることも問題となっている。地方自治体にあっては、一般に指定期間を概ね3年として競争入札にかけるケースが多いが、民間企業においては、3年という短い指定期間では長期的視野に立った投資が困

難という理由で参加をためらうケースが多い。

　その一方、効率化を徹底して管理コストを下げるあまり、定められた最低限の基準さえ守っていればよいとして、施設の管理水準が下方硬直化する危険性も生まれている。これまでの地方公社や第3セクターによる管理は批判もあるが、比較的高いモラルによって施設の管理が維持されてきた。競争入札によって管理コストが過度に低下すると「安かろう悪かろう」に陥り、公の施設の安全と安心が失われる可能性がある。施設の管理を委託する部局において、詳細なマニュアルを整備するとともに、十分な評価システムを確立しておくことが必要になっている。

　また、指定管理者制度の定着にともなってクローズアップされてきたことは、指定管理者の交代によって施設と地元住民や地元団体との間に生まれたつながりが切れてしまうことである。指定期間を長めに設定することやスタッフの継続雇用等の工夫が求められている。

4　地方独立行政法人制度

　国の独立行政法人制度が2001年度から実施されたが、引き続き、2004年4月から、地方独立行政法人制度が実施された。地方独立行政法人は、公共上の見地からその地域において実施される必要な事業で、地方自治体が直接実施する必要のないもののうち、①民間の主体にゆだねた場合には必ずしも実施されないおそれがあるもの、②地方公共団体が認めるものを効率的かつ効果的に行わせることを目的とするものを地方自治体が法人化する制度である。

　地方独立行政法人は、特定地方独立行政法人と一般地方独立行政法人に分けられている。特定地方独立行政法人は、特に公共性が高いと考えられるもので、役員は特別職地方公務員、職員は一般職地方公務員の身分となる（「公務員型」と呼ばれる）。一般地方独立行政法人は、上記以外の法人で、役員及び職員は公務員ではない（「非公務員型」と呼ばれる）。どの形を選択するかは地方自治体の判断に委ねられている。

　国から地方独立行政法人の設立、あるいは同法人への移行を強制されているわけではないため、地方自治体が実施する事業をどのような形態で運営するか、

即ち、直営・地方公営企業・第3セクター、あるいは地方独立行政法人などの中から、事業の形態としてどの制度を選ぶかは当該地方自治体が決定することになる。地方独立行政法人制度は、公立大学、公立病院などで導入例が多い。

5　会計

(1) 公会計の系譜

　個別の経済主体を対象にした会計は、営利活動を行うことを目的とするか否かで、大きく企業会計と公会計（官庁会計）にわけられる。近年、公会計に民間の会計手法を採り入れて、無駄を減らそうという取組みが広がりつつある。

　現在の国や地方自治体において使用されている会計制度は、単年度の予算に基づいて歳入と歳出が記録され、執行状況が報告される大福帳方式の会計になっている。この官庁会計方式は、収入支出を捉える点で、記帳方法は単式簿記に拠っており、現金の出入りを捉える点で、収益費用の認識基準は現金主義に拠っている。

　しかし、官庁会計方式は、収入支出を捉えるだけで資産の減価償却や退職給与引当金の負債計上が認められないために、当該期間のコスト計算ができない。さらに、現金の出入りが記帳されるだけで資産や負債状況が掴めないという欠点をもっている。

　そこで、官庁会計には、単式簿記によるストック情報の欠如、現金主義によるコスト情報の欠如、ストック情報の欠如やコスト情報の欠如による市民へのアカウンタビリティの欠如、決算と予算が連動しないことによるマネジメントの欠如という4つの問題点が指摘されている。

　これらの問題を改善するために、近年、貸借対照表の作成、行政コスト計算書の作成等が官庁会計において進められてきた。現在、こうした公会計改革を一歩進めて、複式簿記の記帳方式、発生主義による収益費用の認識基準を採り入れる動きが進められようとしている。

　もっとも、公会計に複式簿記を取り入れようとする動きは、古くから存在していた。明治初年の出納事務では、各省が必要な経費を太政官に申し出て、太政官が必要と認めればその支出を大蔵省に命ずる方式で、いわゆる大福帳方式

にしたがっていたが、政府の要職にあった伊藤博文は、当時の大蔵官僚であった渋沢栄一に命じて、伝票方式（複式簿記）の導入を図っている。1876年1月、大蔵省に簿記法取調掛を設置してポルトガル人ブラガを雇って複記式簿記法を制定するとともに、1878年2月、複記式簿記の講習会を実施、1878年9月、太政官通達で複式簿記を採用、1882年8月、単式予算簿を廃止して全面的に複式記帳を導入した。しかし、仕訳や転記等の事務上の煩雑さから、1889年の帝国憲法の制定時、当時のプロイセンから導入された現金主義による単式簿記に戻された経緯がある。

（２）公会計と企業会計の比較

　公会計では歳入予算は見込みを計上するが、歳出予算は税金を徴収される国民の代表からなる議会の承認が必要である。つまり、公会計においては、民主主義の観点から、入ってくる税金が適正に執行されるように予算を確定することが最大の目的となる。一方、企業会計では、企業活動による収益と支出する費用の差額である利益を確定する必要があり、会計年度を区切り、決算によって収益を確定することが最大の目的になる。

　したがって、現行の公会計制度は、議会で決められた予算にしたがって行政が税金を正しく使っているか否かを管理するために、現金の出入りを記帳する単式簿記を採用し、また、収益や費用の認識基準は、現金の出入りがあった時点に設定する現金主義を採用している。

　しかし、収入支出のみを記帳する単式簿記は、資産や負債の把握が困難である外、収益や費用の認識基準として用いられる現金主義は、資産の減価償却や退職給与引当金の負債計上ができないためにコスト計算ができない。

　これに対して、企業会計は、複式簿記によって収入支出にあわせて資産負債の計上が行われるために、財産状態の把握が容易であるとともに、収益や費用の認識基準として発生主義を採用しているために、資産の減価償却や退職給与引当金の負債計上によってコスト情報が得られ、事業の収益性を正確に認識することができる（図表6-6参照）。

　国や地方が抱える巨額の財政赤字が大きな話題となり、財政への国民の関心が高まる中、その財政状況を正しく認識するために、公会計においても、より

正確でわかりやすい会計情報が求められている。

また、2006年度から、地方債の発行が許可制から協議制へ移行したこともあって、地方自治体の財政状況によって発行条件の格差拡大が予想され、地方自治体の債務の償還能力を明らかにする判断材料を投資家へ正確に提供する必要が生まれている。このような事情を考慮すれば、公会計に企業会計的な手法を採り入れる必要性が高まっていることが理解される。

図表6-6 公会計と企業会計の主な相違点

	公会計	企業会計
報告目的	予算執行合法性	経営成績・財産状態
報告対象者	住民・納税者	株主・債権者
記帳形式	単式簿記	複式簿記
認識基準	現金主義	発生主義
会計期間	単年度主義	継続性配慮
財務報告書	歳入歳出予算書 歳入歳出決算書 財産に関する調書	貸借対照表 損益計算書 キャッシュフロー計算書
会計範囲	単独会計	連結会計

出所：監査法人トーマツ（2003）を元に作成。

（3）公会計改革の内容

▼貸借対照表（バランスシート）の導入

　企業会計の貸借対照表は、企業存続を目的に現在の財産状態を示すものであるが、公会計における貸借対照表導入の目的は、国や地方の財政赤字を減らすために負債を埋めあわせることができる社会資本がどのくらいあるのかを示すことにある。実際、企業会計の貸借対照表には資産、負債及び資本が計上されるが、公会計には資本の概念がないので資産と負債だけが計上される。

　しかし、道路や橋梁、港湾等の社会資本は処分して負債に充てることができない性質のもので、それらの施設は整備された時点で消費されたものと捉えるべきだとの考え方もある。加えて、日本では組織の縦割りの影響を受け、社会資本の会計処理方法が、国、公団、地方自治体等においてそれぞれ異なっており、貸借対照表を作成しても比較は容易でない。

　このような公会計の性質を考慮すると、公会計における貸借対照表の導入が、それぞれの団体の財政再建に直結すると考えることは早急すぎる。ただ、自らの財産状態を把握することが財政再建の出発点であることを考えると、貸借対照表の導入に一定の意義をみいだすことは可能である。

▼行政コスト計算書の導入

　企業会計で用いられる損益計算書は、一年間の売上等の収益と仕入等の費用（コスト）からその差引きである利益を求めるもので、事後に収入と支出を対比させて支出の適否を判断する目的をもっている。

　これに対して、公会計においては、施設や基盤の整備によってできあがったものと要した費用を対比させて支出の適否を判断することはあっても（それ自体不完全であったが）、無形のサービスを含めて、行政サービスと費用を対比させて支出の適否を判断するという発想は存在していなかった。

　そこで、損益計算書の考え方をもとに、公会計に行政コスト計算書を導入し、行政サービスの種類をわけて、各行政サービスとその実施に要する費用を対比させて、他団体比較等によって支出の適否を判断しようとするものである。

　行政コスト計算書を導入したからといって、地方自治体の財政再建が一気に進むというものではないが、個別の行政サービスの費用を掴むことは、地方自治体の首長や職員、また、議員や住民の意識改革に必要不可欠であり、財政再建への第一歩ともいえる。

▼連結会計や発生主義・複式簿記の導入

　1990年代中頃から後半にかけて、行革先進国であるイギリスやオーストラリア、ニュージーランドで公会計改革が進められた。その後、スウェーデン、スイス、スペイン等にも公会計改革の動きが及んでいる。

　これに対して、日本の公会計制度は、組織の縦割りによって会計基準がバラバラであることもあって改革が遅れている。これまで、一部の先進的な地方自治体で、貸借対照表や行政コスト計算書の作成が試みられたが、本格的な動きには至らなかった。

　しかしながら、近年、日本でもようやく公会計改革が進みだした。貸借対照表や行政コスト計算書の整備が進む外、国では特殊法人・独立行政法人、地方では一部事務組合・広域連合、地方公社・第3セクターを含んだ連結会計の整備、そして、発生主義・複式簿記の導入の試みがはじまっている。

(4)公会計改革の経緯
▼国の公会計改革

2000年10月、財務省は国の貸借対照表を発表したが、貸借対照表には公団、特殊法人等への出資金・貸付金、地方公共団体への貸付金がそのまま計上されており、それらの団体の会計を連結してみないと実態が把握できないという批判がなされた。

2001年4月から発足した独立行政法人の財務会計は、複式簿記を採用し、貸借対照表と損益計算書を作成する外、行政サービス実施コスト計算書の作成を要求している。

2002年11月、財務省は、財政制度等審議会に公会計基本小委員会を設置し、2003年1月に、主計局に公会計室を設置した。同年6月、公会計基本小委員会は、「公会計に関する基本的考え方（報告書）」を発表し、公会計の意義・目的、基本的な考え方を示した。そして、2004年度から、国立大学の法人化、省庁別財務諸表の作成、特別会計の発生主義による財務報告が進められている。

2006年、政府は、「骨太の方針」で、複式簿記化等の公会計改革を推進することを決定し、地方にも国の財務書類に準拠した公会計モデルの導入に向けて整備を進めることを要請している。

▼地方自治体の公会計改革

2000年3月、総務省は3,299の自治体を対象にして自治体向けの貸借対照表の作成指針（「地方公共団体の総合的な分析に関する調査研究会報告書（2000年3月）」）を公表した。続く、2001年3月の報告書では、行政コスト計算書の作成指針を公表した。

2006年7月、総務省は「新地方公会計制度実務研究会」を発足、岡山県倉敷市で「基準モデル」、静岡県浜松市で「総務省方式改訂モデル」について、表示科目の選定や作成手法の検討を行った（その結果を反映させた作成マニュアルを2007年10月に発表）。

2006年8月、総務省は「骨太の方針2006」を踏まえ、総務次官通知「地方公共団体における行政改革の更なる推進のための指針」（「地方行革新指針」）を発表した。同指針は、地方自治体に対して「原則として国の作成基準に準拠し、発生主義の活用及び複式簿記の考え方の導入を図り、貸借対照表、行政コスト

図表 6-7　財務書類 4 表の関係

注：*1 の現金（貸借対照表）＝期末現金残高（資金収支計算書）。
　　*2 の純資産（貸借対照表）＝期末純資産残高（純資産変動計算書）。
　　*3 の純経常行政コスト（行政コスト計算書）＝純経常行政コスト（純資産変動計算書）。
出所：小室（2009）を元に作成。

計算書、資金収支計算書、純資産変動計算書の 4 表の整備を標準形」とし、「連結ベースで、企業会計手法を全面的に採用した基準モデル又は既存の決算統計情報が利用可能な総務省方式改訂モデルを活用して、公会計の整備の推進に取り組むこと」とし、「取り組みの進んでいる団体、都道府県、人口 3 万人以上の都市は、3 年後までに、取り組みの進んでいない団体、町村、人口 3 万人未満の都市は、5 年後までに、4 表の整備又は 4 表作成に必要な情報の開示に取り組むこと」を指示している（図表 6-7 参照）。

また、2007 年 1 月、自治財政局長通知「地方公共団体の総合的な財政情報の開示の推進について」で、「各地方公共団体の総合的な財政状況について一覧性をもって開示」することを求めている。

既に先進的な地方自治体では、政府に先行して貸借対照表や行政コスト計算書の作成を行ってきたが、これらの諸通知を受けて、連結貸借対照表を含む財務諸表の整備や財政情報の公開を進めている。

▼ 3 つの公会計改革モデル

地方自治体では、総務省による公会計改革の実施時期が迫っているため、総務省が示した「基準モデル」「総務省方式改訂モデル」の 2 方式に加えて、東京都が独自に進める「東京都モデル」の優劣を比較して、独自の判断で採用する必要が生じた。

図表6-8　基準モデルと総務省方式改訂モデル

	基準モデル	総務省方式改訂モデル
固定資産の算定方法 （初年度期首残高）	・現存する固定資産を全てリストアップし、公正価値により評価	・売却可能資産：時価評価 ・売却可能資産以外：過去の建設事業費の積み上げにより算定 →段階的に固定資産情報を整備
固定資産の算定方式 （継続作成時）	・発生主義的な財務会計データから固定資産情報を作成 ・その他、公正価値により評価	
固定資産の範囲	・全ての固定資産を網羅	・当初は建設事業費の範囲 →段階的に拡張し、木立、物品、地上権、ソフトウエア等を含めることを想定
台帳整備	・開始貸借対照表作成時に整備して、その後、継続的に更新	・段階的整備を想定 →売却可能資産、土地を優先
作成時の負荷	・当初は、固定資産の台帳整備及び仕訳パターンの整備等に伴う負荷あり ・継続作成時には負荷減少	・当初は、売却可能資産の洗い出しと評価、回収不能見込み額の算定等、現行総務省方式の作成団体であれば負荷は比較的軽微 ・継続作成時には、段階的に整備に伴う負荷あり
財務書類の検証可能性	・開始時未分析残高を除き、財務書類の数値から元帳、伝票にさかのぼって検証可能	・台帳の段階的整備等により、検証可能性を高めることは可能
財務書類の作成・開示時期	・出納整理期間後、早期の作成・開示が可能	・出納整理期間後、決算統計と並行して作成・開示

出所：新地方公会計制度実務研究報告書（2006）。

「基準モデル」は、固定資産台帳の整備及び複式簿記、発生主義の採用により、個々の取引伝票にまでさかのぼった検証が可能である。一方、「総務省方式改訂モデル」は、個々の複式記帳によらず、既存の決算統計情報を活用するので固定資産の評価額は厳密とはいえず、また、初年度の作成時の作業量は比較的少ないが、以後、段階的に固定資産台帳を整備していくための作業量が加わる（図表6-8参照）。

これに対して、東京都は2002年から複式簿記・発生主義に基づく独自の公会計制度の検討を開始し、2006年4月から、従来の官庁会計（単式簿記・現金主義）に複式簿記・発生主義を取り入れた新しい公会計制度を取り入れ、2007年9月、「東京都モデル」といわれる独自の公会計制度による2006年度決算を発

表している。その特徴は、「基準モデル」が税収を純資産変動計算書に財源の調達として計上するのに対して、「東京都モデル」は行政コスト計算書に収入として計上する。また、「基準モデル」が貸借対照表の固定資産において公正価値を基準として定期的な評価を行うのに対して、「東京都モデル」は取得原価を基準として計上することによってより企業会計に近い考え方に立つところにある。

▼今後の地方公会計

　現在の地方自治体の公会計は、現金主義・単式簿記を特徴とするこれまでの会計制度に発生主義・複式簿記という企業会計的要素を取り込むことにより、ストック（資産や負債）やフロー（資金の動き）を明らかにするとともに、関係団体も含めた連結ベースの財務書類4表（貸借対照表・行政コスト計算書・純資産変動計算書・資金収支計算書）の作成が進んでいる。

　これらの公会計改革によって、地方自治体の財務状況やコスト情報がわかり易く開示されるとともに、資産・債務の適正管理が可能となって中長期的視点に立った自治体経営が行える基盤が整備されるといえよう。

　しかし、約7割の市町村は事務負担の軽減を考慮し、既存の決算統計データを利用する簡便な「総務省方式改訂モデル」を採用している。そこで、2014年5月、総務省は、「今後の地方公会計の整備促進について」（平成26年5月23日付総務大臣通知）で、固定資産台帳の整備と複式簿記の導入を前提とした財務書類の作成に関する統一的な基準による財務書類等の作成を要請している。

　そして、2015年1月、「統一的な基準による地方公会計マニュアル」を作成し、「統一的な基準による地方公会計の整備促進について」（平成27年1月23日付総務大臣通知）によって、2015年度から2017年度までの3年間で、当該マニュアルに基づき、原則として全ての地方公共団体において統一的な基準による財務書類等を作成し、予算編成等に積極的に活用するように通知している。

　統一的な基準に従うことで、(1)決算統計データの活用から脱却して、発生の都度または期末一括で複式仕訳を行うこと、(2)固定資産台帳の整備を前提とすることで、公共施設等のマネジメントに活用可能になること、(3)統一的な基準による財務書類等によって、団体間での比較可能性が確保されるとしている。

研究課題

1　地方財政が危機に陥る原因はどこにありますか。
2　地方財政健全化法の4つの財政指標の内容と機能を説明してください。
3　旧来の官庁会計と新地方公会計モデルとの違いを述べてください。

参考文献

監査法人トーマツ（2003）『会計がわかる事典』日本実業出版社。
小西砂千夫（2007）『地方財政改革の政治経済学』有斐閣。
小室将雄（2009）「自治体決算公告を読む」（日本経済新聞、2009年12月28日）。
神野直彦（2002）『地域再生の経済学——豊かさを問い直す』中央公論新社。
関野満夫（2006）『地方財政論』青木書店。
総務省（2006）「新地方公会計制度研究会報告書」（2006年5月18日）。
総務省（2008）「平成19年度決算に基づく健全化判断比率・資金不足比率の概要（速報）」（2008年9月30日）。
総務省（2009）「平成20年度決算に基づく健全化判断比率・資金不足比率の概要（速報）」（2009年10月2日）。
総務省自治財政局財務調査課（2007）「地方公共団体財政健全化法における早期健全化基準等について」（2007年12月7日）。
日本地方自治研究学会編（2009）『地方自治の最前線』清文社。
橋本行史（2001）『財政再建団体—何を得て、何を失うか—赤池町財政再建プロセスの検証』公人の友社。
橋本行史（2006）『自治体破たん・「夕張ショック」の本質』公人の友社。
橋本行史（2010）「地方財政の危機を考える」加茂直樹・南野佳代・初瀬龍平・西尾久美子編『現代社会研究入門』晃洋書房。

第Ⅲ部

ガバナンス

第7章　市民参加

　本章では、市民参加、協働等の理論と実際について考察する。近年、市民参加や参画、協働等の言葉を見聞きする機会が増えてきている。しかし、その内容は多様であり、必ずしも理解しやすいものにはなっていない。ここでは、具体的な事例も紹介しながら、これらの言葉の意味するところを明らかにする。
　今、地方分権改革が進む中、国と地方、さらには都道府県と市町村との間で権限や事務の再配分が行われ、地方自治体が地域における総合的な政策の立案と実施の主体として機能できるように、その権能や権限が強化されてきている。そして、それに伴って地方自治体に対する関心も大きな高まりをみせている。
　しかし、地方自治体、特にその行政組織だけで、現代社会が抱える複雑で多様な地域の課題を解決できる訳ではなく、広範な住民の参加・参画、協働が必要である。ここでは、地域の公共的課題の解決に向けて、住民が主体的に参加・参画することの意義、さらには、住民参加・参画、協働のための仕組みや制度づくりの動向等について述べる。

1　市民参加の理念・経緯

（1）市民参加の理念
　現在、市町村合併が積極的に進められたり、道州制の導入に向けた検討が進められたりする等広域行政に大きな関心が寄せられている。このような広域行政を念頭においた動きとともに、より狭域のコミュニティ行政の重要性に関する認識も増してきている。つまり、地方分権改革によって、いわゆる団体自治の分野においては、一定の前進がみられるようになったものの、このような改革が必ずしも地方自治を支えるもう一方の柱である住民自治を強化促進する方

向につながっている訳ではないからである。それ故に、他方では、住民自治を推進するための存立基盤としてのコミュニティに対する関心が高まってきているのである。

ところで、コミュニティの概念についてはロバート・M・マッキーバーの定義がよく知られている。マッキーバー（1975）は、コミュニティという言葉を村や町、あるいはもっと広い範囲の地方や国といった人々の共同生活の核となるいずれかの領域を指す語として用いている。そして、コミュニティとは、共同生活の相互行為を十分に保証するような共同関心が、その成員によって認められる社会的統一体であると述べている。さらに、コミュニティを基盤として国家、学校、教会、病院、政党等のように、ある共同の関心を追求するための組織体としてアソシエーションが成立するとしている。

現実の自治体のコミュニティ施策の中では、小学校区をコミュニティとして位置づけている例が多い。たとえば、兵庫県神戸市では小学校区ごとに「ふれあいのまちづくり協議会」が組織され、地域福祉センターが整備されている。また、福岡県宗像市の「市民参画、協働及びコミュニティ活動の推進に関する条例」2条でも、コミュニティを「原則として宗像市立小学校の通学区域において市民等であるものが共同体意識を持って、主体的に形成された地域社会をいう」と定義している。

コミュニティの公共的課題の解決に際して、今や住民の参加や参画は不可欠な要素として位置づけられており、市民参加・参画という表現は、市町村レベルだけでなく都道府県レベルにおいても、各種の文書において多用されるようになってきている。さらに近年、参加・参画と並んで協働という表現も目立つようになってきた。協働の意味内容は論者によって必ずしも一様ではないが、その語感のよさも手伝って協働という言葉がコミュニティに関係するありとあらゆる場面で使われるようになってきている。

国民・市民は主権者であり、行政はその代理人として位置づけられているにしても、今日の専門化・技術化の進んだ行政の意思形成や執行の過程から、国民・市民はともすれば疎外されることになりがちである。特に広域自治体である都道府県はもとより、合併が進んでいる市町村においても団体の規模が大きくなり、住民と自治体との距離が広がる傾向が認められる。このような状況を

背景にして、狭域のコミュニティを基盤とする市民参加が重要な意味をもってきている。

近年、住民が政策提言を行ったり、条例案の作成過程に関わったりする事例がみられるようになった他、市民と行政の協働事業の推進、パブリック・コメント制度の導入、住民が参加する「まちづくり」ワークショップの開催等が各地で進められている。また、NPOによる地域政策の研究・提言や市民・企業と行政との協働のサポート等の活動も目立つようになってきている。

市民参加の理念は、自治体の意思形成過程や政策の執行過程から疎外されることになりがちな市民に関与と参画の機会を用意することにより、市民・住民自身の自己決定に関する権利と責任を明確化するところにある。地方分権は国と地方の権限や事務の再配分という団体自治の側面だけでは不十分であり、地域の公共的課題の解決を自主的・自発的に担おうとする市民の登場を待ってはじめて完結するものとして捉える必要がある。

(2)市民参加の系譜

市民参加という言葉は案外古くから登場している。佐藤(2005)は、1960年代後半から1970年代初頭にかけての時期を市民参加の萌芽期として位置づけている。この時代は高度経済成長の波に乗って、日本の社会や街の姿が大きく変貌を遂げていった時期にあたる。1964年の東海道新幹線開業、東京オリンピック開催、1965年の名神高速道路全線開通等は、まさにその時代を象徴する出来事である。このような道路、港湾、空港をはじめとする交通インフラや大規模工業地帯の建設、市街地の整備等が進められた結果、産業の重化学工業化と都市への人口や産業等の集中が目立つようになり、日本は急激に近代的な産業国家への道を突き進むことになった。

反面、高度経済成長による国土の変貌は、大気汚染、水質汚濁、騒音、振動、悪臭等による深刻な環境破壊、さらには、大都市への人口・産業の集中と農山村の人口激減という「過密・過疎」の問題を引き起こすことになった。そして、公害問題は深刻さの度合いを増し、国民の健康や生活の安全を脅かしているにもかかわらず、手をこまねいているかのような政治や行政のあり方に対して、国民の間に不信の念が一気に広がり、反公害、反開発を標榜する住民運動が全

国各地で大きく広がっていった。

　このような時代背景の中から登場してきたのがいわゆる革新自治体である。飛鳥田一雄横浜市長、美濃部良吉東京都知事、長洲一二神奈川県知事、蜷川虎三京都府知事等が革新首長として、注目を集めることになり、革新自治体ブームを巻き起こした。

　このような流れの中で、市民参加や市民との対話等が強調されるようになり、国の開発優先施策とは異なる地方自治体独自の政策展開が試みられ、主に公害規制、消費者行政、情報公開等の分野で、後に国や他の自治体にも少なからぬ影響を与えることになった条例の制定等各種の施策が進められた。その意味で、この時期は市民参加の第1の高揚期といえる。

　その後、国、地方ともに深刻な財政難に直面するようになり、革新自治体は次第に勢いを失っていった。また、公害規制や乱開発の防止対策等の進展、さらには市民会議、住民協議会、情報公開制度等、市民参加の制度化が進んだことにより、反公害、反開発の住民運動が沈静化していったことも、革新自治体退潮の傾向に拍車をかける一因となった。

　1980年代後半から1990年代にかけて、協働とパートナーシップが世界的に大きな流れとなり、日本でも、特に1995年の阪神・淡路大震災では、140万人ともいわれる膨大な数のボランティアが国内外から集まり、この年が「ボランティア元年」と呼ばれるもととなった。また、この頃から市民・企業・行政の協働という言葉が自治体関係の行政文書の中で多用されるようになっていった。

　1998年には、特定非営利活動促進法（NPO法）が制定され、福祉、防災、まちづくり等様々な分野で活動するNPO（非営利団体）に法人格を付与する道が開かれた。この法律によってNPOの全てが法人格取得に動いている訳ではないが、NPOが活動する上で、法人格取得の仕組みができたことには大きな意味がある。現在、多様なNPOが活動をしており、市民参加・参画の受け皿や行政との協働のパートナーとして、確実にその存在感を高めてきている。

　さらに、市民の間において、ボランティア活動や社会貢献に対する意識が高まってきていることもあり、地域の公共的課題に主体的・積極的に関わっていこうとする市民層が増えてきている。特にここ10年ぐらいの間に、全国的に市民参加・参画、協働の新たな展開がみられるようになり、市民参加の第2の高

揚期を迎えているということができる。

　公害反対の住民運動等に端を発した1970年代の市民参加とは異なり、行政過程に住民が参加・参画することや市民との協働に向けて行政側からの積極的な姿勢が目立つのも今回の市民参加をめぐる動きの大きな特徴の1つとなっている。

(3) 参加・参画のレベル

　初期の参加論では、シェリー・R・アーンスタイン (S. R. Arnstein) の市民参加の段階論に代表されるような参加の発展段階に沿った類型論を中心に議論が進められた。アーンスタインの論文は刊行が1969年と非常に古いだけでなく、当時の米国社会で深刻の度を深めつつあった人種間紛争と貧困問題が背景となっているなど、今の日本にその内容をそのまま当てはめることはできない。しかし、アーンスタイン・モデルは市民参加の発展段階を類型化するうえで何かと使い勝手が良いので、今でも市民参加・参画の論考では、引用されることが多い。以下簡単にその内容を紹介しておきたい（図表7−1）。

　アーンスタインは、市民参加の本質は、権力を持たない人々に対する自己決定・自主管理権限の付与など、権力の再配分にあると述べている。つまり、権力を持つエリート層が一方的に意思決定をするのではなく、権力を持たない人々が主体的・自律的に意思決定過程に参画できてこその市民参加であるとしている。そして、市民参加の発展段階について以下のとおり説明を加えている。

　第1段階（世論操作）と第2段階（不満軽減）は、市民非参加の段階であり、「権力を持たない市民」は意思決定に関わることはできず、権力を持つ側からの一方的な教育と不満軽減策の対象となるに止まる。

　第3段階（情報提供）、第4段階（相談・協議）、第5段階（懐柔策）は形だけの参加の段階であるとしている。第3段階と第4段階のレベルでは、市民は聞くこともできるし、聞いてもらうこともできるが、「権力を持たない市民」の声が政策形成に反映されることはなく、現状を変える力とはなり得ないとしている。第5段階は、それよりも一段階レベルが上がり、「権力を持たない市民」は政策に対して助言を行うことは許されるものの、依然として権力を持つ側が意思決定権限を占有している段階であるとしている。

図表7-1 市民参加の8段階

8	Citizen control 市民管理	Degrees of Citizen Power 市民権力確立の段階 （市民の自己決定・自己責任）
7	Delegated power 代表者権限委任	
6	Partnership パートナーシップ	
5	Placation 懐柔策	Degrees of tokenism 名目的参加の段階 （形だけの参加）
4	Consultation 相談・協議	
3	Informing 情報提供	
2	Therapy 不満軽減策・苦情処理	Nonparticipation 非参加の段階 （参加があるとは言えない）
1	Manipulation 世論操作	

出所：S. Arnstein（1969）の図をもとに筆者作成。

　第6段階（パートナーシップ）は、「権力を持たない市民」が伝統的な権力保持者と協議交渉ができる段階であり、第7段階（代表者権限委任）、第8段階（市民権力確立）は、「権力を持たない市民」が意思決定において多数派となるか、完全な決定権限を手にする段階であると説明している。

　先にも述べたように、このモデルは単純で、しかも約50年も前の米国の事例がもとになっているので、必ずしも現代日本の状況にすべてが適合している訳ではないが、市民参加の段階、あるいは、その発展段階の変遷を考える際に、今でも参考となし得る枠組みとして位置づけることができる。

　日本では、「情報提供・公開」はすでに一般的となっており、「パートナーシップ」のレベルにおいても、各地の自治体で、さまざまな取り組みが展開されている。さらに指定管理者制度を活用した「公の施設」の市民管理の試みも多くの自治体において始まっている。

(4) 参加・参画と協働

　協働という言葉は、荒木（1990）がアメリカの政治学者ヴィンセント・オストロムの用語法に基づいて、coproduction という言葉を協働と訳して紹介したことにはじまり、その語感のよさもあってか、行政用語として急速に普及していった経緯がある。市民参加と協働との関係の理解については、佐藤（2005）が指摘するとおり協働を市民参加の発展形態として捉える考え方と、市民参加の一形態として捉える考え方とがある。前者の考え方は、市民参加を行政主導で物事が進められる行政参加のレベルに限定して捉えようとする一方、協働を市民と行政が対等な関係性の下で協力していくプロセスとして捉えようとする。このため、協働の方が参加よりも進んだ取り組みであるという考え方につながっていきやすい。後者は、参加と協働との間に質的な差異はなく、協働も参加の1つの形態であると考えるところに特徴がある。なお、自治体文書等をみる限り、前者の考え方に立っているものが比較的多いようである。

　この他、山岡（2004）のように、参加を「ある個人が責任をもって、ある組織の企画立案やその実施あるいはその評価について意見を述べ、行動に加わること」と捉え、協働を「NPO等と行政、企業と行政、NPO等と企業など、異種・異質の組織が対等の立場で協力して共に働くことであり、組織と組織の間の組織間関係」として捉える考え方もある。しかし、参加は個人のレベル、協働は組織と組織の組織間関係と限定する必要は必ずしもない。まちづくりの現場等では、建築物共同化やマンション再建のプロセスでみられるような個人レベルの協働も重要な役割を果たしているからである。

　ところで、協働について考える際に注意すべき点は、「主体間の対等な関係性」である。たとえば、福岡県宗像市の「市民参画、協働及びコミュニティ活動の推進に関する条例」2条では、協働を「市民及び市が、創造豊かで活力あるまちづくりを推進するため、それぞれの役割分担のもと、相互に補い合いながら、対等な立場でともに活動し、その成果を相乗効果的に生み出すための営みをいう」と定めており、やはり「対等な立場」という文言が使われている。

　「主権者としての市民」という原理原則からいえば、主権者としての市民と、その単なる代理人に過ぎない行政とはそもそも対等であるはずはなく、市民と行政の協働は原理的にあり得ないという考え方も成り立ちうるが、市民と行政

との協働を市民主権の原理原則に基づいて批判することは、高橋（2005）が述べている通り、今、各地で進められている市民と行政による協働の芽を摘む結果になってしまう可能性が高い。さらに、条例案、総合計画案の作成をはじめ、市民と行政の間で行われる各種の協働事業の実際をみてみるならば、協働の概念で理解する方がむしろ現実的である。

　また、多くの自治体文書にみられるように参加や協働を行政との関係に限定する必要もない。地域における公共的課題の解決は、行政だけに任されている訳ではなく、企業、NPO、住民団体、市民個人、及び行政の最適の役割分担の中で方策がみいだされるという前提に立つならば、行政のお膳立てした参加や協働の仕掛け・仕組みに乗っていくことだけが参加や協働ではないはずである。先に触れたアーンスタインのモデルで示されている市民参加のレベルを高めていくためには、参加と協働を幅広く捉えることが何よりも必要となってくる。

(5)市民参加の範囲と意義

　市民参加の問題を考える際、まず、市民とは誰なのかを正確に把握しておく必要がある。市民という場合、単なる定住市民としての住民登録市民を指すだけでなく、その自治体区域に通勤・通学・買い物のためにやってくる利用者市民や、そこで経済活動等を行っている企業等の法人市民も含めないと、市民の多様な活動の全体像を捉えることができなくなる可能性が生じる。このため、自治体の市民参加や協働に関する条例等の定めをみると、ほとんどの事例で、市民の範囲は、住民登録市民だけにとどまらず、幅広い市民を含むように定義されている。

　また、参加と協働のパートナーとしての自治体について、荒木（1999）は「全体としては政策を形成し、決定し、執行していく役割を担った統治（自治）機関の総体を指すものである」と述べている。つまり、自治体の首長に限らず、議会、行政職員、行政委員会、委員、付属機関等を含む非常に広範囲にわたる機関が参加と協働の対象として意識されている。

　さらに、自治体の政策過程として、一般的には、①課題設定、②政策立案、③政策決定、④政策実施、⑤政策評価の5段階が考えられるが、いずれの段階

においても市民参加のメニューを考えることは可能であり、その範囲は非常に広いといえる。特に近年、政策立案段階の市民ワークショップの開催、政策の実施や評価の段階での、NPOや市民団体との協働事業の実施、外部評価委員会への市民公募委員の参加等、新たな取り組みが多くの自治体で展開されており、参加と協働の範囲は大きく拡大していく傾向にある。

このような参加と協働の範囲の拡大と市民関与のレベルが向上してきている背景には、社会環境の急激な変化をあげることができる。高度成長期においては、先進諸国の水準に追いつき追い越すため、道路、空港、港湾、高速道路、鉄道のような交通インフラの建設、市街地再開発、下水道の整備等を全国一律に進めていくことがむしろ大きな課題であった。当時においては、ナショナル・ミニマムの達成を掲げながら中央主導でこれらの事業を進めていく方が効率的かつ経済的であったといえる。その意味では、中央集権的な融合型地方行政制度はそれなりに環境に適合していたのである。

ところが、高度成長から安定成長に転ずるに及んで環境は大きく変わっていった。特に、近年、少子高齢化の進展、単身世帯の増加、農林水産業の衰退、地域間格差の増大等が顕著となり、日本社会は大きく様変わりの様相を示している。このため、全国一律に進められてきた従来型の標準世帯を想定したような行政施策は現実にあわなくなってきている。住民ニーズは多様化する一方であり、政策策定の第一歩である課題設定の段階から現実との乖離がみられるようになってしまっている。

市民参加や協働が注目を集めている背景には、まさにこのような社会経済条件の変化がある。行政側が一方的に計画を定め事業の推進を図ったとしても、住民のニーズに適合していない場合は、資源の無駄遣いに終わってしまい、住民の満足度を高めていくことはできない。世帯構成、年齢区分、就業構造、生活時間帯等、市民生活に関わる諸属性は多様化しており、きめ細かな対応が求められるようになってきている。たとえば、市区町村の窓口業務を取り上げてみても、市民の生活時間が多様化している現在では、従来型の平日の午前9時から午後5時までの受付時間が最適の時間帯とはいえないようになってきている。先進的な自治体では、顧客である住民の生活時間帯ごとに詳細なニーズ調査を行い、受付時間の延長や土日祝日の受付窓口開設等の対応策を打ちだして

いる。つまり、役所の窓口サービスのような日常的な業務においてさえ、住民の参加と協働がなければ、的確なサービスが提供できない時代になっているということである。

そして、住民の側にも地域の公共的な課題に積極的に取り組んでいこうとする層が増えてきており、環境保全、地域福祉、教育、地域振興、防災・減災等の分野で活発な活動が展開されている。さらに、地域政策を研究したり、行政と企業・市民、企業と市民、市民と市民の協働をサポートしたりするNPOもあらわれてきている。このような時代の流れの中で、改めて注目されるのが地方自治の意味である。

日本国憲法には明治憲法とは異なり地方自治に関する規定がおかれているが、渋谷（2007）は「日本国憲法は明治憲法と異なり、第8章に『地方自治』という独立の章を新たに設け、4ヵ条からなる基本的規定を置いた。地方自治が、法律事項から憲法事項となったことによって、中央政府によっても侵害されない諸原則が保障されることになり、地方分権主義が憲法上の基盤を獲得したのである」と述べている。しかし、現実には戦後においても、戦前からの地方統治の考え方が色濃く残っていたため、地方自治が十分に具現化できていなかったことも事実である。いわゆる民主主義の学校としての地方自治に、住民が参加・参画することによって、新たな息吹が吹き込まれることになる。今、参加と協働は、この憲法の理念を具現化するものとして大きな意義を有しているのである。そして、この国で、はじめてこの憲法の理念が実現されるための条件が市民側にも自治体行政の側にも整いつつあるということができる。

2　市民参加の実践

(1) ワークショップ

近年、多くの地方自治体で実施されるようになった「ワークショップ」について、少し触れることにしたい。ワークショップは様々な行政領域で用いられるようになっただけでなく、教育現場や企業でも使われることが多くなっている。市民・行政・事業者が協働して地域の問題の解決を図るための新たな手法といえる。

中野（2001）はワークショップについて、次のように述べている。

> 「ワークショップ」とは、まだまだ聞き慣れない言葉かもしれない。もともとは「共同作業場」や「工房」を意味する英語だが、ここ数十年の間に「先生や講師から一方的に話を聞くのでなく、参加者が主体的に論議に参加したり、言葉だけでなくからだやこころを使って体験したり、相互に刺戟しあい学びあう、グループによる学びと創造の方法」として欧米から世界に広がってきた。（…中略…）
> 　環境、教育、社会不安、人権、平和、経済不況、どれをとっても問題が複雑かつ広く絡みあっていて、単一の原因がはっきりあるわけではない。明快な唯一の解決策もない。こんな問題を前に、ひとつの正解や確かな道を示せる専門家などありえない時代だからこそ、私たち一人ひとりが、あきらめたり、孤立したりしないで集いあい、問いあうことが大切だ。（…中略…）説教や正論はもうたくさんだ。現代社会で何が問題なのかという「テーマ」については出尽くしている。今は、これからどう取り組んでいったらよいのかという「方法」こそが求められている。人にとっての根源的な喜びを内在した魅力的な方法が求められている。

　全国各地の自治体では、ワークショップが日常的に行われるようになっている。ワークショップ技法は、これからの自治体職員にとっては不可欠な知識となってきている。

　住民参加型のワークショップの場合、基本的には、5人から10人程度のグループにわかれて作業をすることになる。全体のコーディネートと進行は、ファシリテータと呼ばれる人が担当する。ファシリテータには、コンサルタントや大学関係者が充てられることが多いが、職員がファシリテータを務める場合もある。

　ワークショップのプロセスは、おおむね5段階に大別することができる。まず、はじめは導入の段階で、自己紹介のゲーム等を行うことにより、メンバーの緊張を和らげ、円滑なコミュニケーションが可能となるような雰囲気づくりが行われる。次の段階は、課題の抽出、意見の提示の段階であり、参加メンバ

東垂水展望公園の完成記念モニュメント
（兵庫県神戸市）

熊本市第7次総合計画策定市民ワークショップ風景

ーは、できるだけ多くの意見を出しあい、他のメンバーの考え方にも耳を傾ける。KJ法やマッピング等の技法が用いられることが多い。3番目の段階では、前の段階で出された意見を集約し、課題とそれに対する方策やプランをまとめていく。4番目の段階は、グループで取りまとめた結果を発表するための準備を行う。表やチャートを用いて説明用の資料を模造紙等に書き出していく。最後の5番目の段階では、グループごとの発表が行われ、参加者全員の情報の共有と確認作業が進められる。

　自治体で行われるワークショップでは、地域の安全マップづくり、公園づくり等、まちづくりに関わるテーマが選ばれることが多い。これは、住民の関心が最も高く、意見も出しやすいテーマであるからである。逆にいうと、深刻な意見対立が内在しているようなテーマはワークショップには向いていないと考えた方がよい。

　市民参加のワークショップでは、市民、専門家、行政職員が協働しながら、公園づくりのプランを作成したり、まちおこしのアイデアをまとめたりするような場面で成果を上げている。たとえば、兵庫県神戸市の東垂水展望公園では、計画づくりの段階から住民参加による公園づくりワークショップが開催された。ワークショップを実施したことによって、公園の基本コンセプトづくりからはじまって施設の配置、完成後の管理のあり方等についても住民から活発な意見・提言が出されたため、造園設計等に住民の意見を反映させることができただけでなく、公園完成後も住民による公園運営委員会が組織され、良好な状態

で公園は管理されている。

　ところで、ワークショップを進めるには、司会進行にあたるファシリテータの他に多数の支援スタッフが必要であり、また、事前の周到な準備も必要である。しかし、参加者に主体的に参加をしたという実感をもって帰ってもらうことができれば、かけた手間や労力は十分に報われるものである。実際にワークショップに参加した市民からは、一方的に話を聞くだけではなく、自分の意見も伝えることができたことや他人の意見との違い等がよくわかったこと等、おおむね好意的な反応が返ってきている。さらに、「まちあるき」等を通して新たな発見や気づきを得たり、住民同士のつながりができたりして、副次的な効果も期待できる。また、自治体職員にとってもワークショップに参加することで、ワークショップ技法に習熟できるだけでなく、住民、専門家との協動の具体的なイメージをつかむことができる効果があるといえよう。

(2) PI（パブリック・インボルブメント）

　最近、パブリック・インボルブメントという言葉が多く使われるようになってきた。パブリック・インボルブメント（Public Involvement）とは、政策形成や公共事業の計画段階において、関係する住民と広く意見を交わし、住民の意志を調査・確認する時間を確保するとともに、住民に計画策定の過程を広く知らせる機会を設ける仕組みであり、住民参加の手法の1つである。略してPI（ピー・アイ）と呼ばれることも多い。先に紹介したワークショップも、PIの1つのツールとしてしばしば用いられている。最近では、国道の整備等で、PI手法が取り入れられている事例が目立つようになってきている。

　近年、多くのダムや原発の建設等の公共事業が頓挫する例は決して稀ではなく、従来の手法が通用しにくくなっている。これから住民の意向を無視した行政運営は、ますます難しくなることが予想され、住民参加が大きな行政課題となっている。このような潮流を背景に、全国の自治体で住民参加・参画を実効性のあるものとするための各種の取り組みが進められてきた。ここ10年ぐらいの間で「協働のまちづくり」ということが一般的な言葉として使われるようになる等、目にみえて状況が変わってきている。PIは、まさにこのような状況を背景にして導入が進められているのである。さらに、PIには、後日の紛争

を未然に防止するという予防司法的な意味があることにも注意が必要である。
　先に触れたアーンスタインの市民参加モデルのレベルが日本でも確実に上ってきていることを示す1つの事例と言うことができる。

(3)市民協働事業

　最近、市民活動団体やNPOと行政との協働事業が各地で取り組まれるようになっている。各地の事例では提案の当選決定に際して公開審査会方式が取られている場合が多い。公開審査会において市民団体、NPO等からプレゼンテーションを受け、書類審査の結果等とあわせて当選提案が決定される。その後にNPO等と行政との協働事業がスタートすることになる。
　現在、社会の少子高齢化、情報化、国際化等の変化に伴って住民のニーズは多様化し、きめ細かな対応が求められるようになってきている。この住民の多様なニーズ、さらには各種のサービスに要求される専門性等に行政だけでは対応が難しくなっているため、市民団体等との協働事業が各地で進められているのである。特に福祉、教育、環境、医療、まちづくり等専門性の高い分野で、多くの協働事業が展開されている。この変化に関して、稲生（2010）は「行政組織の抱えるすべての政策課題に、行政組織だけで対応していくことは、財源だけでなく、情報やノウハウなどさまざまな資源調達の面から見ても困難である。しかも、単なる資源調達にとどまらず、政策形成から政策実施に至る、組織過程全般で多様なアクターの関与が求められる」と述べている。
　たとえば、熊本市では2016年3月に第7次総合計画が策定されたが、策定過程において、大規模な市民ワークショップが実施された。市民参加・協働の1つの形を示すものと言える。市民と行政が協働を進めていくことによって相互理解を深め、新たな気づきや発想が生まれ、次の展開につながっていく好循環が生みだされていく。
　ワークショップを通して地域における本当の問題は、地域をいかに住みよいところにするのか、地域住民同士のコミュニケーションをいかに図っていくのかというところにあるのだということが住民間で共通認識として広まっていく。これは協働事業ならではの大きな成果であるといえる。あわせて、この事例から、協働事業に携わる職員も行政職員という立場にとどまらず、1人の市民と

して主体的に参加するという姿勢をもつことが、協働を円滑に進めるために必要であるという含意を引きだすことができる。

（4）協働を支える専門性

　市民参加や協働の推進に関わる業務には、専門性の契機が内在する。非常に専門化、技術化が進んだ現代行政においては、専門性・技術性への対応が大きな課題となる。このことは、福祉行政、衛生行政、環境行政等、現代行政の様々な分野でいえることである。ここでは、やや視点を変えて、参加や協働のプロセスにおける専門家による支援の重要性について、阪神・淡路大震災の事例を中心に少し詳しく説明をしておきたい。

　住民参加型のワークショップの対象となることが多い「まちづくり」の分野でも、専門性への対応は大きな課題である。「まちづくり」の根幹を成す都市計画事業の次元と日常生活の次元との間にはかなり大きな隔たりがある。事業の制度・法制に関する用語が日常生活で用いられることはほとんどなく、行政と住民が協動して「まちづくり」を進めていくプロセスは、この種の情報ギャップを埋めていく作業からスタートすることになる。市街地再開発事業や土地区画整理事業、さらには建築物共同化事業等の過程において、専門家が大きな役割を果たすことは従来からよく知られているが、1995年1月の阪神・淡路大震災からの復興過程の中で、このことはますます明白となってきた。

　住民の暮らしの中で「まち」が明確に意識されることはほとんどなく、大多数の人々は地域のコミュニティを意識せずに日々を過ごしている。ところが、大震災等の非常時になると、近隣住民の生活が相互に連関していることを思い知らされることになる。倒壊した住宅を再建するには住民相互の権利調整が前提であり、住民相互のコミュニケーションが不可欠な状況が生みだされる。そして、建築、都市計画等に関連する法規・手続、税制、登記等に関する情報はもちろんのこと、まちづくり協議会や住宅再建組合等の住民団体内部における広報のテクニックや会議運営のノウハウ等、住民同士の合意形成を図るための技術や経験に対するニーズが急速に高まってくる。

　そして、これらの情報を提供する役割を担うのが、都市計画コンサルタント、建築士、弁護士、税理士等の専門職である。多くの地方自治体では「まちづく

り」に関連してコンサルタント等の専門家を派遣する制度を設けているが、これは「まちづくり」を実践する過程の中で専門家が一定の役割を果たすことを前提としているからである。

兵庫県神戸市の野田北部地区で阪神・淡路大震災の前から「まちづくり」に係わってきたコンサルタントの森崎輝行氏は、「震災復興まちづくりの中での自分達の役割の中心は、『漢字の世界（行政）』の言葉と『日常（市民）』の言葉との通訳であった。つまり、役所の人の言うことを一般の人に分かりやすく説明し、一般の人の思いを役所の人に伝えることだった」と述べている。

「まちづくり」の現場で求められていたのは、まさにこのような専門家の支援だったのである。たとえば、震災復興土地区画整理事業の事業地区には地元のまちづくり協議会からの求めに応じて、神戸市からコンサルタントが派遣された。コンサルタントは「まちづくり協議会」の運営や当該地区の「まちづくりイメージ」を具体化させた「まちづくり提案」の作成を支援した。そして、神戸市では、この「まちづくり提案」を極力事業計画に反映させることによって住民の意向を取り入れた。この過程で専門家は行政と住民を繋ぐ通訳としての役割を果たしたということができる。

さらに専門家は、コーディネーターとしての役割をも果たしていた。自治体職員も一種の専門家ではあるが、行政と住民の間に立つコーディネーターとして機能することは難しい。そうであればこそ、市民の参加と協働を円滑に進めていくために専門家（コンサルタント、弁護士、会計士等）による支援が大きな役割を果たすことになる。

（5）協働のプロセスと専門家による支援

参加や協働のプロセスにおける専門家の役割を機能面からみると、コンテンツの専門家とプロセスの専門家という2つの機能に集約できる。

まず、コンテンツの専門家とは、それぞれの専門領域（建築、都市計画、法律、税務等）について深い知識と経験をもつ専門家であり、一般に専門家という言葉から思い浮かべるイメージに近い。次にプロセスの専門家とは、全体の合意形成に向けて複数の当事者の参加する過程（プロセス）の流れを円滑に進める役割を担う専門家であり、これまであまり明確に意識されてこなかった職

能である。

　すまい・まちづくりの問題は、取り扱うべき範囲が非常に広いだけではなく、多種多様な当事者の利害の調整にも踏み込む必要がある等、取り扱うべき変数が多く、しかも多元的で奥が深いという特徴をもっている。そして、このような問題に立ち向かうには、各方面の幅広くしかも深い知識だけでなく、それらの知識をうまく結びあわせて合意形成のプロセスを進めていくスキルが不可欠である。

　住宅の共同再建等のプロセスは、個々の関係住民からすると長くて複雑な過程をたどらざるを得ない。事業採算性を確保しながら、関係者の合意が得られる事業スキームを組み立てるには多方面にわたる情報の集積はもちろんのこと、総合的なプロセス管理が求められる。今、全国的に建て替え適齢期を迎えようとしている膨大な量のマンション等の集合住宅の群れがある。これらの建て替えを進める際、阪神・淡路大震災の経験は非常に貴重な先例となる。マンション建て替え等は、純然たる私的領域でもなく、また、純然たる公共領域でもない。そこには、固有の協働空間が広がっており、行政参加や行政との協働とは異なる協働の形がある。そのような場面で、協働を支える専門家の存在は大きい。NPO の中には、このような活動を主目的とするいわゆるインターミディアリー（intermediary：中間）な組織を目指すところもあらわれてきており、参加と協働の新しい展開がみられるようになっている。今では、公共的サービスの担い手は必ずしも行政に限定されるものではなく、企業、NPO、市民等、多様な主体によって、地域における公共的課題が担われるべきだとする「新しい公共」の考え方も一般化してきている。地域におけるインターミディアリー組織の発展は、参加と協働に新しい息吹を吹き込む可能性を秘めた興味深い動きである。

3　市民参加の制度化

（1）自治基本条例・まちづくり基本条例の制定

　ニセコ町まちづくり基本条例をはじめとして、近年、各地の地方自治体においていわゆる自治基本条例と呼ばれるタイプの条例が数多く制定されるに至っ

ている。それらの条例は、内容については相当の差異が認められるものの、いずれも自治憲章的な側面と地方自治体の政策形成過程への住民の参画を保障する権利保護規定あるいは制度的保障規定としての側面を有している。

　ところで、自己決定と自己統治は民主制過程を活性化するための重要な要素である。その意味で、「より身近な政府」としての地方自治体の政策形成過程への住民の参画は、個々の住民の自己決定と自己統治の欲求に応えるための重要なステップである。もっとも、これまでにも住民参加を標榜して種々の手続が定められ、都市計画や環境行政の分野を中心に「計画の縦覧」「公聴会の開催」「意見書の提出」等の制度が整備されている。

　しかし、これらの制度は、ともすれば運用が形式に流れ、実質を伴わない面があった。住民参加の形式がどれほど整っていても、政策形成のプロセスの中で明確に位置づけられていない限り、住民の参加欲求を満たすことは難しい。特に自治体首長の事務部局が国の指導や指針にしたがって実質的に政策を立案・策定し、その執行にあたるような従来型の行政運営では、住民が自治体の政策形成プロセスを意識することはほとんどあり得ない。また、自治体行政の側からも住民は行政客体として位置づけられ、極論すれば、行政処分等の対象としてしか意識されてこなかった事情がある。

　このような行政客体としての住民の位置づけに満足せず、自治体の政策形成プロセスに主体として参画を求める声が近年高まってきている。地方分権が進むことによって、国からの各種の関与が後退し、政策形成主体としての地方自治体の存在感が高まることになるとしても、自治体の政策形成過程への住民参画の保障に直ちにつながる訳ではない。「地方自治の本旨」の内容である団体自治と住民自治のあり方に照らして、国との関係における団体自治の拡充が図られるだけでは足りず、住民自治の保障の充実も求められるところである。その意味では、現今の自治基本条例等の制定の動きは、地方分権を単に国と地方の権限の再配分の問題に限定するのではなく、住民自治のより一層の拡充を目指すものと評することができる。

　ことに地方分権一括法により、機関委任事務が廃止され、従来、地方自治体において処理されてきた国の事務が、①国の事務として直接執行されるもの、②自治体の法定受託事務、③自治体の自治事務に再編されるという、地方自治

制度の大変革の渦中にあって国と地方の関係は大きく変わろうとしており、地方自治体は、今、地方自治の確立・強化を図る上でこれまで考えられなかったような可能性を手にしているといえよう。これを単なる画餅に終わらせてしまうのか実現できるのかが今後の大きな課題である。

地方自治体が地域における総合的な政策策定と執行の主体としての力量を文字通りに高めていくためには、国との関係における団体自治の強化にとどまらず、住民がその主体性を発揮しうる住民自治の確立が不可欠である。そして、市民参加と協働を一過性のものに終わらせないためには、制度化が必要となる。このような文脈の中で自治基本条例は、それぞれの自治体の行政運営の根本を定める重要な役割を担っていく可能性を秘めている。以下、各地の条例を概観しておくことにしたい。

(2) 各地の自治基本条例・住民参画条例
▼ニセコ町まちづくり基本条例

自治基本条例として、全国に先駆けて北海道ニセコ町で2000年12月に制定された。その後、2005年、2006年、2007年、2010年、2014年に一部改正が行われた。町民憲章との違いについて「本条例は、理念、制度共に盛り込まれた総合的な条例であり、特にわたしたち町民の権利を明示し保護する点、従来の町民憲章とは性質を異にするものである。」(「ニセコ町まちづくり基本条例の手引き」)と説明されており、町民の権利保護に力点をおいていることが強調されている。さらに「本条例の制定意図は、まちづくりのための基本的な考え方やしくみを定めるものであり、自治の理念を町の姿勢として明確に持つためのものである。そのためには、自治体独自の最高法令である「条例」として制定することが必要である」(「ニセコ町まちづくり基本条例の手引き」)との説明があり、条例の形式にこだわった理由があげられている。

本条例は、前文と15章57か条から構成されており、十分な時間をかけて検討が加えられている。本条例は、これまでの同町の様々な取り組みを法令で裏打ちするために制定されたものであり、決して自治基本条例の制定そのものを目的とするのではなく、実践が重要であるとの認識が示されている。このことは、前文中の「情報共有の実践により、この自治が実現できることを学びました」

という表現からも明らかであろう。

このうち、13章「条例制定等の手続」は、まちづくりに関する条例の制定や改廃について住民の参加や意見を求めることを定めており、他の団体の条例にあまり例をみない規定となっている。また、14章「まちづくり基本条例の位置づけ等」及び15章「この条例の検討及び見直し」の各章の定めは、本条例のニセコ町における最高法規としての性格と位置づけを何とか表現しようとする条例制定者の苦心の跡がうかがえる。他の自治体の条例に比して条文数も多く、地方自治の本旨を法的側面から支える条例にしたいという思いを反映した結果といえよう。本条例制定後、多くの自治体で同様の条例が制定されたが、本条例は、それらの1つのモデルとなっている。

▼杉並区自治基本条例

東京都杉並区で2002年12月に制定された「杉並区自治基本条例」では、全国ではじめて「自治基本条例」という名称が使われた。ちなみにニセコ町の条例では、その性格は自治基本条例として理解されているものの、その名称には「まちづくり基本条例」が採用されている。2000年の地方分権改革により、国と地方は対等の関係となり、地方自治体の役割と責任が増大する中で、区民とともに区政を進めていくために、区政の基本事項を条例で定める必要が生じたことを受けて、本条例が制定された。本条例は、区のいわば「憲法」であり、区の最高規範として、条例の制定・改正にあたっては、本条例の尊重が義務づけられている。

本条例は、前文と12章32か条から構成されている。前文では、「地方自治とは、本来、そこに住み、暮らす住民のためにあるものであり、地域のことは、住民自らが責任を持って決めていくことが、自治の基本である」こと、さらには「杉並区が真に自立した地方自治体となっていくためには、地方政府としての枠組みと、住民の行政への参画及び行政と住民との協働の仕組みを自ら定めることが求められている」こと、そして、「区民主権に基づく住民自治の更なる進展のために、最大限の努力を払い、区民一人ひとりの人権が尊重され、誇りを持って区政に参画し、協働する『自治のまち』を創っていくこと」等、条例制定の背景にある考え方が明らかにされている。

ニセコ町の条例と比較すると、自治憲章的な側面よりも住民参画を保障す

手続条例としての色彩が濃く、地方自治法に定める直接請求の規定ともリンクした相当に細かい手続規定がおかれている。さらに条例の委任を受けた規則では、具体的な様式等も示されており、区の政策形成過程への住民参画を保障する一連の手続が整備されている。さらに、11章では、条例の位置づけに関する規定がおかれており、ニセコ町の条例同様に本条例の最高規範性が定められている。なお、2009年12月には区議会の責務を明らかにすることなどを内容とする改正が行われている。

▼大和市自治基本条例

　神奈川県大和市の自治基本条例の特徴は、市民参加方式によって条例づくりに取り組んだところにある。大和市の自治基本条例策定事業は2002年4月からスタートし、同年10月には条例素案策定の中心となる「大和市自治基本条例をつくる会」(以下、つくる会)が組織された。つくる会は、公募による市民メンバー、学識者、市職員によって構成されていた。つくる会は、内部での検討を行うだけでなく、第2節で説明したPI(パブリック・インボルブメント)の考え方をもとに様々な対象や地域で市民との意見交換会等(63回)を開催した。この結果、つくる会内部での会合(119回)とあわせると会合等の開催回数は184回に及び、市民の意見を十分に聞くとともに、条例案を市民に周知するための努力が払われた。このような活動を経て完成した「自治基本条例素案」は、2004年5月につくる会から市長に提出され、その後、条例素案は行政内部で検討の上、手が加えられ「自治基本条例案」として2004年9月、市議会に上程された。2004年10月、大和市議会第3回定例会で条例案に修正が加えられた上で、「大和市自治基本条例」が可決され、2005年4月から施行されている。

　大和市は、これまでも、市民主権の自治体運営を目指し、行政への市民参加の機会づくりや、「みんなの街づくり条例」「新しい公共を創造する市民活動推進条例」等の制定に積極的に取り組んできたが、自治基本条例の策定は、その延長線上にあり、自治体運営の基本を定めようとするものである。

　大和市の自治基本条例は、その制定過程に特徴があり、PIの考え方に基づいて、条例の素案づくりの段階から幅広い市民の参加を求め、市民の意向を極力、条例素案に反映させていこうとする先進事例として位置づけることができる。

自治体における条例制定過程では、条例案は長の部局が作成し、長から提出された議案を議会が審議するという流れが一般的であり、市民の関与としては、せいぜいパブリック・コメントを求められる程度にとどまることが多い。その意味では、大和市の取り組みは市民参加の面で非常に際立った特徴を示している。

　大和市の条例でも、ニセコ町、杉並区の条例と同様に自治基本条例を自治体の憲法と位置づけ、自治基本条例の最高規範性を定めている。この最高規範性については、現行の法体系の下では、北村（2004）が述べているように「自治基本条例は、形式的にも実質的にも『憲法』ではない」。このため、自治基本条例に反する条例を無効とすることまでを規定することは難しいため、「この条例は最大限に尊重されなければならない」等という表現が多くの条例で用いられており、最高規範性を何とか表現しようとする自治体の苦労の跡がうかがえる。

▼熊本市の自治基本条例

　最近の制定事例としては、熊本市の自治基本条例をあげることができる。この条例は2010年4月から施行されており、市民・議会・行政のそれぞれの役割と責務、市民参画や協働の仕組み、市政・まちづくりのルールなどが定められている。制定にあたっては、市民会議、オープンハウス、地域説明会、出前講座などが実施されたほか、パブリック・コメントの手続も行われ、市民の意見を十分に聴く体制がとられた。

4　参加と協働の今後の展望

　従来は、大規模な公共事業の内容や規模等の計画の決定、工事の実施等については行政側がいわば一方的に進めてきた。住民には計画案の縦覧、意見書の提出等が認められていたにしても、実際には、工事の詳細設計までできあがった時点で工事説明会等が開催され、住民の側から異論がでても、もはや変更を加えることは、ほとんど不可能ということになりがちであった。しかし、近年、環境保護意識の向上、住民の参加意欲の高まり等を反映して、住民の意向を無視して、大規模事業を進めることは次第に困難になりつつある。このような状

況を背景にして、自治体マネジメントにおいて住民参画は非常に重要な要素となりつつある。単なる形だけではなく、主権者としての住民の意向を計画段階から反映させていくことは、現代行政の理念からいっても当然のことであり、今後、ますます重要性を増してくるものと思われる。

　職員の研修においても、住民参画型のワークショップ等参加体験型の技法を学ぶ形式のものが取り入れられたり、ワークショップ経験のある職員やファシリテータ（ワークショップの司会者）としての訓練を受けたりしたことのある職員も増えてきている。このような面からも、住民参画型の行政スタイルが確実に定着しつつあることがわかる。また、市民参加の形態についても、行政が全てをお膳立てする行政参加型ではなく、市民が主体的に取り組むような形式のものが増えてきている。幅広い市民参加と協働をサポートするインターミディアリーな組織活動も活発になってきている。

　地方分権を単に団体自治のレベルにとどめるのではなく、住民自治の主体として自主的、主体的に地域の公共的課題に取り組む市民層に自己決定と活動の機会を提供し、協働の実が上がるように市民参加と協働のレベルを上げていくことが望まれる。それによって、はじめて憲法が掲げている地方自治の理念が実現されることになるのである。

研究課題

1　日本における市民参加の歴史的な展開を振り返るとともに、今後の課題について考えてください。
2　まちづくり等具体的な協働の場面で、最近しばしば用いられるワークショップの事例について調べてください。
3　各地の地方自治体の自治基本条例等を調べて、比較検討してください。

参考文献

明石照久（2002）『自治体エスノグラフィー』信山社。
荒木昭次郎（1990）『参加と協働——新しい市民＝行政関係の創造』ぎょうせい。

荒木昭次郎（1999）「自治行政にみる市民参加の発展形態──第2世代の参加論としての公民協働論」社会保障研究所編『社会福祉における市民参加』東京大学出版会。

五十嵐敬喜（2003）「ポスト公共事業社会への移行──公共事業の改革」岡本義行編『政策づくりの基本と実践』法政大学出版局。

稲生信男（2010）『協働の行政学』勁草書房。

北村喜宣（2004）『分権改革と条例』弘文堂。

佐藤徹（2005）「市民参加の基礎概念」佐藤徹・高橋秀行・増原直樹・森賢三『新説 市民参加──その理論と実際』公人の友社。

渋谷秀樹（2007）『憲法』有斐閣。

高橋秀行（2005）「参加と協働」佐藤徹・高橋秀行・増原直樹・森賢三『新説 市民参加──その理論と実際』公人の友社。

中野民夫（2001）『ワークショップ──新しい学びと創造の場』岩波書店。

中山久憲（2008）『苦闘 元の街に住みたいんや！──神戸市湊川町・住民主体の震災復興まちづくり』晃洋書房。

バーナード，C.、山本安次郎・田杉競・飯野春樹訳（1956）『新訳 経営者の役割』ダイヤモンド社。

マッキーバー，R. M.、中久郎・松本通晴監訳（1975）『コミュニティ』ミネルヴァ書房。

山岡義典（2003）「NPOとの協働政策」岡本義行編『政策づくりの基本と実践』法政大学出版局。

山岡義典（2004）「NPOのある社会とは」『ガバナンス』4月号。

Arnstein, S. R.（1969）A Ladder of Citizen Participation, AIP Journal, July.

第8章　機　関

　都道府県には知事、市町村には市町村長がおかれ、一般的に長は首長(くびちょう)と呼ばれる。地方行政は首長の権限と責任で運営されるとともに、議事機関として議会が設置される。また、首長と議会構成員である議員は、住民の直接選挙で選出される。つまり、日本の地方自治の制度的特色は、二元代表制の下、首長主義である大統領制を採用していることである。地方行政を担う首長の権限は大きく包括的で、しかも条例や予算等の議会への議案提出権ももっている。一方、条例制定権をもつ議会の権限は法律で制限されているが、重要な契約の議決権等で地方行政に参画できる。このように地方行政は、首長と議会の両輪で運営され、この両輪には均衡と抑制（チェック・アンド・バランス）が求められる。特に現在の地方分権時代は、首長には国から自立した行政運営、議会には従来の首長への監視機能に加えた政策提言機能が求められる。首長は、事務事業執行のため、副知事や副市町村長の補助機関と職員からなる執行機関を設置する。職員は職務の公共性により、勤務条件が地方公務員法で統制され、今後は分権化に対応した能力が求められる。

1　長

(1) 自治体組織の特色

　地方自治における長、つまり首長の役割を考察する前に、地方自治の全体の仕組みを調べ、自治体組織の特色を指摘したい。

　地方自治のあり方は、理念的には直接民主制、つまり住民全員が参加して自ら治めるのが理想といえる。だが、自治体の規模が大きくなればなるほど、技術的にみても直接民主制は難しくなる。また、現代の高度に発展した社会で的

確な行政運営をするには、各行政分野に専門的な知識や知見が求められる。そこで、通常の地方自治制度は、ふさわしい専門家を代表者として選定し、地方行政を一定期間任せる間接（代）民主主義を採用している。日本の場合、憲法13条によって、国政のように国会から首相を選出する議院内閣制でなく、住民による直接選挙によって、行政の長としての首長と議会構成員である議員を選出し、行政と議会を任せる二元代表制を採用している。

この二元代表制とは、車の両輪にたとえられ、日常の行政執行でとかく優位になりやすい首長に対して、議会を並立的に配置させ、相互に抑制と均衡（チェック・アンド・バランス）を図りながら、地方行政を運営・発展させる制度である。つまり、日本の自治体組織は、行政機関と立法機関をよい意味で対立関係におく機関対立型システムを採用している。

それと、間接民主制から生じる欠陥、たとえば民意からの乖離を防止するために、いくつかの直接請求制度を採用している。それは、住民による、条例の制定改廃請求（地自法12①）、事務の監査請求（地自法12②、75①）、議会の解散請求（地自法13①、76①）、議員・長その他の役員の解職請求（地自法13②③、80、83）である。前者2つは、選挙権者が自治体に対し一定の施策の実施を要求する一種の発案制度（イニシアティブ）であって、後者2つは、特定の役員の罷免を要求する解職手続（リコール）である。これによって、選挙の時だけの瞬時的な住民の監視から、任期全体にわたる恒常的な住民による監視が可能となる。つまり、間接民主主義の欠陥を、住民による直接請求制度という直接民主主義で補完し、民意に即した地方行政を確保しようとしている。

また、自治体組織に関する制度設計は、「首長主義」を代表に「執行機関の多元主義」「画一主義」の3つの特色をもつ。

第1の「首長主義」は、地方行政の安定性・総合性の確保と責任所在の明確化を目的とする。住民の直接選挙によって首長が選出され、首長は行政運営について直接住民に対して責任を負う。また首長は、地方行政の幅広い範囲にわたって、一定期間つまり任期中、日常の行政に係る事務事業の執行にあたる。この仕組みを採用したのは、地方行政の安定を期すのによい制度という考えが背景にあるし、戦後の地方自治法制定時に大統領制を取るアメリカの影響もあったとされる。しかし、アメリカのような厳密な権力分立の大統領制は採用し

ていない。議会が首長に対し不信任議決をする権限をもち、首長の議会への議案提出権が認められる等、日本の議院内閣制度も導入されている。

　第2の「執行機関の多元主義」とは、事務事業の執行を首長に全て任せるのではなく、執行にあたって政治的中立性や専門性の必要がある時は、合議制の行政委員会や委員を設置し執行するものである。たとえば、教育委員会、選挙管理委員会、人事委員会、監査委員等がある。なお、首長は、副知事、副市町村長や職員からなる執行機関を設置し、そのトップに立って地方行政を運営している。

　第3の「画一主義」とは、自治体の組織等の制度設計について、地方自治法という法律によって画一的に決められていることである。ただ現行制度でも、ある範囲内でなら自治体が自主的に決定できるという自治組織権がある。その例としては、議会の議員定数、議会の委員会設置及び委員の定数、副知事・副市町村長等の役職設置、付属機関の設置、内部部局（部課）の編成等がある。

　日本は、自治体の規模やその存立基盤が多様なのに、国土が狭い国家のため統一傾向が強い。したがって、自治体の組織は法律等で画一的に決定されている。これに比較してアメリカは、各自治体が多様な組織を選択することができる。これを、ホーム・ルール原則と呼ぶ。アメリカの自治体の組織面の多様な例としては、「市長・議会制」「議会・支配人制」「議会・理事会制」等がある。支配人制は、議会がシティ・マネージャーを雇い行政運営を任せるもので、アメリカで行政のプロが育つ土壌となっている。

　以上の自治体組織に関する3つの特色は、現行の地方自治法制定後、長く維持されてきた。だが、いくつかの問題点も指摘されている。たとえば、行政委員会の形骸化の他、自治体の規模をあまりに無視した現行の画一主義等である。また、首長主義も分権改革の進展によって首長のリーダーシップ向上を期待する半面、首長の影響力が強くなりすぎることを危惧する声もある。国の地方分権推進委員会も、2004年に、教育委員会制度等の必置規制見直しやシティ・マネージャー制度の導入検討等、自治体の組織に関する制度選択の自由度拡大を提言している。

(2) 長の地位と権限

　首長は住民による直接選挙で選出され、任期は4年間となっている。被選挙権は県知事30歳以上、市町村長25歳以上で、その地域への居住は条件となっていない。選挙にでるにあたって、その自治体への居住要件がある議会議員と違って、いわゆる落下傘候補の擁立も可能である。

　また、首長は兼職が禁止されている。首長は、国会議員、自治体の議会議員、常勤の職員等の他、当該自治体に関連する企業の役員（一定の要件を満たす第3セクター除く）との兼職ができない（地自法141）。これは首長は、その職務に専念すべきとのことであるが、フランス等で国会議員、自治体議会議員・職員と兼職できるのに比べるとだいぶ異なる。

　ところで、首長の任期は1期4年とはなっているが、実際は2期、3期と多選されることが多い。そのため多選自粛がいわれ、首長発案で自ら多選自粛の条例を制定した自治体もある。このような動きがでてくる背景には、多選による弊害、たとえば首長に一層権力が集中し、マンネリ化や贈収賄等の危険性が高まるという問題認識があるからである。

　以上のような首長主義採用の理由は、前述したように首長の地位を保障して、地方行政の安定性・継続性や総合性を確保することである。だが、議会による首長の不信任決議が可決された時は、例外的に首長はその職を追われる（地自法178）。不信任決議可決の要件は、議会が3分の2以上の出席で、その4分の3以上の特別多数により議決した時である。なお、不信任決議されても、首長は議会解散によって、住民の審判を仰ぐことができる。

　次に、首長の権限についてみたい。地方自治法では、「普通地方公共団体の長は、当該普通地方公共団体を統轄し、これを代表する」（地自法147）とされ、「当該地方公共団体の事務を管理し及びこれを執行する」（地自法148）と定められている。そして、首長は、「当該普通地方公共団体の事務を、自らの判断と責任において、誠実に管理し及び執行する義務を負う」（地自法138の2）となっている。このように地方自治法147条で統括代表権が、148条で広範な事務の管理執行権が認められている。また138条の2で「自らの判断と責任」が強調されるのは、議会からの干渉や指示にとらわれないことを意味する。これは、首長主義の特色といえる。

図表8-1　首長の権限

①普通地方公共団体の議会の議決を経るべき事件につき、その議案を提出すること
②予算を調製し、及びこれを執行すること
③地方税を賦課徴収し、分担金、使用料、加入金または手数料を徴収し、及び過料を科すること
④決算を普通地方公共団体の議会の認定に付すること
⑤会計を監督すること
⑥財産を取得し、管理し、及び処分すること
⑦公の施設を設置し、管理し、及び廃止すること
⑧証書及び公文書類を保管すること
⑨前各号に定めるものを除く他、当該普通地方公共団体の事務を執行すること

出所：地方自治法149条を元に作成。

このように、首長は、対内的には自治体の頂点に立って地方行政に統一的な管理・命令を行い、対外的には自治体の代表としての行為を行う権限を1人でもっている。首長は、法的意味において自治体の代表者である。そして、地方自治法は、首長の担当すべき事務として、議会への議案提出、予算編成及び執行等9項目を定めている（図表8-1参照、地自法149）。ただし、これはあくまで概括例示であって、議会の権限のように制限列挙ではない。事務の管理執行権を明記する地方自治法148条及び149条1項9号の「前各号に定めるものを除く外、当該普通地方公共団体の事務を執行すること」という規定を根拠に、首長は幅広い包括的な事務処理権限をもって地方行政の運営を担っている。特に現在の地方分権時代には、この幅広い権限をもつ首長には、多くの制約があるものの国から自立した積極的な行政運営が期待されている。

(3)長の重要な権限

首長は、日常的な事務事業の執行に関する権限の他、①議会への議案提出の権限（地自法149①Ⅰ）、②予算の調整・提出及び執行の権限（地自法149①Ⅱ）、③行政委員会の委員任命の権限（地自法180の8他）、という重要な権限をもっている。

第1の「議会への議案提出の権限」とは、条例や重要な契約締結等の議案提出権である。条例制定権という立法機能をもつ議会であるが、議員自らの条例案提出はほとんどなく、多くが首長側の提案である。また、重要な契約の締結、債務負担行為、訴えの提起の承認等も性質上やはり首長からの提案である。こ

れは、議会が議案提出権を独占しているアメリカの大統領制と比べると大きく違い、政府による法案提出が多い日本の国会に似ている。

第2の「予算の調整・提出及び執行の権限」とは、自治体の活動を財政面から統制するものである。予算がつかないと何もできないというのが、事務事業の執行つまり行政活動の実態である。予算の調製つまり予算案の作成（予算編成）と予算案の議会提出（予算提出）は、首長の権限である。後述するように、議会は予算案を修正できるが、首長の予算提出権を侵害するような修正は許されない。

第3の「行政委員会の委員任命の権限」とは、前述の執行機関の多元主義に基づき、首長から独立して設置した行政委員会について、その委員を任命することである。たとえば、議会の同意を得て首長が任命するものとして、教育委員会、人事委員会、監査委員会等がある。首長は、自治体の事務統括者として、行政委員会にも予算やその執行等を通じて影響力を保持しているが、人事面の権限をもつことで、自治体運営の総合性を確保しようとするものである。

以上のように、厳密な権力分立を採用しているアメリカの大統領制と比較すると、日本の自治体は、首長が議会への議案提出権等本来は議会がもつべき重要な権限をもっており、制度的にみてもその権限は大きいという特色がある。

(4) 長の変遷と選挙の課題

これまでの自治体の首長の状況を振り返ってみたい。1960年代から1970年代前半は、高度経済成長を背景に都市部での人口過密化・産業集中、農村部の過疎化が進行し、政治的には中央の保守・革新の政党対立が地方にも波及した。そのため、社会党や共産党といった革新系の政党から推薦・支持を受けて当選する首長が増加した。このような首長をもつ自治体は「革新自治体」と呼ばれ、多い時期で全国の知事・市区長の4分の1にも及んだ。革新自治体は、環境や福祉の面で先進的な行政を展開し中央政府に対抗した。たとえば、公害防止条例で国の規制より厳しい規制を加えたり、老人医療費の無料化を実現したりする等、国の施策を先取りする行政が注目された。

しかし、1970年代半ば以降、高度成長が終わり2度のオイルショックを経験し経済は低成長時代に入る。地方財政が厳しくなって行政改革の動きが強まり、

革新自治体の数が激減した。そこで、保守・中道政党の推薦・支持を受けた首長や、各政党の支持を得た「相乗り」首長が多くなる。たとえば、この動向は、東京都において、革新系の美濃部亮吉知事から保守系の鈴木俊一知事に代わったことに代表される。その後、1990年代に入ると、全く政党の推薦・支持を受けない「無党派」首長も増えてくる。無党派の代表としては、元タレント（放送作家）であった青島幸男東京都知事や、最近は元タレントの東国原英夫宮崎県知事等があげられる。現在は、「相乗り」「無党派」首長の時代といえよう。

このような変遷を遂げている首長であるが、ここで、首長選挙をめぐる3つの問題点をあげたい。第1に、首長の多選問題である。1997年時点で全国の市区町村長の約55％が3期連続当選つまり12年間も在職している。さらに約25％は4期連続、約10％が5期連続である。地方分権によって首長権限が強化されているといわれる中、多選による弊害も指摘されている。第2に、首長選挙は無投票当選が多いことである。これは民主主義という点で問題であり、町村では半数以上が無投票当選となっている。この状況は、相乗り選挙や多選化が影響していると考えられる。第3に、都市化の進んだ自治体では投票率が低くなる傾向があることである。本来、住民にとって身近な自治体の投票率は高くなる傾向があるが、規模が大きい自治体ほど住民と行政の距離は遠くなり投票率が低下しやすい。特に、政令指定都市や特別区（東京23区）での投票率低下は著しい。

以上のような問題点が指摘される首長選挙ではあるが、現在の厳しい財政状況と地方分権の進展を考えると、夕張市の財政破綻が示すように、住民の「おまかせ民主主義」のつけは、結局、その住民にくる恐れがある。したがって、今後は二元代表制の特色を生かした議会の監視機能の強化に加えて、日頃から自治体行政に関心をもつという住民の意識改革も重要である。

2　議　会

（1）議会の設置根拠と役割

議会設置の根拠は、憲法93条1項に求められる。そこには、地方公共団体には「法律の定めるところにより、その議事機関として議会を設置する」とされ、

2項には、議会の議員は「その地方公共団体の住民が、直接これを選挙する」と定められている。つまり、議事機関として議会が設置され、議会議員は住民による直接選挙で選出される。ここから、自治体の議会運営が間接民主制を基本としていることがわかる。ただ、町村については、条例で議会をおかず選挙権をもつ者の総会である「町村総会」を設置できる（地自法94）。だが現在、設置している町村はない。

　自治体議会は、国会のように条例制定という立法機能をもつが、地方行政の重要事項の決定にも参画し、執行機関の管理、執行への検閲検査等もできる。この点で、自治体議会は、立法機関であると同時に行政機関としての色彩ももつ。そのため、憲法93条が「議事機関」と呼んでいるといえる。また、国が議院内閣制を採用していることから生じる国会のような最高機関という性格はもたない。それと、自治体組織の制度設計は、二元代表制によって立法機関と行政機関をよい意味での対立関係におく機関対立型システムを採用している。

　以上のような仕組みと近年の地方分権の進展から、今後、ますます議会は、首長やその執行機関に対する従来の「チェック（監視）機能」に加え、「政策提言機能」の充実が重要となってくる。

（2）議会の権限の概要

　議会の権限は、大きくわけると「議決権」「選挙権」「監視的権限」「意見表明権」「自律権」の5つに区分できる。

　議決権とは、自治体の団体意思を決定する行為である。議決の対象事項は、地方自治法（96条①、②）によって、条例の制定改廃や予算の決定、決算の認定等15項目の他、条例で指定した事項と定められている（図表8-2参照）。このように、これらの議決事項も含め議会の権限は制限列挙であるため、これら以外の事務は首長やその他の執行機関が決定すると法的には解釈される。

　選挙権とは、議会の内部組織である正副議長や、それ以外の外部組織の選挙管理委員会の委員等の選挙に関する権利である。

　監視的権限とは、執行機関に対する検査権である。執行機関の事務事業が公正に能率よく議会議決通りに行われているかを検査・調査する。その他、必要によっては監査委員に対し監査請求できる監査請求権もある。また、首長が任

図表 8-2　議会議決事項

①条例を設ける、または改廃すること
②予算を定めること
③決算を認定すること
④地方税の賦課徴収または分担金、使用料、加入金もしくは手数料の徴収に関すること
⑤その種類及び金額について、政令で定める基準に従い条例で定める契約を締結すること
⑥条例で定める場合を除く他、財産を交換し、出資の目的とし、もしくは支払手段として使用し、または適正な対価なくしてこれを譲渡し、もしくは貸し付けること
⑦不動産を信託すること
⑧その種類及び金額について、政令で定める基準に従い、条例で定める財産の取得または処分をすること
⑨負担付きの寄付または贈与を受けること
⑩権利を放棄すること
⑪条例で定める重要な公の施設につき、条例で定める長期かつ独占的な利用をさせること
⑫普通地方公共団体がその当事者である審査請求その他の不服申立て、訴えの提起、和解、斡旋、調停及び仲裁に関すること
⑬法律上その義務に属する損害賠償の額を定めること
⑭普通地方公共団体の区域内の公共的団体等の活動の総合調整に関すること
⑮その他法律またはこれに基づく政令（これらに基づく条例を含む）により、議会の権限に属する事項
⑯条例で定める普通地方公共団体に関する事件

出所：地方自治法96条1項、2項を元に作成。

命する副知事、副市町村長等の人事に同意する同意権も、監視的権限に区分できる。

　ちなみに、議会には国会の国政調査権に対応するものとして100条調査権（地方自治法100条に基づく調査権）と呼ばれる強力な権限が与えられている。これにより、議会は事務事業に関する調査を行うとともに、関係者の出頭及び証言、記録の提出を請求できる。

　意見表明権とは、議会が一定の事項について機関として意見や見解を表明する権利である。国会や政府等の関係機関への意見書提出権がある。また、住民から請願・陳情の受理とその審査を行う。これは自治体の政策について、住民が意見や要望を請願または陳情として議会に提出すると、議会で審査し願意が妥当なものは採択するというものである。採択されると、自治体は政策にその内容を反映するように努めることになっている。

　自律権とは、議会自身の意思で、その組織や運営を規律するもので、会議規

則の制定権、会期の決定権、自主解散権等がある。

(3) 議会の重要な権限

議会の権限のうち最も重要なのは、「議決権」である。前述したように、議決の対象事項は法定されており、それは15項目にも及ぶ。その他、条例で指定した事項も議決対象とできる。議会の基本的な任務は、議決事項への議決権行使による自治体の団体意思形成への参画である。そのうち最も重要なのは、条例の制定と予算の決定である。

まず、条例の制定についてみたい。自治体は、憲法94条で保障された自治立法権に基づき、自主法としての条例を制定できる（地自法14）。国と同じく統治権をもつ自治体は、住民の権利や自由・財産を制限したり住民に義務を課したりすることが予想されるので、その根拠として条例という法規をつくる権限を与えられている訳である。2000年の地方分権改革によって、条例制定が制限されていた機関委任事務が廃止され、条例を制定できる範囲が広がった。だが、条例も憲法を頂点とする国法体系の一部をなすため、新たな法定受託事務や自治事務においても、条例制定に際し「法令に違反しない限りにおいて」（地自法14）という制約がある。つまり、条例制定時の制約要因は、当該条例の内容に関連する法令（法律と政省令）における規定の仕方や解釈のみとなった。法令で事務処理の基準等があると、条例制定の自由度は狭くなる。もし基準等が定められていなければ、また新しい分野であれば、かなり自由な条例制定が可能である。つまり、自治体独自の政策や条例制定への道が広がった。

次に、予算の決定についてみたい。予算の議決権は議会にあるが、予算の調整（予算案の作成）つまり予算編成権と議会への予算提出権は、あくまで首長にある。そこで、議会が予算案について、どのような修正ができるかが問題となる。地方自治法は、「議会は、予算について、増額してこれを議決することを妨げない。但し、普通地方公共団体の長の予算の提出の権限を侵すことはできない」（地自法97②）と定めている。この、但し書きの解釈が問題になる。かつて国は、行政実例で、予算に含まれていない新たな項目追加や極端な増額修正は、首長の予算提出権の侵害にあたるので許されないという見解を示している。ただし、減額修正については明文規定はないが、当然に可能と解されてい

る。ちなみに、議会が予算案を修正したという例はあまりない。

さらに、条例、予算の次に重要な議決権とは、重大な個別案件を議決する権限である（地自法96①Ⅳ〜ⅩⅢ）。これは、首長や執行機関の専断を防ぐことを目的に、重要な契約締結、財産の交換・出資、適正な対価なしで行われる譲渡等を、議決対象としている。

ところで、議会議決の例外として専決処分がある。専決処分とは、議決事項について、特定の場合に首長が補充的手段として、議会の議決なしに実施つまり処分することである。それは、議会が必要な議決をしない場合、議会が解散中で議会が成立しない場合、首長が議会召集の暇がないと認める緊急性がある場合に限られている（地自法179）。その他、議会の行政事務の処理上の便宜を図るため、簡易な事項は、議会の委任による首長の専決処分も認められている（地自法180）。首長が専決処分した時は、その旨を次の会議で報告し議会の承認が必要である。ただし、簡易な処分は必要ない。なお条例・予算を議会が不承認したときは、長は必要と認める措置を講じ議会に報告する必要がある。そのほかで承認を得られない時は、首長の政治的責任が問われる。たとえば、陳謝、修正動議の提出、辞職、不信任議決等が考えられる。

（4）議会の運営

合議体としての議会は、召集によって活動が開始される。議会には、条例で定める回数召集される定例会と、特定の案件のみを付議するため召集される臨時会がある。なお、このような区分を設けず通年の会期とすることもできる。定例会は通常年4回開催される。定例会は国会でいえば通常国会、臨時会は臨時国会に該当する。いずれも、首長が議会を召集する。開催時期や議事手続の詳細は、議会が自主的に決定する。また、議会召集の権限は法律で首長と定められている（地自法101①）。ただし、議会側は、議員定数の4分の1以上の者から、議決すべき案件つまり議案を示して首長に臨時会招集を請求することができ、もし首長が招集しないときは議長が招集できる（地自法101③）。

議会の運営は、基本的には、全議員で構成される本会議を中心に行われる。そこでの議事は公開が原則、つまり、「会議公開の原則」であるが、議員の3分の2以上の賛成で秘密会の開催も可能である。その他の議会運営の原則とし

ては、議員定数の半数以上の議員出席で議会開催という「定足数の原則」、表決は多数決主義に基づき出席議員の過半数で決し（特別多数決もある）、可否同数の時は議長が決する「表決の原則」、同一会期中に一度議決された同一事項は再び審議対象とできない「一時不再議の原則」、会期中に議決に至らなかった議案は後会に継続しない「会議不継続の原則」がある。

　本会議では、議会に提出された議案等に対して最終的な意思決定を行う。しかし、現代のように審議対象が専門化し複雑多様化すると、本会議での能率的な審議が難しくなる。そのため、議会の内部組織として条例で委員会を設置して、本会議の議決前に、議案・陳情等を個別に審査することができる。委員会の種類としては、議会運営委員会、常任委員会、特別委員会がある。常任委員会は、総務委員会、商工委員会、農林水産委員会等組織単位や、予算委員会、決算委員会等事務単位で設置される。なお、以前は常任委員会の設置数は自治体の人口で制限されていたが、現在は審議充実のため、条例で自由に設置できる。

　議案は、首長から提出されることが多い。議員提出の場合、以前は議員定数の8分の1以上の議員の賛成が必要だったが、地方分権改革の一環としての1999年に、12分の1以上で議案の提出、議案の修正動議発議もできるようになった。この議案提出要件の緩和で、条例制定等議会の政策形成活性化が期待されている。だが現在も、議会側からの条例案提出は少ないのが実態である。

　ここで、議会の進め方を県議会の定例会の場合からみたい（図表8-3参照）。定例会は、通常、年4回（2月、6月、9月、12月）定期的に開催される。定例会の会期は約3週間で、まず、知事が議会開会のため議員を招集する。議案は主に知事の側から提出され、議案についての提案理由の説明、質疑を経た上で、委員会に付託する。なお、本会議では各会派の代表質問や議員による一般質問が行われる。そして、委員会での専門的な審議、採決を経た上で、本会議で委員長報告を経て討論して採決される。なお、委員会でも議案以外の質問も行われる。このような進め方には、表舞台である本会議での議論が形式化、形骸化しているとか、採決前の賛否討論が十分行われていないという批判がある。

図表 8-3　議会（定例会）の進め方

```
召集（知事）
　↓
（議会運営委員会）
　↓
本会議　　開会：議長が宣告（議会開催には定数の半数以上の出席が必要）。
　　　　　議案上程：知事提出と議員提出がある。
　　　　　提案理由説明：議案の提出者から提案理由の説明。
　　　　　質疑・質問：議員が議案に質疑・質問を行う。知事や幹部職員が答弁。
　　　　　代表質問：県政一般について各会派代表が質問を行う。知事や幹部職員が答弁。
　　　　　一般質問：県政一般について質問を行う。知事や幹部職員が答弁。
　↓
委員会（委員会付託）　　付託された議案等について様々な角度から審査し、委員会として可
　　　　　　　　　　　　否を決定する。
　↓
（議会運営委員会）
　↓
本会議　　委員長報告：委員会が終わると再び本会議を開催し、委員会の審査の経過や結果を
　　　　　　　　　　　委員長が報告。
　　　　　質疑・討論：委員長報告に対して質疑を行った後、議案について討論。
　　　　　採決：議案について、議会としての可否決定。
　　　　　閉会：採決結果は知事に通知され、知事はこれに基づき事務事業を行う。
```

注：参考として、宮崎県議会の2008年の2月定例会のスケジュールを紹介すると、2月21日から28日間の会期で、2月27日〜29日は本会議代表質問、3月3日〜5日は本会議一般質問、3月6日、7日は常任委員会（補正予算関連）、3月11日〜14日は常任委員会（当初予算関連）、3月17日は特別委員会、3月19日は本会議採決というスケジュールになっていた。
出所：鹿児島県議会（2006）を元に作成。

(5) 議員の地位と報酬

　議会の議員は、住民の代表として、住民による直接選挙で選出され、直接住民に対し責任を負う。任期は4年間である。つまり、議会解散以外は4年ごとの選挙で、議員は住民の信を問うことになる。ただし、任期中でも住民による解職請求によって解職されることもあり得る。また、議員となる被選挙権は、選挙権を有する25歳以上で、その自治体に住所をもつ者である。
　議員は、選挙によって議員としての身分を獲得する訳であるが、その身分に大きく影響するのが、最近よく論じられる議員定数削減問題である。議員定数は、以前は、地方自治法が人口区分にしたがって段階ごとに定数を定める法定定数制度だった。それが、地方分権改革の一環で、各自治体が条例で定める条

例定数制度となった。ただし、人口区分ごとに定数の上限数がある。これを受け、また厳しい財政を反映して議員定数を削減すべきとの動きが、議員定数削減問題である。実際、合併等もあって市町村議会が都道府県議会より先行して見直しが図られている。ただ、住民の多様で幅広い意見の反映という観点からいえば、議員定数は少なければ少ないほどよいという訳ではない。現在の議員定数削減の動きは、財政状況が厳しいという事情と議会がよく機能してないという住民不信の反映されたものといえよう。

議員には、報酬、期末手当、費用弁償が支給される（地自法203）。報酬は、条例で定められる。かつて名望家等地域の有力者が片手間として議員職務を担っていた時は、議員は名誉職であって、その報酬の性格も生活給的な色彩は薄かった。しかし、自治体の行政が広範で高度・複雑化した現在は、議員の職務は名誉職から専門化して、その報酬も実際は生活給的色彩が強い。ちなみに、現在の議員報酬は、都道府県議会で平均月額約85万円（2004年4月）、市議会で平均月額約45万円（2003年12月）に達する。この額が高いか安いかは、住民のみる議員の働き具合に左右されるであろう。

ところで、以前より第2の報酬等といわれ、その使途が不透明と問題視されてもいた政務調査費は、2001年から、各自治体は条例によって議員の調査研究に資するため会派または議員に対して支給できると、地方自治法で制度化された。したがって、政務調査費は議員の政策提言のための調査研究に使うべきものであるが、2012年には「議会の議員の調査研究その他の活動に資するため」として政務活動費の名に変更された。その支給状況は、都道府県で月額30～40万円（2002年4月）、市議会では月額1～5万円（2001年7月）が多く、だいぶ幅がある。たびたび指摘される使途の不透明さの改善策として、領収書添付を義務づけたり使途基準を設けたりする議会が増えているが、依然として不適切な使用が指摘されることがある。

なお、1997年に政府の地方分権推進委員会が、住民代表である議員の性別構成・職業構成と、住民のそれとの間の乖離が著しいことを指摘している。そのため、女性や勤労者等の立候補を容易にする環境整備に努めるべきとし、議会の夜間・休日開催、公務員の議員との兼任、落選した前議員に元の職場への復帰を認める等の方策が提言されている。

(6) 地方分権時代における議会改革

　現在論じられている議会改革とは、議員定数削減、政務調査費や費用弁償の問題、海外視察見直し等が中心である。ただ、これらの問題は本来の議会改革以前の問題ともいえる。特に、議員定数削減以外の問題は、住民の信頼を得るための議会の透明化の問題である。2000年の旧自治省（現総務省）第26次地方制度調査会答申では、住民自治制度上、議会と議員が十分機能を発揮するために、議員への幅広い人材確保、議会の調査機能・議員研修の充実、審議の透明性確保、住民との意思疎通、夜間休日議会開催の促進、公聴会・参考人制度の活用等を提言している。

　このような議会改革は、自治体議会の本来の役目である、首長・執行部に対する「チェック（監視）機能」と「政策提言機能」の強化という２つに沿って進めるべきである。近年、議会が自ら議会基本条例を制定し、監視機能や政策立案の強化を明記する自治体議会がでてきている。したがって、本会議、委員会での各種議案の審議・質疑の活性化は当然のことであるが、今後の地方分権時代においては、「政策提言機能」の一層の強化として次が求められる。

　第１に、条例制定の活性化である。もともと、条例制定権は議会の専決事項だった。にもかかわらず、議会は執行部提案の条例を審議・可決するだけで、議員提出の条例つまり議員立法は少なかった（図表８-４、図表８-５参照）。一方、地方分権改革で機関委任事務が廃止され、国と地方が対等になり全ての事務・事業について条例を制定できるようになった。つまり、政策的な条例制定を議員立法で行う機会が広がった。現在、先進的・活発な議会では、議員提案の政策や条例が制定されつつある。自治体の立法機関である議会は、条例制定権を駆使した政策立案が期待される。

　第２に、調査・研究による政策提言の活性化である。従来の議会での政策提言とは、質疑で問題点等を指摘して善処を要望する「お願い型」が主流だった。だが今後は、十分に先進地や国の制度を調べて、こういう政策を実施する方が効果がある等、具体的な提言をすることが重要である。したがって、議員による政策研究グループや常任委員会単位等で、時間をかけて１つのテーマについて調査研究し、首長に政策提言する方法がある。よく問題視される海外視察も、この観点からの改善が可能である。

第3に、議会事務局の強化である。議会運営のために議会事務局が設置される。事務局の職員は、現状でも人員は少なく、しかも通常、執行部からの派遣である。そこで、政策支援スタッフ強化として、議会独自での政策担当職員や議会事務局選任職員の採用を検討する必要がある。都道府県であれば一定の地域、たとえば九州各県が協力して採用し、県事務局間を人事異動する方法や、市町村であれば一部事務組合で雇用して各事務局に派遣する方法もあるだろう。

図表8-4　都道府県議会の議員提出条例の状況

年	1999	2000	2001	2002
条例数	70	74	153	179
1議会あたり	1.5	1.6	3.3	3.8

出所：加藤（2005）78頁。

図表8-5　市議会の議員提出条例の状況

年	1999	2000	2001	2002
条例数	969	1,045	1,020	1,706
1議会あたり	1.4	1.6	1.5	2.4

出所：加藤（2005）78頁。

　第4に、住民との対話促進である。より的確な政策を立案するには、幅広い住民ニーズの把握が重要であるからである。たとえば、政府の地方分権推進委員会も1997年に、議会の閉鎖性に対する批判にこたえ住民の議会への理解を深めるため、休日・夜間の議会開催、住民と議会が直接意見交換する場の設定等を提言している。

3　長と議会の関係

(1)長と議会の関係の基本的な考え方

　ここで、首長と議会の関係の基本的な考え方を整理しておきたい。

　第1に、地方行政が議院内閣制でなく、二元代表制の下、首長主義を採用していることが重要である。地方行政の安定性・総合性を目指しつつ、首長と議会は原則として相互に独立してそれぞれの職務を行う。つまり、地方行政を共同して運営するもので、それぞれの権限と責任は均衡と調和、そして均衡と抑制（チェック・アンド・バランス）で成り立っている。

　第2に、首長は議会の議決した条例や予算に拘束され、誠実にこれを執行すべき責任を負うことである。こう述べると、議会の方が強い感じする。だが実際は、首長という地方行政を担う執行部側にかなりの裁量がある。

第3に、議会の議決事項については、首長は議会の議決を経てから執行しなければならないことである。その例外として、議会の議決を経ないで執行する専決処分がある。それは議会にかける時間のない時や、事前に定めた軽微な事項と制限されている。
　以上のように地方行政は、首長主義を採用しつつ二元代表制の下、首長と議会は相互に独立しつつ共同して行政運営にあたるが、首長は議会議決に拘束される。ただ、議会の議決事項は法定事項であり制限されている。一方、首長の権限は包括的で幅が広い。そのため結局、議会は与えられた権限内で首長を牽制するシステムになる。
　実際は、予算・議案の提出権に加え、再議権、専決処分といった権限、さらに議会の召集権も首長に与えられている。さらに、議員は地元の要望を予算編成権のある首長に要望することも多々ある。したがって、制度的にもまた実態としても、首長が議会に比べ優位になりやすい。また、地方分権が進み、次の3点で、ますます首長が議員に比べ相対的に優位になりやすい。第1に、分権改革が首長の影響力を強めたこと、第2に、相乗り選挙が増え、かつて革新自治体でみられた首長と議会の対立が少なくなったこと、第3に、財政難により予算編成の責任者である首長の影響力が強くなったこと、である。しかし、本来、機関対立型である二元代表制を採用している以上、チェック・アンド・バランスのため、ほどよい緊張関係が大切である。

(2) 長と議会の調整制度
　二元代表制を採用する首長と議会の間には、両者間の意見が一致しない時は調整の必要がある。そのために、地方自治法は、「再議・再選挙」「不信任議決」の仕組みを用意している。
　議会がいったん議決または選挙した事項について、首長が再度の議決または再度の選挙を議会に求めることができるのが、「再議・再選挙」の制度である。再議は、会議原則の「一事不再議」原則の例外である。アメリカ大統領の「拒否権」の制度に、倣ったものといわれる。ちなみにアメリカ大統領は、連邦議会（上院・下院）を通過した法案の承認を拒否する時は、受理してから10日以内に理由を付して議会に返さなければならない。これが大統領の拒否権である。

しかし、議会が再び両院とも3分の2以上の多数で議決すれば、法案は成立する。

自治体議会の再議・再選挙の制度は、一般的拒否権と特別的拒否権に区分される。条例の制定改廃や予算の議決に関するものが、「一般的拒否権」（地自法176①～③）である。首長は、通常、議会の議決した条例や予算にしたがい事務執行するが、首長が議決不当と判断した時の異議が一般的拒否権である。具体的には、首長は、条例や予算、総合計画に関する議会議決が不当で執行が不適当と考える場合、議会から送付を受けた日から10日以内に理由を付して議会に再議を求めることができる。ただ、議会が出席議員の3分の2以上の同意で再度議決すると、首長はしたがう他ない。

次に、「特別的拒否権」（地自法176④～⑦）がある。これは、違法な議決または選挙に対する拒否権で、前述の一般的拒否権の不当とはだいぶ違う。具体的には、首長は、議会議決または選挙が、単に不当より違法であると判断した時は、議会に対し再議または再選挙を行なわなければならない。また、違法な議決または選挙に対し、知事は総務大臣、市町村長は知事に対して審査を申し立てることができる。審査の結果に不満であれば、裁判所に取消訴訟を提起できる。

このような拒否権の他、特別的拒否権の一種である「財産上の拒否権」（地自法177）がある。これは、収入・支出で執行できない議決つまり収支不能議決に対する再議の他、生活保護費や国道の維持管理費等法令で負担が決まっている経費つまり義務費の削除減額に対する再議、さらに非常災害対策または感染症予防費の削除減額議決に対する再議等である。

以上の「再議・再選挙」の制度の他、首長と議会が意見不一致の時両者の話しあいをもっても、もはや解決し得ない場合、議会側には首長を信任しないという意思表示とともに首長を失職させる「不信任議決権」（地自法178①～③）が認められている。

すなわち議会は、議員数の3分の2以上の出席で、その4分の3以上の同意で首長の不信任の議決をすることができる。当然のことではあるが、条例や予算の過半数という可決要件以上に、高いハードルが設けられている。議会による首長への不信任議決が成立すると、首長は10日以内に議会を解散することができる。これは、首長の対抗手段としての議会解散権である。議会の判断の正

否を、選挙を通じて住民に問うものである。ただし、首長が不信任の通知を受けて10日以内に議会を解散しない時は、首長は職を失う。議会を解散した場合は、議会解散後はじめて召集された議会で、議員数の3分の2以上の者が出席し、その過半数の同意で、再び不信任の議決があれば、首長は職を失う。

つまり、首長は不信任議決を受けると、議会を解散するか（解散しても新しい議会でまた不信任の議決による失職はあり得るが）、もしくは解散しない場合は、そのまま失職するかの道しかない。だが、田中康夫長野県知事のように、2002年に不信任を議決した議会を解散せず失職を選んだにもかかわらず、知事選に出馬して勝利して返り咲いた事例もある。

4　執行機関と自治体職員

（1）補助機関・職員による執行機関の編成

地方自治が採用する首長主義とは、地方行政の安定性・総合性の確保と責任所在の明確化のために、首長を自治体の代表、執行機関の長とするものである。そして、事務事業執行のために、補助機関たる副知事・副市町村長を、首長が議会の同意を得て選任・任命する。補助機関とは執行機関の内部機関であって、首長の意思や判断を決定・表示したりする時に補助する権限をもつ行政機関である。通常は首長の補助機関として職務に従事するが、首長に事故がある時、または首長が欠けた時は首長の職務を代理する。つまり、首長の法定代理機関となる。さらに、首長は補助職員（以下、自治体職員）を任命し、補助機関の下に配置する。もちろん、これら自治体職員に対して指揮監督権を首長はもっている。

このように補助機関である副知事、副市町村長と自治体職員によって、首長は、地方行政の日常の事務事業を行うため執行機関を編成する。この執行機関を編成する際は、次のような原則がある（地自法138の3）。第1に、首長所管の下に、明確な範囲の所掌事務と権限を有する執行機関によって系統的に構成されること、第2に、執行機関は、首長の下、相互の連携を図り一体として行政機能を発揮することが期待されること、第3に、首長に、執行機関の間に権限が不明な場合、総合調整権を認めること、である。このように、自治体の執

行機関は首長を頂点とするピラミッド型の組織編成を行うと同時に、首長に総合調整権を与えて総合的行政を行うことを期待している。なお近年、住民ニーズへ迅速に対応するため、従来のピラミッド型組織を見直す自治体もでてきている。たとえば、組織の意思決定迅速化を目的に、組織のフラット化によって中間的な職位・階層を削減したり、柔軟な職務執行態勢をつくったりするため、係や課を廃止してグループ制を導入する組織改革等である。

(2) 自治体職員の権利と義務

　執行機関は、多くの自治体職員によって運営されている。これらの職員は、地方公務員法によって地方公務員とされる。全国の自治体には、約295万人の地方公務員が勤務し、地方公務員法という1つの法律で勤務内容の基本的な基準が定められ、職務専念義務や守秘義務等様々な服務規律の下に、職務の遂行にあたっている。

　地方公務員とは、法的には「地方公共団体のすべての公務員」(地公法2)を指し、特別職と一般職とに区分される。特別職とは、首長、議員、副知事、副市町村長等直接・間接に住民の信任により就任する職と、臨時または非常勤の委員、顧問、調査員、消防団員等非専務的な職を指す(地公法3③列挙の職)。それ以外は一般職であって、地方公務員法の規定が適用される。

　自治体職員の労働者としての権利は、その職務の公共性によりいくつかの特色・制限がある。ここでは、一般職について取り上げる。まず第1に、憲法で本来保障されている労働基本権が一部制限される。団結権、団体交渉権、書面協定締結権は認められるが、争議権、労働協約締結権は認められていない。また政治的中立を求められ、積極的な政治活動は制限される。これは、公務遂行にあたって不偏不党を保ち、公正中立を維持すべきだからである。第2に、身分保障と成績主義がある。身分保障に関しては、定年による退職を除き法令や条例に定める事項によらなければ解雇できないとなっている。これは、政治家である首長等が、この身分保障を含む配置・昇進等人事権を、自分の政治的目的のために利用することを防ぐためである。第3に、労働基本権制限の代償措置としての人事委員会や公平委員会の設置である。これは、公正中立な立場で職員の勤務条件を調査研究し首長へ勧告をしたり、首長による職員に対しての

恣意的な不利益処分等を防ぐため、首長から独立した機関を設けるものである。

なお、不利益処分について、地方公務員法は2つの種類を規定している。それは、分限処分と懲戒処分である。分限処分とは、勤務成績不良、心身の故障等で公務員の適格性に欠ける時や過員が生じた場合等、いわば公務員の責によらない事由を元にした身分に関する不利益処分である。これに対し懲戒処分は、法令違反、職務義務違反、全体の奉仕者としてふさわしくない行為をした場合、つまり公務員の規律と秩序を維持するための不利益処分である。不利益処分の種類としては、分限処分の場合は、降給、休職、降任、免職の4種類で、懲戒処分の場合は、戒告、減給、停職、免職の4種類がある。

次に、自治体職員の法的義務をみたい。自治体職員は、住民全体の奉仕者であって一部の奉仕者でない（憲法15②）。したがって、常に住民全体の利益のために中立かつ公正な立場で公務に専念し、住民の福祉に貢献しなければならない。この職責の全うのため、一般職にはいくつかの義務を定めている。まず、勤務時間は公務に専念し全力を上げ職務を遂行すべきという「職務専念義務」（地公法35）がある。ここから当然、民間企業との兼職つまり兼業は許可制となっている。次に、法令や条例を遵守し職務遂行すべきという「法令順守義務」（地公法32）がある。同時に、職務遂行で上司の命令にしたがわなければならない。これは、組織の論理である。行政の一体性確保のためには、上司から部下への命令系統が円滑に働く必要性があるからである。だが、違法な命令は問題である。たとえば、違法性が重大で、一見して明白な時に命令にしたがう必要はない。その他、「守秘義務」（地公法34）がある。これは、職務遂行の際には一般に知られていない多くの知識や情報を得るので、職務上知り得た秘密を漏らしてはならないというものである。最後に「政治行為の制限」（地公法36）があり、公務の政治的中立性確保のため職員の政治的行為に各種の制限を課している。

なお、一般職に区分される教育職員、単純労務職員（技能労務職）、警察官、消防職員等は、前述の特色をもつ一般職の事務職員に比べ、その職務と責任に特殊性がある。したがって、地方公務員法が全面的には適用されず、法的な権利・義務や人事給与制度も違う。

(3) 自治体職員の数と採用状況

全国の自治体職員の総数は、約273万人である（2016年4月現在、図表8-6参照）。内訳は、都道府県が約150万人（54.8％）と過半数を占め、厳しい財政状況による行政改革の進展で、長期間にわたり減少している。また市町村に

図表8-6　自治体区分別職員数（2016年4月現在）

	職員数（人）	構成比（％）
都道府県	1,500,778	54.8
政令指定都市	234,513	8.6
市	701,701	25.7
町村	137,634	5.0
特別区（東京都）	60,601	2.2
一部事務組合等	102,036	3.7
合計	2,737,263	100.0

出所：総務省（2016）を元に作成。

ついて職員の多い順にみると、一般市約70万人（25.7％）、政令指定都市約23万人（8.6％）、町村約14万人（5.0％）、特別区職員約6万人（2.2％）となっている。市町村の職員数は、計約107万人で、行政改革によって長期間にわたり減少し、また平成の大合併の影響で減少幅が大きい。

また、部門別職員について、都道府県と市町村とを比べてみると、その特色がでてくる（図表8-7参照）。都道府県では、59.1％も教育部門が占めているが、これは市町村の義務教育の教員まで県職員となっているためである。そして、都道府県単位の自治体警察であることから、警察も19.1％占める。一方、市町村では、一般行政の職員が30.1％、福祉関係24.9％、ゴミ処理等様々な業務を行っている公営企業等22.6％で、この3部門で4分の3を占めている。これから、市町村ほど身近な行政サービスを担っていることがわかる。また都道府県の警察に対応するものが、市町村単位で設置される消防で、11.5％を占める。

次に、自治体職員の採用状況をみたい。地方公務員法の「すべて国民は、平等かつ公平に地方公務員に採用される機会を保障されなければならない」（地公法13）という規定によって、自治体職員の採用は、能力による成績主義等に基づく公正な競争試験または選考によって行われる。具体的には、地方公務員法によって、採用の際は「受験成績、勤務成績その他の能力の実証に基いて行われなければならない」（地公法15）と定められ、通常、公務員希望者は競争試験である職員採用試験を受けることになる。だが、法は具体的な採用試験の

図表8-7　部門別自治体職員数（2016年4月現在）

	都道府県	構成比（％）	市町村	構成比（％）
一般行政	173,504	11.6	372,801	30.1
福祉関係	57,214	3.8	307,361	24.9
教育部門	886,586	59.1	134,941	10.9
警察部門	286,971	19.1	—	—
消防部門	18,840	1.2	141,487	11.5
公営企業等	77,663	5.2	279,895	22.6
合計	1,500,778	100.0	1,236,485	100.0

出所：総務省（2016）を元に作成。

方法までは明示していない。そこで、各々の自治体に実施方法が任され、自治体の間で採用の仕方に違いが生じる。

　ここで、これまでの職員採用試験の変遷をみたい。1960～1970年代の採用試験では、高度成長時代の人手不足もあって縁故採用が多々みられたといわれる。この反省とマスコミの批判もあって、厳密な成績主義が普及し、1980年代以降の採用試験は、1次試験が筆記試験、2次試験は個別面接という自治体が多くなった。通常、1次試験でだいぶ絞り込むので、2次試験で落とされる受験者は少なかった。一方、行政改革による公務員の定員抑制や経済の低迷等もあって、採用試験の競争倍率は年々高まり、簡単に合格できない状況が生じた。そのため、公務員受験専門学校が普及し、合格者にはこの学校出身者が増えた。だが、筆記試験で高い得点を取って採用された新人職員が、住民との対応・折衝もある自治体の現場において、十分な能力を発揮するとは限らない。つまり受験勉強ばかりでは現場では通用しないということで、近年の採用試験は、1次試験から集団・個別面接や集団討論を取り入れる等、職場での適応能力等多面的な採用活動をしようという動きがでている。

（4）自治体職員の給与制度

　憲法27条2項に「賃金、就業時間、休息その他の勤務条件に関する基準は、法律でこれを定める」と規定されているため、自治体職員の場合は、その勤務

条件が地方公務員法によって統制されている。勤務時間、休日、休暇等の勤務条件は条例で定めるが、労働基準法で定める労働条件を下回ってはならないし、国や他の自治体との均衡を失しないよう配慮しなければならない（地公法24⑤）。だが、人事給与等処遇面については、自治体は約1,700もあるため、相互に異なっているのが実態である。ただ、総務省は、指導によって全国的にみて大きな差が生じないようしている。

自治体職員の給料・手当・旅費の額及び支給方法は、各自治体の条例で定められる。このうち給与の額は、職務内容と責任に応じたもので、かつ当該地域の生計費や国や他の自治体その他民間事業の従事者の給与と均衡したものでなければならないと法で定められている（地公法24）。つまり、自治体職員への給与支給には、条例に基づき給与を支給するという「条例主義の原則」、職務と職責に応じて給与を支給すべきという「職務給の原則」、給与水準は国や他の自治体、民間の給与との均衡を図るべきという「均衡の原則」の3つの原則が適用される。

条例主義の原則とは、公務員の給与についての住民の意見を、議会を通して反映させようとするものである。そして、給与の主な部分である給料月額には、前述の職務給の原則が適用される。だが実際は、職務内容が変わらなくても勤務年数が増えるにつれ額が上がる年功賃金となっており、実質、生活給である。均衡の原則も、民間との均衡というより、実際は国家公務員の給与に準じることが優先されている。ただ、国家公務員の給与は民間給与を調査して決める人事院勧告に基づくので、実質、民間給与との均衡が図られていると理解されている。

このため、自治体職員の給与水準は、国家公務員の給与と比較するラスパイレス指数（国を100とした場合の当該自治体の給与水準）を用いて議論されていた。過去、政令指定都市や一般の市では、ラスパイレス指数が100を超え、給与水準が高いと批判された。だが、国の指導もあって2004年には全国平均で100をはじめて下回った。また、諸手当についても額や種類は各自治体で微妙に違い、マスコミの批判もあった。とくに特殊勤務手当の種類や金額は自治体で相当違っていたため、適正化が図られている。

(5) 自治体職員の人事制度

　職員採用試験の合格者は、ほとんどの場合、4月1日に任命権者である首長から採用発令を受け、その時配属先も決まる。新規採用されてから何年か経つと、配置転換つまり所属課を移る人事異動がある。この人事異動は、全職員を対象に毎年4月に一斉に行われる。人事異動は、職員の能力と組織全体の配置方針等に基づき、人事担当部署である人事課が決定する。なお、職員の異動希望を募る自己申告制度を採用している自治体も増えている。1つの課や係に何年勤務するかの異動サイクルは、自治体によって差がある。おおむね3年が多いように見受けられる。このような異動は、異動を繰り返すうちに、幅広い視野をもてるし経験も積んで職務遂行能力も高まるという考えに基づいている。土木等技術職に比べて事務職員の場合、このようにいろいろな職務や職場を経験していく人事異動が取られがちである。だが、このような専門家を育てないジェネラリスト志向の人事システムは、これからの分権化と複雑・多様化する行政に対して十分対応できるかという疑問が生じる。また、担当者がくるくる代わるのは、行政の継続性やサービス充実面でよくないとの住民の不満の声も聞かれる。

　次に、昇進の状況をみてみたい。人事異動には、配置転換の他昇進が含まれる。昇進とは、法律的には昇任と呼ばれる。職員を現在いる職位（組織上の地位、組織上の級・ランク等）より上位の職位に任命するものである。ちなみに、自治体の職位いわゆるポストは、部長、課長、係長というライン職の他、参事、主幹、主査というスタッフ職がある。

　一般的に、自治体の昇進は、各々の自治体の人事方針や職員の年齢構成によって、一定の年齢に達すると上位の職位につくことが多い。つまり、年齢が上がるほどポストが高くなる年功序列型昇進を、多くの自治体が採用している。この年功序列型昇進の全国自治体の平均像を一般化するのは難しいが、40歳前後で係長、50歳前後で課長、そして部長・局長または部局長級スタッフ職に50歳代後半に到達というイメージである。だが実際は、当該自治体の職員の年齢構成や、高卒、大卒の間で昇進のスピードの差がでるし、職員個人によって、当然、最終到達のポストにも差がでる。

　自治体の人事給与システムの特色は、終身雇用制と呼ばれた長期雇用と年功

序列型昇進といわれるが、それをよくみると、年月をかけて働きぶりを評価し、その働きに応じた処遇をしようという長期的な昇進・昇給システムともいえる。これは、ポストや給与等の個人間の差は、当初は差がそれほどなくても、実力や能力に応じ徐々に差がひらいていく仕組みである。しかし、この仕組みを極力避け、著しい年功序列に陥る自治体もあった。

ところで、昇進つまり昇任の際に昇任試験を実施している自治体がある。実は、地方公務員法は、都道府県、政令指定都市等人事委員会をおく自治体の昇任においては、昇任試験によるのが原則としている。だが、人事考課をしっかり行っている自治体でも、筆記試験では職務遂行の能力は測れないとか、忙しい部署にいると受験勉強ができず不公平等の理由で、昇任試験は必ずしも実施されていなかった。このような中、団塊世代の大量退職と今後の複雑・多様化する行政課題に対応するため、昇任試験の実施によって、昇任者の選別や若手登用を図ろうとする自治体がでてきている。だが、小規模な自治体の多くでは、昇任試験はもちろんであるが、勤務評価制度さえも導入されていないのが実態である。ただ今後は、次のような要因で変化が生じる可能性がある。

第1に、職員の高学歴化・意識変化による実力・能力主義重視の高まりである。これは、組織の内的変化といえる。第2に、地方分権の進展と地方行政の複雑多様化で、管理職も含め職員に求められる能力が年々高くなっていることである。第3は、厳しい財政状況を反映し住民の自治体職員に対する目が厳しくなっていることである。これらの2つは、組織の外的要因の変化といえる。

以上の要因により、今後、自治体の人事給与システムは、より実力・能力主義に移行する可能性がある。具体的には昇任試験制度や本格的な人事評価制度を導入する自治体が増えると予想される。

研究課題

1 国の総理大臣に比べて首長の権限の特色は、どのようなものでしょうか。
2 二元代表制における議会の役割とは、どのようなものでしょうか。
3 首長と議会の関係は本来どうあるべきで、現在どのような問題があるでしょうか。

参考文献

有馬晋作（1993）「自治体組織の日本的特色」『年報自治体学』6号。

有馬晋作（1996）「誘因・負担による昇進の有効性分析」『地方自治研究』11巻2号。

礒崎初仁・金井利之・伊藤正次（2007）『ホーンブック地方自治』北樹出版。

稲葉裕明（2000）『人事・給与と地方自治』東洋経済新報社。

宇賀克也（2007）『地方自治法解説（第2版）』有斐閣。

江藤俊明（2007）『図解 地方議会改革』学陽書房。

鹿児島県議会（2006）「県議会のしおり」。

加藤幸雄（2005）『新しい地方議会』学陽書房。

後藤光男（2005）『地方自治法と自治行政』成文堂。

新藤宗幸・阿部斉（2006）『概説 日本の地方自治（第2版）』東京大学出版会。

妹尾克敏（2007）『九訂版 地方自治法の解説』一橋出版。

総務省（2016）「平成19年地方公共団体定員管理調査結果の概要」。

原田尚彦（1995）『地方自治の法としくみ（全訂2版）』学陽書房。

原田尚彦（2001）『地方自治の法としくみ（全訂3版）』学陽書房。

宮崎市議会（2007）「わたしたちの市議会」。

村松岐夫（2006）『テキストブック地方自治』東洋経済新報社。

山崎正（2004）『最新 地方行政入門』日本評論社。

第9章　監　査

　監査とは、文字通り、監督し検査することである。地方公共団体の監査制度には、監査委員による監査（以下、監査委員監査）と外部監査人による監査（以下、外部監査人監査）がある。それぞれの監査制度について、主として、①誰が（監査主体）、②何を（監査対象）、③何のために（監査目的）、④どのようにして（監査手続）、監査を実施するのかという観点から取り上げる。一部の地方公共団体において違法・不適切な予算執行が発覚したこともあり、チェック機能の重要性が改めて認識された。果たして住民の信頼を回復するために十分な制度になっているのだろうか。その有効性を検討する必要がある。また、監査制度を補完するものに、住民監査請求及び住民訴訟がある。これらは、住民が直接アクションを起こす制度である。

1　地方公共団体の監査制度

　地方公共団体の監査とは、主に監察的見地から、財務及び業務執行を検査し、その適否を明らかにすることである。監察とは、主として行政分野で用いられる言葉であり、規定に反するようなことが行なわれていないかを調査し監督することを意味する。

　監査を行う権限は法律によって与えられており、地方自治法に所定の規定が置かれている。それによると、地方公共団体の監査制度には、監査委員監査と外部監査人監査がある。監査委員は、地方公共団体内部の執行機関の1つであり、すべての都道府県及び市町村に置かれている。他方、外部監査人は、一定の資格等を持つ外部の専門家であり、現在のところ都道府県、指定都市及び中核市のみに設置が義務づけられている。

ところで、これらの制度はいずれも問題を抱えており、監査機能の充実・強化の観点から、改善の方策が検討されている。たとえば第29次地方制度調査会の「今後の基礎自治体及び監査・議会制度のあり方に関する答申」(2009年6月12日)において、監査委員監査については監査委員の独立性の強化及び専門性の確保に加えて、監査の実効性及び透明性の確保の観点から点検が行なわれ、外部監査人監査については義務づけのない市町村において導入が進んでいないことが指摘されている。さらに第31次地方制度調査会の「人口減少社会に的確に対応する地方行政体制及びガバナンスのあり方に関する答申」(2016年3月16日)においても、ほぼ同様の観点から議論されている。

このように監査制度が批判的に取り上げられるのは、行政に対する住民の信頼を確保し、透明性のあるものとしていくためには、地方公共団体のチェック機能を高めていくことが必要であり、地方分権の推進に伴い、監査機能の果たす役割が一層重要になっているからに他ならない。以下では、地方公共団体の監査制度を詳しく見ていく。

2　監査委員監査

(1)監査委員の選任

監査委員は、地方公共団体の長(都道府県知事または市町村長)から独立した執行機関であり、地方公共団体の監査について権限と責任を有する。

地方公共団体には、監査委員を必ずおかなければならない。すなわち、監査委員は必置機関である。かつて監査委員は、都道府県のみ必置とされ、市町村は任意とされていたが、監査機能の強化を図るために1963年の地方自治法の改正から、全ての地方公共団体で必置とされた。そして、その定数は、都道府県及び人口25万人以上の市(特別区)においては4人、その他の市(特別区)及び町村においては2人とされる。ただし、条例でその定数を増加することができる(地自法195、地自令140の2、地自法283①)。

監査委員は、地方公共団体の長が、議会の同意を得て選任する。監査委員は、「人格が高潔で、普通地方公共団体の財務管理、事業の経営管理その他行政運営に関し優れた識見を有する者」及び議員のうちから選任される。この場合に、

議員から選任される監査委員（以下、議選委員）は、監査委員の定数が４人の場合には２人または１人、２人の場合には１人とされている（地自法196①）。したがって、議選委員と、識見を有する者から選任される監査委員（以下、識見委員）の両方が、必ず選ばれることになる。

　そして、識見委員は、常勤とすることができる。ただし、都道府県及び人口25万人以上の市においては、識見委員のうち少なくとも１人以上は常勤としなければならない（地自法196④⑤、地自令140の４）。このように比較的規模の大きな地方公共団体には、常勤の監査委員の設置が義務づけられている。

　ところで、監査委員の独立性を確保するため、地方公共団体で設置される他の委員会の委員または委員と同様に、委員の兼業禁止規定（地自法180の５⑥⑦）がある他、その地方公共団体の常勤の職員であった者はもちろん、短時間勤務職員であった者を監査委員に選任する場合は、１人に限られる（地自法196②、地自令140の３）。これは、監査委員の大半が職員経験者によって占められると、馴れあいが生じるおそれがあったり、たとえそうでなくても、その独立性が疑われたりするためである。また、他の地方公共団体であっても、常勤の職員及び短時間勤務職員と兼ねることはできない（地自法196③）。加えて、地方公共団体の長または副知事もしくは副市町村長と親子、夫婦または兄弟姉妹の関係にある者は、監査委員に選任することはできず、また、就任後にそのような関係が生じた時は失職する（地自法198の２）。

　監査委員の任期は、識見委員は４年、議選委員は議員の任期による。ただし、後任者が選出されるまでの間は、その職務を行う（地自法197）。

　監査委員が心身の故障のため職務の遂行に堪えない時や、職務上の義務違反をはじめ監査委員として相応しくない行為があった時は、地方公共団体の長は議会の同意を得て、監査委員を罷免することができる。その場合、議会の委員会で公聴会を開くことが条件である。これ以外の場合は、監査委員はその意に反して罷免されることがない（地自法197の２）。監査委員の身分保障をすることで、その独立性を確保する規定である。他方、監査委員は、自ら退職しようとする時でも、地方公共団体の長の承認が必要である（地自法198）。なお、住民は、監査委員の解職を請求することができる（地自法13②、86～88）。

(2) 監査委員の服務

監査委員は、その職務を遂行するにあたっては、常に公正不偏の態度を保持して、監査をしなければならない（地自法198の3①）。これは、監査において最も重要とされる監査人の実質的独立性を求めた規定である。そして、在職中はもちろん、その職を退いた後であっても、職務上知り得た秘密を漏らしてはならない（地自法198の3②）。このように監査委員には守秘義務が課されている。しかし、たとえ違反したとしても、刑罰は科されない。この点は、後述する外部監査人とは異なる。

また、監査執行上の除斥規定があり、自己もしくは父母、祖父母、配偶者、子、孫もしくは兄弟姉妹の一身上に関する事件または自己もしくはこれらの者の従事する業務に直接の利害関係のある事件については、監査することはできない（地自法199の2）。

(3) 監査委員の組織

監査委員は、監査の結果に関する報告の決定または意見の決定を合議する（地自法199⑪等）。このように複数の委員によって構成される合議制の執行機関を、一般に行政委員会という。しかし、監査委員は、単独でも権限を行使することができる独任制の機関であることを特徴としている。

なお、監査委員は、その定数が3人以上の場合には識見委員の1人を、また、その定数が2人の場合には識見委員を、代表監査委員としなければならない。代表監査委員に事故がある時、または代表監査委員が欠けた時は、監査委員の定数が3人以上の場合には、あらかじめ代表監査委員の指定する監査委員が、監査委員の定数が2人の場合には他の監査委員が、代表監査委員の職務を代理する（地自法199の3①④）。

代表監査委員は、監査委員に関する庶務を処理することに加えて、地方公共団体の執行機関または職員に損害賠償または不当利得返還の請求を命ずる判決が確定した場合において、地方公共団体がその長に対し損害賠償または不当利得返還の請求を目的とする訴訟を提起する時は、代表監査委員が地方公共団体を代表するとともに（地自法242の3⑤）、訴訟に関する事務を処理する。また、代表監査委員または監査委員の処分または裁決に係る地方公共団体を被告とす

る訴訟については、代表監査委員が地方公共団体を代表するとともに、訴訟に関する事務を処理する（地自法199の3②③）。

　ところで、都道府県の監査委員には、監査事務局をおかなければならず、市町村の場合には、条例の定めるところにより、事務局をおくことができる。事務局には、事務局長、書記その他の職員をおき、その定数は条例で定め、代表監査委員が任免する。事務局長は監査委員の命を受け、書記その他の職員は上司の指揮を受ける。なお、事務局をおかない市町村でも、書記その他の職員をおくことになっている（地自法200①②③④⑤⑥⑦）。

　地方公共団体の規模が大きく、また、業務が複雑になると、少数の監査委員だけで監査を実施できなくなる。どうしても監査委員を補助する組織が必要になる。小規模の市町村でも、監査の適正な実施のためには組織的に取り組む必要があり、単独では無理なら、共同して設置することを検討すべきである。

（4）監査委員の職務権限

　監査委員は、地方公共団体の財務に関する事務の執行及び地方公共団体の経営に係る事業（公営企業その他の収益事業）の管理を監査する（地自法199①）。これを「財務監査」と呼ぶ。

　この他、必要があると認める時は、地方公共団体の事務の執行について監査することができる。ただし、監査に際して開示することにより国の安全を害するおそれがある事項に関する事務、同じく個人の秘密を害することとなる事項に関する事務、労働委員会及び収用委員会の権限に属する事務は除外される（地自法199②、地自令140の5）。これを「行政監査」と呼ぶ。行政監査は、1991年の地方自治法の改正で新設されたものである。

　このように監査委員は、地方公共団体の「財務に関する事務の執行」及び「経営に係る事業の管理」を対象とする財務監査と、「事務の執行」を対象とする行政監査を行う職務権限を有している。そして、これらの監査にあたっては、地方公共団体の事務の執行等が、「住民福祉の増進に努めるとともに、最少の経費で最大の効果を挙げるようにしなければならない」（地自法2⑭）という趣旨及び「組織及び運営の合理化に努めるとともに、他の地方公共団体に協力を求めてその規模の適正化を図らなければならない」（地自法2⑮）という趣旨に

のっとってなされているかどうかに、とくに意を用いなければならない（地自法199③）。また、行政監査については、上記の他、「事務の執行が法令の定めるところに従って適正に行われているかどうかについて、適時に監査を行わなければならない」とされている（地自令140の6）。

　これは、監査委員監査の目的を述べたものである。すなわち、監査委員監査の目的は、その監査対象が「住民福祉の増進と行財政運営の効率性の追求」並びに「地方公共団体の組織及び運営の合理化とその規模の適正化」という立法趣旨に合致していることを確実にすることである。したがって、財務監査は、もっぱら歳入・歳出に係る数値を対象としているが、単に金額が正しいか否かを監査するだけでなく、適法性や適正性さらに効率性にまで及ぶ。他方、行政監査は、事務自体の適法性や効率性を問題にする。なお、監査の過程において不正を摘発することはあるが、これは副次的な目的である。

　このような目的を果たすため、監査委員は、地方公共団体の職員に対して質問したり書類の調査を行ったりできることはもちろん、監査のために必要があると認める時は、外部関係者の出頭を求めたり、外部関係者について調査したり、外部関係者に対し帳簿、書類その他の記録の提出を求めたりすることができる。また、2002年の改正により、監査委員は学識経験者等から意見を聴くことができるようになった（地自法199⑧）。ただし、外部関係者が監査委員の求めに応じなかった場合でも、罰則等はない。

　監査委員は、監査の結果に関する報告を決定し、地方公共団体の議会及び長、監査を受けた行政委員会等に提出し、かつ公表しなければならない。また、必要があると認める時は、地方公共団体の組織及び運営の合理化に資するため、監査の結果に関する報告に添えて意見を提出することができる（地自法199⑨⑩）。

　監査委員から監査の結果に関する報告の提出があった場合において、その報告を受けた議会や長、行政委員会等が、監査の結果に基づくか参考にして措置を講じた時は、その旨を監査委員に通知するものとされ、監査委員はその通知に係る事項を公表しなければならない（地自法199⑫）。これは1997年の改正で加えられたものであり、住民による監視に期待したものである。

図表9-1　特別監査

①住民の直接請求（事務の監査請求）による監査（地自法75①）
②議会の請求による監査（地自法98②）
③長の要求による監査（地自法199⑥）
④財政的援助団体等に対する長の要求による監査（地自法199⑦）
⑤長の要求による指定金融機関等が取り扱う公金の収納又は支払の事務の監査（地自法235の2②）
⑥住民監査請求による監査（地自法242①）
⑦長の要求による職員の賠償責任に関する監査等（地自法243の2③⑧）

(5)一般監査

　監査委員の権限に基づいて行う監査を「一般監査」と呼ぶ。

　監査委員は、毎会計年度少なくとも1回以上期日を定めて財務監査をしなければならない。これを「定期（定例）監査」と呼ぶ。この他、必要があると認める時は、いつでも財務監査をすることができる。これを「随時監査」と呼ぶ（地自法199④⑤）。他方、行政監査は随時監査として実施される（地自法199②）。

　随時監査は、監査委員が必要であると判断した時に行うものであり、行財政運営について公正性・適法性・適正性を欠く可能性のある場合や、特定のテーマについて実施する場合が多い。

(6)特別監査

　一般監査の他に、「特別監査」として、他からの要求によって行う「要求等監査」がある。それは図表9-1の通りであり、まずはこれらのうち、①〜③を取り上げる。

▼住民の直接請求（事務の監査請求）による監査

　選挙権を有する者は、その総数の50分の1以上の者の連署をもって、その代表者から、監査委員に対し、地方公共団体の事務の執行に関し、監査の請求をすることができる（地自法75①）。この請求があった時は、監査委員は直ちに請求の要旨を公表しなければならない（地自法75②）。

　そして、監査委員は、請求に係る事項について監査し、監査の結果に関する報告を決定し、これを請求の代表者に送付し、かつ、公表するとともに、地方公共団体の議会及び長並びに関係のある行政委員会等に提出しなければならな

い（地自法75④）。

▼議会の請求による監査

　地方公共団体の議会は、監査委員に対し、地方公共団体の事務に関する監査を求め、監査の結果に関する報告を請求することができる。これは、議会の請求による行政監査の実施である（地自法98②）。議会は、様々な監視の権限を有しているが、監査委員監査を活用することによって、その機能を強化することを意図したものである。

▼長の要求による監査

　監査委員は、地方公共団体の長から地方公共団体の事務の執行に関し監査の要求があった時は、その要求に係る事項について監査をしなければならない（地自法199⑥）。なお、後述する監査の中にも、長の要求による監査がある。

　また、2007年に制定された「地方公共団体の財政の健全化に関する法律」によって、財政健全化計画、財政再生計画または経営健全化計画を定めなければならない地方公共団体の長は、これらの計画を定めるにあたっては、あらかじめ、財政の健全化のために改善が必要と認められる事務の執行について、監査委員に対し監査の要求をし、あわせて、理由を付して監査委員監査に代えて個別外部監査契約に基づく監査によることを求めなければならないとされた（地方財政健全化法26①）。

(7) 財政的援助団体等の監査

　監査委員は、必要があると認める時、または地方公共団体の長の要求がある時は、①地方公共団体が補助金、交付金、負担金、貸付金、損失補償、利子補給その他の財政的援助を与えているもの、②地方公共団体が資本金、基本金その他これに準じるものの4分の1以上を出資している法人、③地方公共団体が借入金の元金または利子の支払を保証しているもの、④地方公共団体が受益権を有する不動産の信託の受託者、⑤地方公共団体が公の施設の管理を行わせているものについて、出納その他の事務の執行で地方公共団体の財政的援助に係るものを監査することができる（地自法199⑦、地自令140の7）。

　これは、地方公共団体の事務だけではなく、地方公共団体が財政的援助を与えている等一定の関係を有するものについても、監査を実施することができる

ことを定めた規定である。なお、監査の範囲は、財政的援助等に係るものに限られる。いいかえれば、それを超えて団体の活動全般を監査することはできない。

(8) その他の監査、検査及び審査

監査委員は、その本来的な職務権限の他、①決算審査、②現金出納の検査及び指定金融機関等が取り扱う公金の収納または支払の事務の監査、③定額の資金を運用するための基金の運用状況の審査、④職員の賠償責任に関する監査等を行う権限を与えられている。

▼決算審査

会計管理者は、毎会計年度、出納閉鎖後3か月以内に決算を調製し、地方公共団体の長に提出しなければならず（地自法233①）、長はこれを監査委員の審査に付さなければならない（地自法233②）。そして、長は、監査委員の審査に付した決算を監査委員の意見を付けて、次の通常予算を議する会議までに議会の認定に付さなければならない（地自法233③）。

なお、2007年に制定された「地方公共団体の財政の健全化に関する法律」によって、地方公共団体の長は、毎年度、前年度の決算の提出を受けた後、健全化判断比率（実質赤字比率、連結実質赤字比率、実質公債費比率、将来負担比率）及び資金不足比率並びにそれらの算定の基礎となる事項を記載した書類を監査委員の審査に付し、その意見を付けて健全化判断比率を議会に報告し、かつ、公表しなければならないとされた（地方財政健全化法3①、22①）。

▼現金出納の検査及び指定金融機関の事務の監査

地方公共団体の現金の出納は、毎月、例日を定めて監査委員が検査しなければならない（地自法235の2①）。これを「例月出納検査」と呼ぶ。さらに監査委員は、必要があると認める時、または地方公共団体の長の要求がある時は、指定金融機関等が取り扱う公金の収納または支払の事務について監査することができる（地自法235の2②）。そして、監査委員は、これらの検査や監査の結果に関する報告を議会及び長に提出しなければならない（地自法235の2③）。

▼定額の資金を運用するための基金の運用状況の審査

特定の目的のために定額の資金を運用するための基金を設けた場合に、地方

公共団体の長は、毎会計年度、その運用の状況を示す書類を作成し、これを監査委員の審査に付し、その意見を付けて、議会に提出しなければならない（地自法241⑤）。

▼職員の賠償責任に関する監査等

　会計職員等または予算執行職員等が、故意または過失により、地方公共団体に損害を与えた時は、その職員は損害を賠償しなければならない（地自法243の2①）。地方公共団体の長は、職員が地方公共団体に損害を与えたと認める時は、監査委員に対し、その事実があるかどうかを監査し、賠償責任の有無及び賠償額を決定することを求め、その決定に基づき、期限を定めて賠償を命じなければならない（地自法243の2③）。また、長は、その損害が避けることのできない事故その他やむを得ない事情によると認め、賠償責任の全部または一部を免除しようとする時は、あらかじめ監査委員の意見を聴き、その意見を付けて議会に付議しなければならない（地自法243の2⑧）。

（9）監査委員監査の問題点

　監査委員制度は、これまで数次にわたる地方自治法の改正によって、改善・整備が図られてきたが、現在においてもいくつかの問題点を抱えている。

　第1に、監査委員の独立性と専門性の欠如である。一般に監査人の独立性には、実質的独立性と形式的独立性とがある。実質的独立性とは、監査人が監査の実施にあたって他からの干渉を排し義理人情におぼれることなく、公正不偏な態度と誠実性を確保していることを求めるものであり、精神的独立性ともいう。他方、形式的独立性とは、監査を取り巻く利害関係者からみて、監査人が公正不偏の判断を下せる状況にあると推測できる立場にあることを求めるものであり、外観的独立性ともいう。監査人の独立性は監査の生命線である。

　監査委員の独立性は、法的には確保されている（図表9-2参照）。しかし、多くの地方公共団体では、退職職員を識見委員に選任してきたのが実態である。かつての上司、同僚、部下が行った事務を、公正不偏の態度で監査できるのであろうか。他方、議選委員は、地方公共団体の財務管理、事業の経営管理に識見を有することが資格要件となっていない。加えて在任期間が短い。また、少数の監査委員で監査を行う以上、監査委員を補助する監査事務局は重要である。

図表9-2 監査委員の独立性に係る規定

形式的独立性 (外観的独立性)	・委員の兼業禁止（地自法180の5⑥⑦） ・退職職員の選任制限（地自法196②） ・職員との兼職の禁止（地自法196③） ・罷免（地自法197の2） ・親族の就職禁止（地自法198の2） ・監査執行上の排斥（地自法199の2）
実質的独立性 (精神的独立性)	・公正不偏の態度の保持（地自法198の3①）

　しかし、その職員は、任免権こそ代表監査委員に委ねられているが（地自法200⑤）、もともと地方公共団体の職員であり、短期間（2～3年）で他の部局に異動するのが慣例となっている。いずれにしろ独立性と専門性に欠けるといわざるを得ない。

　第2に、行政監査が定着していないということである。行政監査は、1991年の改正で新設されたもので、それだけ監査委員の職務権限が拡大された訳であるが、「必要があると認めるときは、監査することができる」（地自法199②）という規定であるため、十分に実施されているとはいえない。とくに小規模の地方公共団体ではわずかしか行われていない。その原因は、財務監査に加えて行政監査を実施するのに十分な体制となっていないこともあるが、そもそも行政監査の手法が確立していない。そのため行政監査を実施しても、能率性監査の観点からは、枝葉末節の問題の指摘に終わることも多い。

　第3に、統一的な監査基準が設定されていないことである。監査の質の確保のために監査基準は不可欠である。全国都市監査委員会の「都市監査基準準則」に準拠して実施している地方公共団体もあるが、都道府県はそれぞれが独自の監査基準を用いているようである。現在のところ、「一般に認められた監査基準」は存在しておらず、監査基準の統一化が喫緊の課題である。

3　住民監査請求と住民訴訟

(1) 住民監査請求の意義

　住民監査請求は、住民から監査委員監査を請求する点で事務の監査請求と類

似しているが、その法的効果が特別で、訴訟手続に移行する点に特徴がある。

まず、住民監査請求を行うことができるのは、「普通地方公共団体の住民」である（地自法242①）。この場合、法律上の行為能力が認められる限り、自然人であっても法人であってもよい。また、1人であっても請求できる。

その対象となるのは、地方公共団体の長もしくは委員会もしくは委員または職員による、違法・不当な財務会計上の行為または財務に関する怠る事実である。違法・不当な財務会計上の行為とは、具体的に、①公金の支出、②財産の取得・管理・処分、③契約の締結・履行、④債務その他の義務の負担が該当する。他方、違法・不当な財務に関する怠る事実とは、①公金の賦課・徴収を怠る事実、②財産の管理を怠る事実が該当する（地自法242①）。

住民監査請求とは、これらの行為または事実について、監査委員に対し、監査を求め、上記の違法・不当な行為や怠る事実の発生の防止、またはそれらから地方公共団体がこうむった損害を補填するために必要な措置を講ずべきことを請求することである（地自法242①）。したがって、この制度は、住民が自己の利益のために行うものではなく、財務の適正を確保することで、地方公共団体全体、いいかえると、公共の利益を図るために行うものである。したがって、地方公共団体の財務会計上の行為や財産管理の適正性を、住民による監視を通じて維持することが狙いである。

住民監査請求は、近年、増加しており、その内容も、違法・不当な財務上の行為に限定されず、それに関係する行政上の判断の是非にまで及ぶこともある。ただし、幅広く住民監査請求の対象とすることの是非をめぐっては議論がある。

(2) 住民監査請求の手続

住民監査請求は、違法・不当な行為のあった日または終わった日から、1年を経過した時はできない。ただし、天災等による場合、地方公共団体の長や職員がその行為を故意に隠した場合等、期間内に請求できない正当な理由がある場合には、1年を経過しても請求することができる（地自法242②）。

請求があると、監査委員は、監査を行い、住民の請求に理由がないと認める場合には、その理由を付して請求人に通知するとともに、公表する。一方、請求に理由があると認める場合には、議会、長、その他の執行機関または職員に

対し期間を示して必要な措置を講ずべきことを勧告するとともに、請求人に対し通知し、公表しなければならない（地自法242④）。この監査及び勧告についての決定は、監査委員の合議による（地自法242⑧）。なお、この監査及び勧告は、請求があった日から60日以内に行わなければならず（地自法242⑤）、それを過ぎると、監査の結果を待たずに住民訴訟に移行することができる（地自法242の2①・②Ⅲ）。

　監査にあたり、監査委員は、請求人に証拠の提出及び陳述の機会を与えなければならない（地自法242⑥）。なお、2002年の改正によって、請求人の陳述または関係のある長その他の執行機関もしくは職員の陳述の聴取を行う場合に、監査委員が必要であると認める時は、関係のある長その他の執行機関もしくは職員または請求人を立ちあわせることができるようになった（地自法242⑦）。

　監査委員の勧告があった時には、勧告を受けた議会、長、その他の執行機関または職員は、その勧告に示された期間内に必要な措置を講ずるとともに、その内容を監査委員に通知しなければならない。ここで「必要な措置」とは、原則として勧告の内容であるが、それのみでなく、勧告を受けた側が違法・不当な行為等を是正するのに必要と考える措置を含む。また、監査委員は、この通知の内容を請求人に通知するとともに公表しなければならない（地自法242⑨）。

　なお、2002年の改正によって、請求のあった行為が違法であると考えるに足りる相当な理由があり、地方公共団体に生ずる回復の困難な損害を避けるため緊急の必要があり、かつ、その行為を停止することによって人の生命または身体に対する重大な危害の発生の防止、その他公共の福祉を著しく阻害するおそれがないと認める時は、監査委員は、地方公共団体の長その他の執行機関または職員に対し、理由を付して監査手続が終了するまでの間、暫定的にその行為を停止すべきことを勧告することができるようになった。この場合に、監査委員は、その勧告の内容を請求人に通知するとともに、公表しなければならない（地自法242③）。

（3）住民訴訟の意義

　住民が住民監査請求をしても、その目的を果たせなかった時、すなわち、①監査委員監査の結果または勧告に不服がある時、②地方公共団体の議会、長、

その他の執行機関または職員の措置に不服がある時、③監査委員が監査または勧告を60日以内に行わなかった時、④議会、長、その他の執行機関または職員が、監査委員の勧告による措置を講じない時は、監査請求をした住民はさらに裁判所に訴訟を提起することになる。これが住民訴訟である。住民訴訟を提起することができるのは、住民監査請求を行った住民だけである（地自法242の2①）。これを住民監査請求の前置という。住民監査請求の請求と住民訴訟の請求は、同一のものでなければならない。

　したがって、住民訴訟の目的は、住民監査請求と同じく、住民が自己の利益を図ることではなく、公共の利益を実現することである。そのため主観的訴訟ではなく、客観的訴訟の性質を有している。行政事件訴訟法にいう「民衆訴訟」、すなわち国または公共団体の機関の法規に適合しない行為の是正を求める訴訟の一種である（行訴法5）。

　ただし、住民訴訟で請求することができるのは、次の場合に限られる（地自法242の2①）。それは、①執行機関または職員に対する違法な財務会計上の行為の全部または一部の差止請求（公有財産の廉価による払下げや公金支出の差止め等）、②違法な行政処分の取消しまたは無効確認の請求（道路等の行政財産の占有許可や補助金交付の取消しまたは無効確認等）、③執行機関または職員に対する違法に怠る事実の違法確認請求（租税の賦課徴収を怠っている事実の違法確認等）、④長や職員または第三者に損害賠償または不当利得返還の請求をすることを、執行機関または職員に対して求める請求、ただし、相手方となる職員が賠償命令の対象となる者である場合には、その賠償命令をすることを求める請求（違法に高額な代金を支払った場合の損害賠償を求めたり、相手方の不当利得の返還を求めたり等）、の4つである。

　このうち④の訴訟は、住民が、地方公共団体が有する損害賠償等の請求権を適正に行使するように求めるものである。従来、住民が地方公共団体の機関に代わって直接長や職員または第三者を被告として、地方公共団体が有する請求権を代位行使して提起する訴訟とされ、「代位請求訴訟」と呼ばれてきた。これは、長や職員の不法行為等の責任を住民が直接追及する手段として、広く用いられてきた。しかし、個人として責任を問うことはあまりにも責任や負担が重い場合もあることから、2002年の改正によって、地方公共団体の執行機関を

被告とする訴訟に改められた。すなわち、住民が、長や職員を被告として、直接、損害賠償等を請求するという訴訟形態から、賠償請求等の権限を有する執行機関を被告として、長や職員に対して請求権行使を求めることを請求するという訴訟形態に変更されたのである。

このように住民訴訟の対象は、地方公共団体の財務会計上の違法行為であり、かつ、地方公共団体の財政に損害をもたらす行為である。財務会計上の行為に対して、とくに住民訴訟の制度が設けられたのは、地方公共団体の財産は納税者の信託財産であるから、それを適正に管理するには、信託者である納税者自身の監視により行うべきであると考えられたからである。アメリカではこのような考え方に基づいて、古くから地方公共団体の違法な財産管理行為に対して、納税者がそれを阻止するために訴訟を提起する権利が認められてきた。いわゆる納税者訴訟（tax-payers' suit）である。この制度が戦後日本の地方自治法に導入された。住民訴訟は、地方自治のための直接民主主義的な制度であり、重要な役割を担っている。

ところで、近年、住民訴訟において財務会計上の行為、とりわけ予算執行の適否にとどまらず、その根拠となった法令・条例の違憲性・違法性、関係する機関の違法性が争われる事例が増えてきた。もともと住民訴訟は、行政一般の判断についてその責任を追及することを意図したものではないが、狭義の財務会計法規違反にのみ限定してしまうと、かえって本来の目的が達成できなくなるおそれがあるため、予算執行の根拠となる行為についても、それが財産管理の観点から重大な問題をはらむ場合には、審理の対象とされるようになった。

（4）住民訴訟の手続

住民訴訟を提起することができる期間は制限されており、監査の結果または勧告に不服がある場合は、監査の結果または勧告の通知があった日から30日以内、監査委員の勧告を受けた議会、長その他の執行機関または職員の措置に不服がある場合は、その措置の通知があった日から30日以内、監査委員が請求をした日から60日を経過しても監査または勧告を行わなかった場合は、60日を経過した日から30日以内、監査委員の勧告を受けた議会、長その他の執行機関または職員が措置を講じない場合は、勧告に示された期間を経過した日から30日

以内とされている（地自法242の2②③）。

　住民訴訟は、地方公共団体の事務所の所在地を管轄する地方裁判所の管轄に専属する（地自法242の2⑤）。既に住民訴訟が裁判所に審判のためかかっている時は、他の住民は同一の請求をする訴訟を提起することはできない（地自法242の2④）。

　訴訟を提起した者が勝訴した場合（一部勝訴を含む）において、弁護士または弁護士法人に報酬を支払うべき時は、地方公共団体に対し、その報酬額の範囲内で相当と認められる額の支払を請求することができる（地自法242の2⑫）。

(5) 住民監査請求及び住民訴訟の状況

　それでは住民監査請求及び住民訴訟は、どれほど行われているのであろうか。また、その結果はどうなっているのであろうか。総務省「地方自治月報」第55号～第57号の住民監査請求及び住民訴訟に関する調に基づいて状況を見てみよう（図表9-3及び9-4参照）。

　はじめに住民監査請求については、2007年度から2013年度までの7年間に請求のあった件数は、都道府県で1,087件、市町村で4,605件である。その結果は、まず却下の割合が高い（都道府県で55.0％、市町村で40.7％）。却下とは、住民監査請求として不適格とされる場合であり、いわゆる門前払いである。なお、却下の主な理由は、期間途過によるもの（都道府県で13.4％、市町村で18.7％）、財務会計上の行為ではないとされたもの（都道府県で25.4％、市町村で27.7％）である。また、請求が認められた場合でも、請求人の主張に理由がないとして退ける棄却の割合も高い（都道府県で37.3％、市町村で51.2％）。したがって、勧告を行ったものの割合は低くなる（都道府県で3.2％、市町村で5.1％）。

　住民監査請求については、請求しても却下率が高いことから、その理由が問題となる。却下の主な理由のうち、監査請求期間（1年）をめぐっては、それをいつから起算するのかが論点となる。加えて、監査請求期間を経過しても、正当な理由がある場合には請求が認められるので、この場合の「正当な理由」とは何かについても論点となる。

　また、財務会計上の行為であるか否かをめぐっては、当然、どこまでが財務会計上の行為なのかが論点となる。財務会計上の行為は、しばしば一般的な行

図表9-3　住民監査請求の状況

住民監査請求の件数（都道府県分）

期間	監査請求の件数	うち取下げ	うち却下	うち期間途過によるもの	うち財務会計上の行為でないもの	うちその他の理由のもの	うち棄却	うち勧告	うち合議不調
2007〜08年度	338	13	187	31	57	99	125	11	2
2009〜11年度	472	18	259	37	59	163	177	17	1
2012〜13年度	277	15	152	12	36	104	103	7	0
合計	1,087	46	598	80	152	366	405	35	3

住民監査請求の件数（市町村分）

期間	監査請求の件数	うち取下げ	うち却下	うち期間途過によるもの	うち財務会計上の行為でないもの	うちその他の理由のもの	うち棄却	うち勧告	うち合議不調
2007〜08年度	1,460	24	546	133	136	277	798	80	12
2009〜11年度	1,914	44	808	124	257	427	936	98	28
2012〜13年度	1,231	20	521	93	126	302	622	55	13
合計	4,605	88	1,875	350	519	1,006	2,356	233	53

出所：総務省『地方自治月報』第55号〜第57号に基づいて作成。

政活動の結果として行われるので、その原因となる政策や制度の是非を問う請求事例、言い換えれば、むしろ非財務的行為の方が中心的な争点と見なされる場合が多く含まれている。このような場合に、請求をどこまで広く受け止めるかが問われている。

　次に住民訴訟については、2007年度から2013年度までの7年間に争われた件数は、都道府県で475件、市町村で1,395件である。訴えの理由は、監査委員監査の結果または勧告に不服がある場合がほとんどであり（都道府県で96.2％、市町村で93.0％）、請求事項は、損害賠償等の請求をすることを求める請求が最も多い（都道府県で68.5％、市町村で69.4％）。一方、訴訟の結果が出たものは、都道府県で220件、市町村で622件である。その内訳を見ると、請求却下は

図表 9-4　住民訴訟の状況

自治法第242条の2による住民訴訟が提起された場合（都道府県分）

期間	住民訴訟の件数	訴えの理由					請求事項				訴訟の結果			
		監査委員の監査の結果または勧告に不服がある場合	議会、長その他の執行機関または職員の措置に不服がある場合	監査委員または勧告が監査または勧告を法定期間内に行わない場合	議会、長その他の執行機関または職員が必要な措置を講じない場合	違法な財務会計上の行為の全部または一部の差止請求	違法な行政処分の取消しまたは無効確認の請求	違法に怠る事実の違法確認請求	損害賠償等の請求をすることを求める請求	請求却下	請求棄却	原告一部勝訴	原告全部勝訴
2007〜08年度	161	155	1	3	4	37	7	24	133	22	53	5	1
2009〜11年度	190	187	0	2	1	45	10	19	147	17	62	6	1
2012〜13年度	124	117	0	0	7	16	6	15	109	7	42	4	0
合　計	475	459	1	5	12	98	23	58	389	46	157	15	2

自治法第242条の2による住民訴訟が提起された場合（市町村分）

期間	住民訴訟の件数	訴えの理由					請求事項				訴訟の結果			
		監査委員の監査の結果または勧告に不服がある場合	議会、長その他の執行機関または職員の措置に不服がある場合	監査委員または勧告が監査または勧告を法定期間内に行わない場合	議会、長その他の執行機関または職員が必要な措置を講じない場合	違法な財務会計上の行為の全部または一部の差止請求	違法な行政処分の取消しまたは無効確認の請求	違法に怠る事実の違法確認請求	損害賠償等の請求をすることを求める請求	請求却下	請求棄却	原告一部勝訴	原告全部勝訴
2007〜08年度	468	441	19	4	6	66	23	63	389	61	146	19	5
2009〜11年度	568	527	12	8	26	92	48	78	456	47	171	30	7
2012〜13年度	359	337	8	5	10	54	25	48	282	26	92	16	2
合　計	1,395	1,305	39	17	42	212	96	189	1,127	134	409	65	14

（注1）住民訴訟の件数は、当該年度に係争中の件数であり、当該年度以前に提起されたものを含んでいる。
（注2）訴えの理由、請求事項、訴訟の結果それぞれに複数回答があるため、住民訴訟の件数とは一致しない。
出所：総務省『地方自治月報』第55号〜第57号に基づいて作成。

住民監査請求の場合と比べて低いが（都道府県で20.9％、市町村で21.5％）、請求棄却の割合が高い（都道府県で71.4％、市町村で65.8％）。したがって、原告勝訴率は、一部勝訴を加えても、それほど高くない（都道府県で7.7％、市町村で12.7％）。

　原告勝訴率が低いといっても、裁判で争う途が開かれているということ自体

に、違法・不当な行為を抑止する効果があると考えられる。ところが、近年、損害賠償等の請求をすることを求める訴訟が続いている最中に、議会の議決により損害賠償請求権等を放棄できるかが問題となっている。これは住民訴訟制度の趣旨を損なう可能性があるため、議会の裁量権の逸脱・濫用にならないよう、その是非を慎重に検討すべきである。

4　外部監査人監査

(1) 外部監査制度導入の意義

　地方公共団体の外部監査制度は、1997年の地方自治法改正によって導入された。その背景には、当時の不祥事の発覚と地方分権をめぐる議論があった。

　地方公共団体における官官接待やカラ出張等の不祥事が、盛んにマスコミで報道され社会問題となったのは、1995年頃からである。これは一面では、地方公共団体の情報公開が進んだことや、住民監査請求及び住民訴訟の制度が機能した結果であり、それまで隠蔽されてきた事実が明らかにされたという点では評価されるものの、地方公共団体に対する住民の信頼を著しく損なうものであった。それは、単に運用上の問題にとどまらず、制度そのものにも問題があると認識され、チェック機能の強化が求められた。

　また、地方分権について地方分権推進委員会を中心に議論されていた。国と地方公共団体との関係は、どうしても上下関係になりがちで、実際、かつての機関委任事務（現在は廃止）に係る指揮監督、様々な許認可権限、補助金等を通じて、国が地方公共団体を細かくチェックしてきた。しかし、地方分権が進めば、地方公共団体の「自己決定と自己責任」が一層重要になり、地方公共団体のチェック機能を強化する必要があると主張された。

　そこで、1997年2月、第25次地方制度調査会の「監査制度の改革に関する答申」がだされ、それに基づいて外部監査制度を導入する法改正が行われた。それは、既存の監査委員監査とは別に、地方公共団体が外部の専門家と個々に契約して監査を受ける制度である。監査委員の独立性と専門性について弱点が指摘されていたのを受け、一定の資格等を有する外部の専門家を活用することでチェック機能を強化しようとするものである。

（2）包括外部監査契約と個別外部監査契約

　外部監査契約は、「包括外部監査契約」と「個別外部監査契約」からなる（地自法252の27①）。

　包括外部監査契約とは、都道府県、指定都市及び中核市、それ以外の市町村で条例によって定めたもの（地自法252の36①、地自令174の49の26）が、住民福祉の増進、最少の経費で最大の効果、組織及び運営の合理化、規模の適正化（地自法2⑭⑮）を達成するため、外部の専門家の監査を受けるとともに、監査の結果に関する報告書の提出を受けることを内容とする契約である。この契約は会計年度ごとに締結する（地自法252の27②）。このように法令上、包括外部監査契約を締結しなければならないのは、都道府県、指定都市、中核市である。それ以外の市町村の場合には、条例により定めた市町村が包括外部監査契約を締結することになる。

　包括外部監査契約に基づく監査は、地方公共団体の「財務に関する事務の執行」及び「経営に係る事業の管理」を対象とする財務監査であり、行政監査は含まない。そして、「住民福祉の増進に努めるとともに、最少の経費で最大の効果を挙げるようにしなければならない」（地自法2⑭）という趣旨及び、「組織及び運営の合理化に努めるとともに、他の地方公共団体に協力を求めてその規模の適正化を図らなければならない」（地自法2⑮）という趣旨を達成するために、包括外部監査人が必要と認める「特定の事件」について監査を行うものである（地自法252の37①）。

　また、2007年に制定された「地方公共団体の財政の健全化に関する法律」によって、財政健全化団体、財政再生団体または経営健全化団体の場合には、包括外部監査人は、上記の趣旨の他、財務に関する事務の執行及び経営に係る事業の管理が財政の早期健全化、財政の再生または公営企業の経営の健全化を図る観点から適切であるかどうかに、とくに意を用いなければならないとされた（地方財政健全化法26②）。

　なお、包括外部監査契約の相手は「一の者」であり、契約に先立ち監査委員の意見を聴くとともに、議会の議決を経なければならない（地自法252の36①）。また、「連続して4回、同一の者と包括外部監査契約を締結してはならない」と契約回数に制限が加えられている（地自法252の36③）。これは、馴れあいを

図表9-5　個別監査契約に基づく監査

個別監査契約の対象となる監査	監査委員監査の規定	外部監査人監査の規定
住民の直接請求（事務の監査請求）による監査	地自法75①の請求	地自法252の39
議会の請求による監査	地自法98②の請求	地自法252の40
長の要求による監査	地自法199⑥の要求	地自法252の41
財政援助団体等に対する長の要求による監査	地自法199⑦の要求	地自法252の42
住民監査請求による監査	地自法242①の請求	地自法252の43

防ぐためである。

　一方、個別外部監査契約とは、通常の場合には監査委員が行う監査、すなわち住民、議会または長からの請求または要求に基づく監査について、監査委員監査に代えて契約に基づく監査によることができることを条例により定めている地方公共団体が、外部の専門家の監査を受けるとともに、監査の結果に関する報告書の提出を受けることを内容とする契約である（地自法252の27③）。具体的に個別監査契約の対象になるのは、図表9-5の通りである。

　これは、監査委員監査に代えて契約に基づく監査によることを求めることができるという、特例による外部監査である。個別外部監査契約を締結するかどうかは、個々の地方公共団体が条例により定めることになる。また、どの部分を外部監査によるかについても条例で定めることになるが、実際にどの程度を契約に委ねるかは、請求または要求があった時に個別に判断する。

　ただし、2007年に制定された「地方公共団体の財政の健全化に関する法律」によって、財政健全化計画、財政再生計画または経営健全化計画を定めなければならない地方公共団体の長は、これらの計画を定めるにあたっては、あらかじめ、財政の健全化のために改善が必要と認められる事務の執行について、監査委員に対し監査の要求をし、あわせて、理由を付して監査委員監査に代えて個別外部監査契約に基づく監査によることを求めなければならないとされた（地方財政健全化法26①）。

(3) 外部監査契約を締結できる者

　地方公共団体が外部監査契約を締結できる者は、まず、「普通地方公共団体の財務管理、事業の経営管理その他行政運営に関し優れた識見を有する者」でなければならない（地自法252の28①）。「識見を有する者」というのは、監査委員のうち識見委員に関する規定（地自法196①）と同じ文言である。

　その上で、一定の資格等が要求される。すなわち、①弁護士、②公認会計士、③国の行政機関において会計検査に関する行政事務に従事した者、または地方公共団体において監査、もしくは財務に関する行政事務に従事した者であって、監査に関する実務に精通しているものとして政令で定めるものである（地自法252の28①Ⅰ～Ⅲ）。なお、ここで③の「政令で定める者」とは、これらの行政事務に従事した期間が通算して10年以上になる者、またはこれらの行政事務に関する総務大臣の指定した研修を修了した者でこれらの行政事務に従事した期間が通算して5年以上になる者である（地自令174の49の21、地自則17の2～6）。

　また、外部監査契約を円滑に締結し、またはその適正な履行を確保するために必要な時は、前述の識見を有する者であって税理士（税理士となる資格を有する者を含む）である者とも外部監査契約を締結することができる（地自法252の28②）。これは、地域によっては弁護士や公認会計士の確保が難しいことが予想されるためである。なお、この規定は、国会における修正によって追加された。

　ところで、前述の資格等に該当するものであっても、外部監査契約を締結してはならない場合がある。すなわち、弁護士や公認会計士等の欠格条項に該当する場合には、契約を締結することはできない（地自法252の28③Ⅰ～Ⅵ）。また、その地方公共団体の議員及び職員、常勤の職員であった者は、独立性に問題があるため、契約を締結することはできない（地自法252の28③Ⅶ～Ⅸ、地自令174の49の22）。加えて、その地方公共団体の長、副知事もしくは副市町村長、会計管理者または監査委員と親子、夫婦または兄弟姉妹の関係にある者や、その地方公共団体に対し請負（外部監査契約に基づくものを除く）をする者等も除かれる（地自法252の28③Ⅹ・Ⅺ）。

(4) 外部監査の実施

外部監査の実施に係る事項として、①特定の事件についての監査の制限、②監査の実施に伴う外部監査人と監査委員相互の配慮、③監査の実施に伴う外部監査人の義務、④外部監査人監査の事務の補助、⑤外部監査人監査への協力、⑥議会による説明の要求または意見の陳述がある。

▼特定の事件についての監査の制限

外部監査人について監査執行上の除斥規定があり、自己もしくは父母、祖父母、配偶者、子、孫もしくは兄弟姉妹の一身上に関する事件または自己もしくはこれらの者の従事する業務に直接の利害関係のある事件については、監査することはできない（地自法252の29）。これは監査委員の除斥規定（地自法199の2）と同様である。

▼監査の実施に伴う外部監査人と監査委員相互の配慮

外部監査制度の導入によって地方公共団体の監査制度は、監査委員監査と外部監査人監査が並立することとなり、両制度の間の調整が必要となった。そこで、外部監査人は、監査を実施するにあたっては、監査委員にその旨を通知する等相互の連絡を図るとともに、監査委員監査の実施に支障を来さないよう配慮しなければならない（地自法252の30①）。他方、監査委員は、監査を実施するにあたっては、外部監査人監査の実施に支障を来さないよう配慮しなければならない（地自法252の30②）。たとえば、同一の部局に両方の監査が同時に実施されることを避ける等である。

▼監査の実施に伴う外部監査人の義務

外部監査人は、外部監査契約の本旨にしたがい、善良な管理者の注意をもって、誠実に監査を行う義務を負う（地自法252の31①）。外部監査人は、外部監査契約の履行にあたっては、常に公正不偏の態度を保持し、自らの判断と責任において監査をしなければならず（地自法252の31②）、監査の実施に関して知り得た秘密を、外部監査契約中はもちろん、外部監査人でなくなった後であっても漏らしてはならない（地自法252の31③）。これは、監査委員の服務（地自法198の3）と同様である。ただし、外部監査人に対しては、守秘義務に違反した場合に刑罰が科される。2年以下の懲役または100万円以下の罰金である（地自法252の31④）。

また、外部監査人は、刑法等の罰則の適用については、法令により公務に従事する職員とみなされる（地自法252の31⑤）。いわゆる「みなし公務員」の規定であり、監査委員と同様に取り扱われることになる。これにより、外部監査を妨害した場合には、威力業務妨害罪ではなく公務執行妨害罪が適用されることになり、外部監査の実施が担保されることになる。

▼外部監査人監査の事務の補助

外部監査契約を締結するのは外部監査人であるが、外部監査の実施にあたっては組織的な取り組みが必要であるため、外部監査人は、監査の事務を他の者に補助させることができる。なお、その場合には、外部監査人は、あらかじめ、監査の事務を補助させる者の氏名、住所及び履歴、監査の事務を補助させることが必要である理由、監査の事務を補助させる期間を記載した書面を、監査委員に提出して協議しなければならない（地自法252の32①、地自令174の49の23、地自則17の7）。

このように監査委員が事前に外部監査人補助者をチェックすることになっている。そして、外部監査人補助者も、外部監査人と同様に、守秘義務を負い（地自法252の32⑤⑥）、刑法その他の罰則の適用について「みなし公務員」とされる（地自法252の32⑦）。

▼外部監査人監査への協力

地方公共団体が外部監査人監査を受けるにあたっては、議会、長その他の執行機関または職員は、外部監査人監査の適正かつ円滑な遂行に協力するよう努めなければならない（地自法252の33①）。

また、代表監査委員は、外部監査人の求めに応じ、監査委員監査の事務に支障のない範囲内において、監査委員の事務局長、書記その他の職員等を外部監査人監査の事務に協力させることができる（地自法252の33②）。

なお、包括外部監査人は、監査委員と同様に（地自法199⑧）、地方公共団体の職員に対して質問したり書類の調査を行ったりすることができることはもちろん、監査のために必要があると認める時は、外部関係者の出頭を求めたり、外部関係者について調査したり、外部関係者に対し帳簿、書類その他の記録の提出を求めたり、学識経験者等から意見を聴いたりすることができる。ただし、監査委員との協議が必要とされる（地自法252の38①）。

▼議会による説明の要求または意見の陳述

　地方公共団体の議会は、必要があると認める時は、外部監査人または外部監査人であった者の説明を求めることができる（地自法252の34①）。また、外部監査人に対し意見を述べることができる（地自法252の34②）。これは、住民の代表としての議会が、外部監査の対象となった事務の処理について外部監査人の説明を受けるとともに、外部監査をチェックするという意味である。

（5）外部監査契約の解除

　地方公共団体の長は、外部監査人が前述の資格等（地自法252の28①②）を失った時や、欠格条項等（地自法252の28③）に該当するようになった時は、外部監査契約を解除しなければならない（地自法252の35①）。また、外部監査人が心身の故障のため監査の遂行に堪えない時や、法令や契約に係る義務に違反する行為があった時等は、外部監査契約を解除することができる。ただし、あらかじめ監査委員の意見を聴くとともに、その意見を付けて議会の同意を得ることが条件である（地自法252の35②）。

　他方、外部監査人の側から外部監査契約を解除しようとする時は、地方公共団体の長の同意を必要とする。この場合でも監査委員の意見を聴かなければならない（地自法252の35③）。

（6）外部監査人監査の問題点

　地方公共団体の外部監査制度の狙いは、監査委員の独立性と専門性について弱点が指摘されていたのを受け、一定の資格等を有する外部の専門家を活用することでチェック機能を強化しようとするものであった。しかし、必ずしも狙い通りにはなっていない。

　その理由の1つは、外部の専門家は必ずしも地方公共団体の「財務に関する事務の執行」及び「経営に係る事業の管理」に精通している訳ではないということである。公認会計士は「監査及び会計の専門家」（公認会計士法1）であるが、その知識は企業会計に偏っている。弁護士は「法令及び法律事務に精通しなければならない」（弁護士法2）が、法律知識だけで実際の財務事務が理解できるものでもなかろう。専門家といえどもオールマイティではない。そこで、

どのような案件が外部監査に適しているかということになる。これは、経験の蓄積と交流を待つしかない。また、受入・支援体制の充実も課題であるが、十分とはいえないのが実情であろう。しかし、外部監査の性格とともに、その必要性が正しく理解されていない。

まず、外部監査人は、監査対象についての意見を形成するために、独自に調査を行い、資料を収集することが必要であるが、このことは、監査を受ける側の受入・支援体制が整備されていなければならないことを意味する。他者が行ったことを外部の第三者が評価するためには、いかなる状況において何があったかを理解しなければならない。行為とその状況の可視化、いわゆる「みえる化」が必要である。それがあってはじめて評価や監査が可能になる。

ところで、地方公共団体の財務事務は、法令、財務規則、手続等に準拠して執行される。これは、第5節で取り上げる「内部統制」があるということである。正確な定義は後述するとして、要するに内部統制とは、組織内には適切に仕事を行う（事務を処理する）ための決まりごとが設けられているということである。不正、誤謬、その他不適切な行為があるとすれば、この決まりごとが守られていないか、あるいは、適切に決められていないことを意味する。

地方公共団体では厳しい財政事情の下で、内部統制の整備にまで余裕がないと考えるかもしれない。しかし、統制という言葉からもっぱら法令順守と結びつけて理解されがちであるが、内部統制の目的はそれだけではなく、地方公共団体の目的の達成に密接に関連している。

5 内部統制

内部統制とは、組織内部のコントロールの仕組みのことである。企業社会では、会計不正や食品偽装等が社会問題化したことを背景に、企業経営を支えるインフラとして内部統制が社会的な関心を集めるまでになった。企業に適用される「財務報告に係る内部統制の評価及び監査の基準」（2007）によれば、内部統制とは、「基本的に、業務の有効性及び効率性、財務報告の信頼性、事業活動に関わる法令等の遵守並びに資産の保全の4つの目的が達成されているとの合理的な保証を得るために、業務に組み込まれ、組織内のすべての者によっ

て遂行されるプロセスをいい、統制環境、リスクの評価と対応、統制活動、情報と伝達、モニタリング（監視活動）及びIT（情報技術）への対応の6つの基本的要素から構成される」と定義される。

　この定義は、内部統制のスタンダードとされるCOSOの報告書「内部統制の統合的枠組み」(1992)で示されたフレームワークに若干の修正を加えたものであり、その本質に変わりはない。そして、地方公共団体においても、図表9-6の中の事業を政策（政策・施策・事務事業の体系）に、財務諸表を決算に、経営者を地方公共団体の長に読み替える等、最低限の修正を加えれば通用する。それほど普遍的な概念である。

　ここで注目すべきは、内部統制の4つの目的はそれぞれ独立しているが、相互に関連を有しているということである。内部統制は、第一義的には、地方公共団体の目的を達成するために整備し運用するものである。地方公共団体の目的とは、「住民の福祉の増進を図ること」（地自法1の2①）に他ならない。そして、そのために、「住民福祉の増進に努めるとともに、最少の経費で最大の効果を挙げるようにしなければならない」（地自法2⑭）、また、「組織及び運営の合理化に努めるとともに、他の地方公共団体に協力を求めてその規模の適正化を図らなければならない」（地自法2⑮）とされる。内部統制は、このような目的を達成するために、「業務に組み込まれ、組織内のすべての者によって遂行されるプロセス」である。まさに内部統制はマネジメント・システムである。

　具体的に内部統制をどのように整備し運用するかは、個々の地方公共団体がおかれた環境や規模等によって異なる。したがって、環境を踏まえてリスクを評価し、それに対応して必要な統制を整備しなければならない。しかも内部統制は、いったん整備すれば永久ということではなく、その運用状況を継続的にモニタリングすることが必要であり、その際には適切な情報の伝達が重要である。そして、ITへの対応は、他の基本的要素と密接不可分の関係を有しており、これらと一体になって評価される。

　ただし、内部統制は、次のような固有の限界を有するため、その目的の達成にとって絶対的なものではない。それは、①内部統制は、判断の誤り、不注意、複数の担当者による共謀によって有効に機能しなくなる場合がある、②内部統

図表9-6　内部統制の4つの目的と6つの基本的要素

内部統制の4つの目的	
業務の有効性及び効率性	事業活動の目的の達成のため、業務の有効性及び効率性を高めること
財務報告の信頼性	財務諸表及び財務諸表に重要な影響を及ぼす可能性のある情報の信頼性を確保すること
事業活動に関わる法令等の遵守	事業活動に関わる法令その他の規範の遵守を促進すること
資産の保全	資産の取得、使用及び処分が正当な手続及び承認の下に行われるよう、資産の保全を図ること
内部統制の6つの基本的要素	
統制環境	組織の気風を決定し、組織内のすべての者の統制に対する意識に影響を与えるとともに、他の基本的要素の基礎をなし、リスクの評価と対応、統制活動、情報と伝達、モニタリング及びITへの対応に影響を及ぼす基盤
リスクの評価と対応	組織目標の達成に影響を与える事象について、組織目標の達成を阻害する要因をリスクとして識別、分析及び評価し、当該リスクへの適切な対応を行う一連のプロセス
統制活動	経営者の命令及び指示が適切に実行されることを確保するために定める方針及び手続
情報と伝達	必要な情報が識別、把握及び処理され、組織内外及び関係者相互に正しく伝えられることを確保すること
モニタリング	内部統制が有効に機能していることを継続的に評価するプロセス
ITへの対応	組織目標を達成するために予め適切な方針及び手続を定め、それを踏まえて、業務の実施において組織の内外のITに対し適切に対応すること

出所：企業会計審議会「財務報告に係る内部統制の評価及び監査の基準」に基づいて作成。

制は、当初想定していなかった組織内外の環境の変化や非定型的な事案等には、必ずしも対応しない場合がある、③内部統制の整備及び運用に際しては、費用と便益との比較衡量が求められる、④地方公共団体の長及び議員が、不当な目的のために内部統制を無視ないし無効ならしめることがある、というものである。しかし、各基本的要素が有機的に結びつき、一体となって機能することで、その目的を合理的な範囲で達成しようとするものである。

地方公共団体の監査の目的は、地方公共団体が「住民福祉の増進と行財政運

営の効率性の追求」並びに「地方公共団体の組織及び運営の合理化とその規模の適正化」という立法趣旨に合致していることを確実にすることである。したがって、財務監査は、もっぱら歳入・歳出に係る数値を対象としているが、単に金額が正しいか否かを監査するだけでなく、適法性や適正性さらに効率性にまで及ぶ。他方、行政監査は、事務自体の適法性や効率性を問題にする。

したがって、監査委員監査と外部監査人監査のいずれの場合でも、監査の実施においては、内部統制がシステムとして整備され、運用されていることを前提に、疑問視される案件を個別に問題にするのではなく、それを未然に防げなかった組織の仕組みを問題にすべきである。そのためには既存の内部統制を可視化すること、いわゆる「みえる化」が必要になる。それによってはじめて、その業務に直接携わっていない者が評価したり、監査したりすることができるようになる。

監査は、説明責任を果たす上で、これから一層重要になるだろう。内部統制を整備し、財務監査を一層充実することはもちろん、いまだ試行段階といわざるを得ない行政監査を本格的に実施する必要がある。

研究課題

1　誰が地方公共団体を監査しているのでしょうか。
2　財務監査及び行政監査の狙いは何でしょうか。
3　現行の監査制度の問題点は何でしょうか。

参考文献

鈴木豊（2006）『公監査』同文舘出版。
日本地方自治研究学会編（2009）『地方自治の最前線』清文社。
総務省・第29次地方制度調査会「今後の基礎自治体及び監査・議会制度のあり方に関する答申」（2009年6月12日）http://www.soumu.go.jp/main_content/000026968.pdf
総務省・地方公共団体の監査制度に関する研究会「地方公共団体の監査制度に関す

る研究会報告書」(2013年3月) http://www.soumu.go.jp/main_content/000219869.pdf

総務省・住民訴訟に関する検討会「住民訴訟に関する検討会報告書」(2013年3月) http://www.soumu.go.jp/main_content/000219863.pdf

総務省・第31次地方制度調査会「人口減少社会に的確に対応する地方行政体制及びガバナンスのあり方に関する答申」(2016年3月16日) http://www.soumu.go.jp/main_content/000403436.pdf

総務省「地方自治月報」http://www.soumu.go.jp/main_sosiki/jichi_gyousei/bunken/chousa.html

第 Ⅳ 部

自治のカタチ

第10章　種類と規模

　本章では、地方公共団体の種類と規模について考察する。地方分権の進展に伴い、地域における総合的な政策策定と実施の主体としての地方公共団体の位置づけと役割が重要性を増してきている。戦後の地方自治制度には、明治以来の中央集権的・官治的地方制度の残滓が根強く残されていたため、地方公共団体は、ともすれば、国の下請け・出先機関的なものとして、捉えられがちであった。ところが、2000年4月から施行された地方分権一括法により、国の事務を地方公共団体の機関に処理させる方式である機関委任事務が廃止されたこともあり、これまで以上に地域における総合的な政策主体としての地方公共団体に注目が寄せられるようになってきている。地域の課題に対するきめ細かな対応が求められる今、地方行政の担い手として重要性を増してきている地方公共団体の種類及び規模を概観しながら、近年、進められている市町村合併、さらには道州制の議論の背景や課題等についても述べる。

1　普通地方公共団体と特別地方公共団体

（1）地方公共団体

　地方公共団体は、地方自治権を行使する主体として位置づけられている団体であり、法人格が付与されている（地自法2①）。地方自治法は、地方公共団体を普通地方公共団体と特別地方公共団体に分類している。最近、新聞記事等では、自治体という表現をみかけることが多くなってきている。この言葉から通常意識されるのは普通地方公共団体と特別区のことである。それは、それらの団体が日常生活において最も身近な存在であるからである。

　ところで、この自治体という言葉は法令上の用語ではなく、法令上の呼称は

地方公共団体である。この地方公共団体という呼称については、国から存立の目的を与えられた団体という戦前からのニュアンスを残しているため、むしろ、自治体と呼ぶべきであるとの主張もある（兼子、1999）。そして、日常生活では自治体という言葉の方が耳になじんできている。また、近年、国との関係で、地方政府という言葉が使われることも多くなってきている。

さて、それでは地方公共団体とは何かということになるが、地方公共団体の成立要件として、①固有の区域（地域的・空間的構成要件）、②住民（人的構成要件）、③法人格（法制度的構成要件）の3つが必要であるとされており、これらの要件を備えて、はじめて地方公共団体が成立すると考えられている。

普通地方公共団体については、地方自治法制定に伴って新たに設置された訳ではなく、地方自治法は「普通地方公共団体の区域は、従来の区域による」（地自法5①）と定めており、地方自治法施行当時の都道府県及び市町村の区域と名称を継承することとなったため、普通地方公共団体の名称、区域及び住民については従来のまま踏襲された。その後の区域の変更は、市町村の廃置分合により生じたものである。

特別地方公共団体についても、区域、住民、法人格という3要素が観念され得るが、塩野（2006）は「すべての地方公共団体に共通して認められる法人格性は別として、区域、住民については、特別地方公共団体であることを理由に多少の加工がなされることは認められるであろう」と述べている。なお、憲法上の地方公共団体は普通地方公共団体に限ると解されるのが通例であり、特別地方公共団体には、住民自治や団体自治等の憲法上の保障は必ずしも及ばないものと解されている。この点に関し、特別地方公共団体である特別区は憲法93条2項の地方公共団体と認めることはできないとの判断を示した最高裁判例がある（最高裁1963年3月27日大法廷判決）。

また、地方公共団体は、単なる経費負担団体や権利義務の主体の地位にとどまるものではなく、国と並ぶ統治団体として位置づけられており、行政主体の1つに数えられる。

地方公共団体の種別を表にすると、図表10-1の通りである。

図表10-1　地方公共団体の種類

地方公共団体の種類		
普通地方公共団体 (地自法1の3②)	都道府県：市町村を包括する広域団体	
	市町村：住民に身近な基礎的地方公共団体	
特別地方公共団体 (地自法1の3③)	特別区（東京23区）（自治法281）	
	地方公共団体の組合 (地自法284①)	一部事務組合
		広域連合
	財産区（地自法294〜297）	
	合併特例区（合併特例法27）	

(2) 普通地方公共団体

　普通地方公共団体は、一般的かつ普遍的な地方公共団体であり、地方自治法は、普通地方公共団体として都道府県と市町村を定めている（地自法1の3②）。普通地方公共団体は、地域における事務及びその他の事務で法律またはこれに基づく政令により処理することとされるものを処理する（地自法2②）。このうち、市町村は基礎的な地方公共団体として都道府県の処理するものとされているものを除き、一般的にこれらの事務を処理することになっており（地自法2③）、住民に一番身近な存在である。他方、都道府県は市町村を包括する広域団体として位置づけられ（地自法5②）、広域にわたる事務、市町村に関する連絡調整に関するもの及びその規模または性質において一般の市町村が処理することが適当でないと認められる事務を処理する（地自法2⑤）。

　普通地方公共団体には、議決機関としての議会がおかれる（地自法89）。また、執行機関としては、いわゆる多元主義が取られ、長の他、法律の定めるところにより委員会または委員が設置される（地自法138の4）。そして、議会の議員及び長は選挙人が投票により選挙することとされている（地自法17）。さらに、普通地方公共団体は、法人として権利義務の主体となることはもちろんのこと、自治立法権、自治行政権、自治財政権等、地方自治権の主体としての権能が認められている。

　また、住民が普通地方公共団体の意思形成に関わる仕組みとして、条例の制定・改廃請求、事務の監査請求、議会の解散請求、長や議員等の解職請求を内

容とする直接請求の制度（地自法5章）が設けられている。この他、住民による監査請求及び訴訟（地自法242、242の2）が制度化されており、国政レベルではみることのできない特徴ある制度が組み込まれている。なお、都道府県と市町村の規模や相互の関係等については、第3節で詳述する。

（3）特別地方公共団体

　特別地方公共団体は普通地方公共団体とは異なり、特定の行政目的、たとえば、消防、ごみ処理、下水処理等単独の普通地方公共団体では十分な処理が困難な事務や特殊な内容の事務について対応するため政策的に設置される地方公共団体である。地方自治法は、特別地方公共団体として、特別区、地方公共団体の組合、財産区を定めている（地自法1の3③）。

　このうち、特別区（東京23区）は、他の特別地方公共団体とやや趣を異にしており、現在では、普通地方公共団体である市に非常に近い存在となっている。特別区は、第4節で説明する政令指定都市の行政区が市の単なる行政区画に過ぎないのとは異なり、法人格を有する特別地方公共団体であり、公選の区長、区議会、区職員を有し、ほぼ一般の市に近い組織・体制を取っている。

　沿革的には、東京都及び特別区の原点は、戦時体制の中、1943年に戦争完遂のための帝都行政確立を掲げて、東京府と東京市の二重行政の解消を目指す首都行政の新たな形として東京都が成立したことに遡る。この時に東京府と東京市を合体し（実質的には東京府による東京市の吸収）、府県の性格と基礎的地方公共団体の性格をあわせもつ東京都が設置された。戦時下の東京都制では、区（35区）は従来からの法人格を有したまま、都の内部団体とされ、国の官吏である都長官が官吏を区長に任命することになる等、極めて官治的な色彩の強い体制が形づくられた。

　戦後、連合国の占領下において、1946年9月、東京都制の一部改正が実現し、区の自治権は大幅に拡大され、区長の公選制、区の課税権、起債権、条例制定権等が認められた。さらに、1947年5月の地方自治法施行により、東京都の区は特別区として、市に準じた位置づけが与えられることになった。また、1947年8月には、最終的に特別区は35区から現在の23区に再編された。

　ところが、1952年の地方自治法改正により、特別区の存する区域における大

都市としての一体性確保を理由として、区長公選制の廃止をはじめ区の自治権が大幅に制限されることになった。この後、区の自治権拡大に向けての動きがあり、1964年の地方自治法改正において、都から区への権限移譲が行われ、都区間の連絡調整のための都区協議会が設置された。

特別区では区長公選制復活を目指して幅広い運動が展開された。このような特別区側の粘り強い自治権拡大運動が功を奏し、1974年5月には、区長公選制を復活する地方自治法改正が成立し、都からの配属職員制度も廃止され、区は、一層の自治権獲得に向けて歩みを進めることとなった。そして、1998年の地方自治法改正では、特別区は基礎的地方公共団体として位置づけられ、2000年4月から清掃事業等の事務が都から区に移管された。このような経過を経て特別区の基礎的地方公共団体化が一段と進んだ。このため、塩野（2006）のように、「区長の公選制を否定していた時代は、特別区を特別地方公共団体とする実益はあったが、現在ではその意義が失われている」という見解も示されている。

次に地方公共団体の組合について説明する。地方公共団体の組合は、地方公共団体の事務の共同・広域処理の方式の1つである。二以上の地方公共団体がその事務の一部または全部を共同・広域処理するために協議により規約を定めて組合を設置し、事務の共同・広域処理にあたる。消防、ごみ処理、下水処理、上水道等の事業を考えれば理解し易いが、これらの事務については、単独の地方公共団体で処理するよりも、共同で広域処理したほうが経済性・効率性が高くなり、技術的な面でも対応が容易となるため、組合を設置するメリットが大きくなる。

地方自治法は「地方公共団体の組合は、一部事務組合及び広域連合とする」（地自法284①）と定めている。このうち、一部事務組合には、地方自治法284条2項に基づく一部事務組合とその変形としての地方自治法285条に定める一部事務組合（複合的一部事務組合）がある。なお、複合的一部事務組合は、市町村及び特別区によって構成される一部事務組合にのみ認められるものである。地方公共団体の組合には、通常、事務所、議会、執行機関（管理者）等がおかれる。

さて、地方自治法284条2項によれば、普通地方公共団体及び特別区は、その事務の一部を共同処理するため、その協議で規約を定め、都道府県の加入するものにあっては総務大臣、その他のものにあっては都道府県知事の許可を得

図表10-2　複合的一部事務組合の例
○×環境衛生組合

	A村	B市	C町	D町	E市	F村
ごみ処理	○	○	○			○
下水処理	○		○	○	○	
火葬場		○		○		○

1つの○×環境衛生組合が、「ごみ」「下水」「火葬場」という異なる業務について、構成する市町村を変えて数市町村が共同で運営するという例である。

出所：平谷（2006）を元に作成。

て、一部事務組合を設置することができるとされている。ところが、地方自治法284条2項で規定する一部事務組合は、構成団体である市町村または特別区の全てから担当事務が持ち寄られることになるため、処理しようとする事務の種類が全て同一でない時には、その都度、別の一部事務組合を設置する必要が発生する等、拡大を続ける社会・経済活動の動きに、より柔軟に対応するための仕組みとして使い勝手の悪い面があった。この欠点を解消するために、1974年の地方自治法改正により複合的一部事務組合の制度が創設された。地方自治法285条は「市町村及び特別区の事務に関し相互に関連するものを共同処理するための市町村及び特別区の一部事務組合については、市町村又は特別区の共同処理しようとする事務が他の市町村又は特別区の共同処理しようとする事務と同一の種類のものでない場合においても、これを設けることを妨げるものではない」と規定し、一般の一部事務組合に対する特例を定めている。この条文の意味はわかりにくいが、その一例を図示すると図表10-2のようになる。

　なお、一部事務組合が処理する事務の内容については、消防、ごみ処理、下水処理等をはじめ、福祉、教育、都市計画、産業振興、港湾管理等多岐にわたっている。

　次に広域連合は、拡大する一方の経済・社会活動に柔軟かつ適切に対応できる広域行政の推進を目指す「事務の広域処理のための組織」として位置づけられており、1994年の地方自治法改正で導入された。地方自治法284条3項は「普通地方公共団体及び特別区は、その事務で広域にわたり処理することが適当であると認めるものに関し、広域にわたる総合的な計画（以下「広域計画」

という）を作成し、その事務の管理及び執行について広域計画の実施のために必要な連絡調整を図り、並びにその事務の一部を広域にわたり総合的かつ計画的に処理するため、その協議により規約を定め、一部事務組合の例により、総務大臣又は都道府県知事の許可を得て、広域連合を設けることができる」と定めている。広域連合は、一部事務組合と異なり、同種の事務を共同処理することに限定されず、広域にわたり事務を処理することが適当であると認めるものについて設立することができる。

　さらに、広域連合は一部事務組合とは異なり、国や都道府県から直接権限移譲を受けることができる（地自法291の2①②）。この他広域連合の長及び議会の議員については、一部事務組合でしばしばみられる、いわゆる「充て職」による選挙・選任は認められず、広域連合の規約の定めるところにより、広域連合の区域内の有権者による直接投票、または広域連合を組織する地方公共団体の議会における選挙によって選出されることになっている（地自法291の5）。加えて、住民による直接請求も認められている（地自法291の6）。以上のことから、広域連合は、単なる事務の共同処理の方式ではなく、広域行政の強力な担い手としての役割を志向して創設された制度であるということができる。

　次に財産区について説明する。財産区は、市町村及び特別区の一部で財産を有し、もしくは公の施設を設けているものに財産の管理及び処分の権能を認めた特別地方公共団体である。財産区は、沿革的には1888年に制定された市制・町村制に遡ることができ、近代的地方制度創設以前の村落共同体の慣習に起源をもっている（宇賀、2007）。

　財産区の特徴は、財産または公の施設の管理・処分の権能のみをもつところにある。具体的には山林、用水路、温泉、公会堂等が財産区となる例が多い。財産区には独自の執行機関はなく、財産の管理・処分等に関する執行権は当該市区町村の長が有する。議決機関については当該市区町村の議会が議決機関となるが市区町村の条例で財産区に簡易の審議機関として財産区管理会をおくことができる（地自法296の2）。この他、地方自治法は、市区町村の条例で財産区の議会または総会を設置し、財産区に関し当該市区町村の議会が議決すべき事項を議決させることができると定めており（地自法295）、兵庫県神戸市の魚崎財産区のように、この規定に基づく財産区の議会が設置されている例がある。

特別地方公共団体の最後に、合併特例区について説明する。「市町村の合併の特例等に関する法律」（以下、合併特例法）26条は、「合併市町村において市町村の合併後の一定期間、合併関係市町村の区域であった地域の住民の意見を反映しつつその地域を単位として一定の事務を処理することにより、当該事務の効果的な処理又は当該地域の住民の生活の利便性の向上等が図られ、もって合併市町村の一体性の円滑な確立に資すると認めるときは、合併市町村の協議により、期間を定めて、合併市町村の区域の全部又は一部の区域に、一又は二以上の合併関係市町村の区域であった区域をその区域として、合併特例区を設けることができる」と定めている。そして、合併特例法27条は、「合併特例区は、地方自治法第１条の３第１項の特別地方公共団体とする」と規定している。

　合併特例区は、合併関係市町村の議会の議決を経た上で、当該合併関係市町村の協議により規約を定め、都道府県知事の認可を受けて設立される（合併特例法28）。規約では、合併特例区の名称、区域、設置期間、処理する事務等の事項が定められる。合併特例区の長は市町村長の被選挙権を有する者のうちから、合併市町村の長が選任する（合併特例法33）。また、議会はおかれず、合併特例区の区域内に住所を有する者で合併市町村の議会の議員の被選挙権を有する者のうちから、規約で定める方法により合併市町村の長が選任する者を構成員とする合併特例区協議会が設置される（合併特例法36）。なお、合併特例区協議会は諮問機関として位置づけられている（合併特例法38）。

　合併特例区は地方自治法に根拠をもたず、時限法である「合併特例法」を根拠とする特別地方公共団体であり、恒久的なものではなく、個別の合併特例区も５年を超えて設置することはできないものとされており（合併特例法31②）、他の特別地方公共団体と比較して臨時的・変則的な性格が目立っている。

2　コミュニティ自治

（1）狭域行政の制度

　近年、市町村合併が進み、市町村の規模が大きくなってきている。効率的な行政運営を図り、社会の高度情報化等の動きに対応するためには、市町村規模の適正化は必要である。しかし、反面、市町村が広域化することによって、身

近な役所としての市町村と住民との距離が広がり、住民の声が地域の行政に反映されにくくなったり、きめ細かな住民サービスの質が低下したりすることが起こりうる。したがって、地域コミュニティの強化を推進する狭域行政もこれまで以上に重要な意味をもってきている。とくに阪神・淡路大震災で明らかとなったように、地域の問題を行政の力だけで解決することは困難であり、住民や企業と行政との協働の仕組みづくりが大切となる。阪神・淡路大震災の被災地で、自治会、まちづくり協議会等のコミュニティ組織が「まちの復旧・復興」に大きな役割を果たしたことは周知の通りである。

地方自治法は、狭域行政に対応するために、地縁による団体、地域自治区の制度を導入した。これらの制度は、いずれも市町村の区域内における地域的な活動に対応することを目的としているが、その法的性質や内容は異なる。なお、第1節で説明した特別地方公共団体としての合併特例区も狭域行政に対応するための制度ということもできる。ここでは、まず、地縁による団体、地域自治区について説明をした後、「まちづくり協議会」等、市町村の条例等に根拠をもつ独自のコミュニティ組織についても簡単に説明をする。

（２）地縁による団体

1991年に改正された地方自治法により導入された制度である。地方自治法は、「町又は字の区域その他市町村内の一定の区域に住所を有する者の地縁に基づいて形成された団体（「地縁による団体」）は、地域的な共同活動のための不動産又は不動産に関する権利等を保有するため市町村長の認可を受けたときは、その規約に定める目的の範囲内において、権利を有し、義務を負う」と定めており（地自法260の2①）、一定の手続により町内会や自治会等に法人格を付与する道を開いた。

町内会、自治会は戦前から存在している団体であり、戦時中、行政の末端機構に組み込まれていた時期もある。その多くが集会所等の不動産を所有していた。戦中の1943年には、市町村長の認可を受けた町内会、自治会に財産の保有主体となることを可能にする根拠規定が設けられたが、戦後、連合国の占領下において、戦時中の町内会、自治会的なものは解体され、団体名義の財産保有はできなくなった（宇賀、2007）。その結果、町内会、自治会は法律的には「権

利能力なき社団」としての性格をもつものとされ、不動産の登記は団体名義では行うことができず、代表者名義で不動産登記が行われてきた。このため、代表者の死亡等を契機として登記名義をめぐる紛争（登記された不動産が代表者個人の財産なのか、町内会、自治会の財産なのかという紛争）が多発したため、市町村長の認可を受けた町内会、自治会に法人格を付与することになったのである。当該認可を受けるためには、地縁による団体の代表者が総務省令で定めるところにより申請を行わなければならない（地自法260の2②）。

　なお、市町村長の認可を受け、法人格を得たとしても、地方自治法は「地縁による団体」を公共団体その他の行政組織の一部とすることを意味するものと解釈してはならないと定めている（地自法260の2⑥）。これは、戦時中のように町内会、自治会を行政の末端機構に組み入れる意図のないことを明らかにした規定であるといえる。さらに、法人格を得た「地縁による団体」が特別地方公共団体に位置づけられるものではないことにも注意が必要である。

(3) 地域自治区

　市町村合併に伴う区域の広域化等との関係で設けられた制度である。合併により市町村の役所まで、何十キロも離れたところから出向かなければならなくなったり、地方議員の数が減り、住民の声が届きにくくなったりしたという声をしばしば聞くが、地域自治区制度は、合併によってかえって住民の利便が阻害されることのないように、住民自治の充実・強化、住民サービスの向上等の観点から導入された。

　地方自治法は、「市町村は、市町村長の権限に属する事務を分掌させ、及び地域の住民の意見を反映させつつこれを処理させるため、条例で、その区域を分けて定める区域ごとに地域自治区を設けることができる」と定めている（地自法202の4①）。地域自治区には、事務所と地域協議会がおかれる。地方自治法は、地域自治区の事務所について「地域自治区に事務所を置くものとし、事務所の位置、名称及び所管区域は、条例で定める」（地自法202の4②）とし、事務所の長に関しては「地域自治区の事務所の長は、当該普通地方公共団体の長の補助機関である職員をもつて充てる」旨を定めている（地自法202の4③）。

　また、地域協議会に関して、地域自治区に地域協議会をおくこと（地自法

202の5①)、地域協議会の構成員は、地域自治区の区域内に住所を有する者のうちから、市町村長が選任すること（地自法202の5②）、市町村長は、地域協議会の構成員の選任に当たっては、地域協議会の構成員の構成が、地域自治区の区域内に住所を有する者の多様な意見が適切に反映されるものとなるよう配慮しなければならないこと（地自法202の5③）が定められている。

地域協議会は、①地域自治区の事務所が所掌する事務に関する事項、②市町村が処理する地域自治区の区域に係る事務に関する事項、③市町村の事務処理に当たって地域自治区の区域内に住所を有する者との連携の強化に関する事項のうち、市町村長その他の市町村の機関により諮問されたものまたは必要と認めるものについて、審議し、市町村長その他の市町村の機関に意見を述べることができる（地自法202の7①）。そして、市町村長は、条例で定める市町村の施策に関する重要事項であって地域自治区の区域に係るものを決定し、または変更しようとする場合においては、あらかじめ、地域協議会の意見を聴かなければならないものとされている（地自法202の7②）。

さらに、第3節で説明する指定都市については、「必要と認めるときは、条例で、区ごとに区地域協議会を置くことができる」（地自法252の20⑦）との定めがおかれており、特例が設けられている。これは、大都市としての特殊性に対応した取り扱いであるといえるが、塩野（2006）は、指定都市の単なる行政区画に過ぎない行政区に住民自治の観点が導入されたものとして意義があると指摘している。

地域自治区は、地方自治法に根拠をもつ恒久的な制度であり、先に説明した合併特例法に基づく合併特例区が臨時的、限時的であるのとは異なる。さらに合併特例区が法人格を有する特別地方公共団体であるのに対して、地域自治区は法人格を有さず、市町村の区域を限って、事務所と地域協議会をおくことができるにとどまる。なお、合併特例法にも法人格をもたない地域自治区の定め（合併特例法23、24）があり、地方自治法上の地域自治区に対する特例が定められている。

(4) その他のコミュニティ組織

各地の市町村で、条例等に根拠をもつ「まちづくり協議会」等のコミュニテ

ィ組織が活動している。ここでは、阪神・淡路大震災からの復興まちづくりにおいて大きな存在感を示した兵庫県神戸市の「まちづくり協議会」と全国から注目を集めている福岡県宗像市の「コミュニティ運営協議会」の事例を紹介する。

　神戸市の「まちづくり協議会」は、「神戸市地区計画及びまちづくり協定等に関する条例」（まちづくり条例：1981年制定）に基づき、市長の認定を受けた団体である。まちづくり協議会は「まちづくり提案」を策定したり、市長と「まちづくり協定」を締結したりすることができ、地域における住民主体のまちづくりを支えるコミュニティ組織として実績を上げてきた。とくに阪神・淡路大震災以降、被災地区において相次いで「まちづくり協議会」が設立され、震災復興土地区画整理事業・震災復興市街地再開発事業地区等において、住民と行政をつなぎ地域住民の合意形成を図る上で大きな役割を果たした。

　一方、宗像市のコミュニティ運営協議会は、小学校区を単位とするコミュニティに地域住民の自主的な組織として設置される（宗像市市民参画、協働及びコミュニティ活動の推進に関する条例37）。コミュニティ運営協議会は、コミュニティの課題解決に主体的に取り組み、地域住民の交流、福祉・生活環境の向上、安全な生活確保等を進めていくことを主な役割としている。そして、地域住民の活動拠点としてのコミュニティ・センターについても、市はコミュニティ運営協議会を指定管理者とし、その運営を委ねている。宗像市では、「地域と行政は対等なパートナー」という目標を掲げて施策の展開を行っており、コミュニティ運営協議会は、市と市民による協働のまちづくりを支えるコミュニティ組織として位置づけられ、実績を上げている。

3　都道府県と市町村

（1）普通地方公共団体の二層構造

　第1節（2）でも触れたように地方自治法は、都道府県と市町村とを普通地方公共団体としている。市町村は住民に最も身近な基礎的地方公共団体であり、都道府県は市町村を包括する広域団体として位置づけられ、市町村と都道府県の二層構造が基本となっている。山崎（1997）は、普通地方公共団体の二層構

造について「憲法第8章は、単に『地方公共団体』として地方自治の主体を規定しており、現行の地方自治制度のような二層制を前提としているかどうかについては、議論のあるところではあるが、わが国においては大正年間の郡制の廃止以来、一貫してこのような構造を採用してきているものである」と述べている。また、宇賀(2007)は「市町村は、一般に憲法上の地方公共団体と解されているが、都道府県については意見が分かれている。市町村と都道府県の双方が憲法上の地方公共団体であるとする意見が広く見られる一方、都道府県は憲法上の地方公共団体ではなく法律で廃止しうるとする見解もある」と述べている。このように都道府県の憲法上の位置づけ及び二層制の要否については、学説上の見解がわかれている。

(2) 都道府県の規模と役割

　都道府県については、戦前は官選の知事をいただく国の地方出先機関としての色彩が濃厚な不完全地方公共団体であり、市町村に睨みを利かす国の監督機関としての側面が強かった。戦後、知事は公選とされ、都道府県も市町村と同じく完全な地方公共団体として位置づけられた。都道府県の制度上の差異は、都と道の取り扱いが府県とはやや異なっている他は、ほとんどなく、府と県に関しては沿革的な理由からの名称の差異のみで、実態的な差はない。

　現在、1都、1道、2府、43県が設置されている。人口規模は、最大の東京都が約1,350万人、最小の鳥取県が約57万人で、全都道府県の平均人口は約270万人となっている。次に面積規模からみると、最大の北海道が約83,400平方キロメートル、最小の香川県が約1,876平方キロメートルで、全都道府県の平均面積は約8,040平方キロメートル（人口・面積は2016年2月26日公表の総務省統計局「平成27年度国勢調査」速報集計による）となっている。また、職員数については、都道府県の総職員数は約150万人、最大は東京都の約16万7,000人、最小は鳥取県の約1万1,000人で、都道府県の平均職員数は約3万2,000人となっている（2015年4月現在、総務省資料による）。このことから、都道府県は一部上場の大企業に匹敵する職員数を抱える大規模組織であることがわかる。なお、日本の地方公共団体の規模は、諸外国と比較しても概して大きいといわれている。

ところで、地方自治法は、「都道府県は市町村を包括する」（地自法5②）と定めているが、これは、都道府県の区域はそこに包含される市町村の区域を全てあわせたものであることを意味している。そして、「市町村の区域内に住所を有する者は、当該市町村及びこれを包括する都道府県の住民とする」（地自法10）と定めている。

　ここで注意を要するのは、都道府県と市町村との関係は上下の支配服従の関係ではなく、普通地方公共団体としての対等な関係が前提となっているということである。しかし、現実には、明治以来の歴史的な経緯や機関委任事務（2000年施行の地方分権一括法によって廃止）の存在等により、戦前からの上下主従の関係が長きにわたって維持されてきた。

　ところが、地方分権改革の気運の盛り上がりや、さらには市町村合併が進んだ結果、市町村の行財政能力が向上したこともあり、都道府県と市町村の関係をより明確にするため、都道府県と市町村の対等・平等な関係構築を目指して、地方分権一括法により地方自治法の一部改正が実施された。

　改正前の地方自治法（以下、旧地方自治法）では、都道府県は、①広域にわたるもの、②統一的な処理を必要とするもの、③市町村に関する連絡調整に関するもの、④一般の市町村が処理することが不適当であると認められる程度の規模のものについて、その事務を処理するものとされていた（旧地自法2⑥）。地方分権一括法による改正により、都道府県は、市町村を包括する広域の地方公共団体として、①広域にわたるもの、②市町村に関する連絡調整に関するもの及びその規模または性質において一般の市町村が処理することが適当でないと認められるものを処理するものと改められ（地自法2⑤）、統一的な処理を必要とするものが都道府県の事務から除かれることになった。これは、基礎的地方公共団体である市町村の自主性を尊重し地方分権を推進する上で、都道府県による統一的な処理がむしろ阻害要因となると考えられるためである。

　また、旧地方自治法では、「都道府県は、市町村の行政事務に関し、法令に特別の定があるものを除く外、条例で必要な規定を設けることができる」（旧地自法14③）という規定と、「行政事務に関する市町村の条例が前項の規定による都道府県の条例に違反するときは、当該市町村の条例は、これを無効とする」（旧地自法14④）という規定がおかれていた。ここに定められていた条例が

都道府県の統制条例と呼ばれていたもので、「都道府県と市町村を上下・主従の関係として把握する観念が典型的に現れていたもの」とする指摘がある（宇賀、2007）。この統制条例は、都道府県と市町村を対等・平等なものとして捉え、協働関係を築いていこうとする地方分権の理念とは相容れない性格のものであるため、関係条文は削除された。

　さらに、地方自治法2条5項に定める都道府県が行う補完事務に関して、当該市町村の規模及び能力に応じて、市町村はこれを処理することができるようになった（地自法2④）。これは、一般の市町村が処理することが不適当と認められる事務について、専ら事務の効率性・経済性や専門性への対応等の観点から都道府県が行うものとされている補完事務の性格に照らして、当該市町村の規模及び能力を勘案して事務処理が可能であれば、当該市町村に処理させる方がより効率的・効果的であると考えられるからである。また、地方自治法2条6項は、「都道府県及び市町村は、その事務を処理するに当たっては、相互に競合しないようにしなければならない」旨を定めており、都道府県には、いわゆる「補完性の原理」に基づき、住民に身近な事務については、基礎的地方公共団体である市町村になるべく処理を委ね、事務の規模及び性質において市町村による処理が不適当なものを補完的に処理するという役割が期待されている。

　さらに、地方分権一括法による国の機関委任事務の廃止に伴い、都道府県知事の権限に属する事務の市町村長への機関委任も廃止された。旧地方自治法153条2項は「都道府県知事は、その権限に属する事務の一部をその管理に属する行政庁又は市町村長に委任することができる」と定め、都道府県知事から市町村長に対する機関委任を認めていたが、都道府県と市町村の対等な協力関係構築に適合しないものとして廃止されることになった。また、旧地方自治法153条3項は「都道府県知事は、その権限に属する事務の一部を市町村の職員をして補助執行させることができる」と定め、市町村を都道府県のあたかも下部機構のように扱っていたが、この規定も地方分権一括法により削除された。

　一方、地方自治法は新たに「都道府県は、都道府県知事の権限に属する事務の一部を、条例の定めるところにより、市町村が処理することとすることができる。この場合においては、当該市町村が処理することとされた事務は、当該市町村の長が管理し及び執行するものとする」旨の規定を設けた（地自法252の

17の2①)。この規定の趣旨は、都道府県から市町村への権限の移譲を推進するところにある。しかし、都道府県条例によって一方的に事務を市町村に押しつけることになっては、特例制度の趣旨に反することになるので、地方自治法は、当該条例を制定し、または改廃する場合においては、都道府県知事は、あらかじめ、その権限に属する事務の一部を処理し、または処理することとなる市町村の長に協議しなければならないという規定をおき（地自法252の17の2②)、一定の歯止めをかけている。

以上、見てきたように地方分権一括法による改正は、都道府県と市町村とが対等で平等な関係に立つことを前提として、双方の協力・連携関係を構築することを目指している。この理念を推進していくためには、さらなる権限移譲の受け皿としての市町村の規模の適正化、市町村の自主性の尊重、都道府県の関与の適正化等が進められる必要がある。

(3)市町村の規模と役割

市町村は、住民に最も身近な基礎的地方公共団体であり、都道府県が処理するものとされているものを除き、一般的に地域における事務等を処理する（地自法2③)。市町村は基本的には同様の組織構造が取られており、差異は大きくない。しかし、市と町村とでは、議会の書記長（地自法138④但書）の非設置等、組織上いくぶん異なった取り扱いがなされている他、町村総会（地自法94）のように町村に特有の制度も存在している。さらに地方自治法以外でも、社会福祉法14条のように市と町村とで異なった取り扱いをしている例（福祉事務所の設置）がある。

市となるべき要件として、地方自治法は、①人口5万以上を有すること、②当該普通地方公共団体の中心市街地を形成している区域内にある戸数が、全戸数の6割以上であること、③商工業その他の都市的業態に従事する者及びその者と同一世帯に属する者の数が、全人口の6割以上であること、④都道府県条例で定める都市的施設その他の都市としての要件を具えていることを定めている（地自法8①)。ただし、①の人口要件については、合併特例法により市町村の合併に係るものは、人口3万以上とする特例（合併特例法7①）が定められている。また、町となるためには都道府県の条例に定める町としての要件を具

える必要がある（地自法8②）。

　上記の人口5万以上という要件は市となるための要件であり、市になった後、人口が減少して5万人を割り込んだとしても、市でなくなるということではない。なお、町村が地方自治法8条1項の要件を満たしたとしても、それだけで自動的に市になる訳ではなく、所定の手続が必要であり、地方自治法8条3項に町村を市とし、または市を町村とする処分、及び村を町としまたは町を村とする処分に関する定めがおかれている。

　明治期の制度確定以来、その区域に変化がほとんどみられない都道府県に対して、市町村については、大規模な市町村合併が繰り返されてきた歴史がある。この経緯を簡単にふり返ってみると、まず、1889年の市制町村制の施行に伴い、約300～500戸を標準規模とする町村合併が全国的に実施され、約70,000あった町村は、約15,000の市町村に再編された（明治の大合併）。ついで、戦後、地方自治制度改革に伴い、行政能率向上の見地から市町村規模の合理化の必要が意識され、市町村合併が進められた。この結果、1953年から1961年までに約9,800団体あった市町村は、ほぼ3分の1の約3,400団体に減少した（昭和の大合併）。市町村合併の動きはその後も止まらず、1965年3月に「市町村の合併の特例に関する法律」（旧合併特例法）が施行され、また、2005年4月には「市町村の合併の特例等に関する法律」（新合併特例法）が施行されている。以上の結果、1999年の時点で約3,200団体あった市町村は、2006年3月末現在で約1,800団体に減少し、さらに2014年4月には1,718団体となった（総務省資料より）。

　以上の通り、大規模な市町村合併が進められた背景には、市町村規模の適正化の要請がある。あまりに小規模な団体では、十分に効率的な行政運営が困難である他、現代社会を特徴づけている高度の専門性・技術性への対応も難しい。さらに、地方分権の受け皿としての市町村の行財政能力を高めることなしには、分権改革が円滑に進まない。このような事情を背景にして、市町村規模適正化の掛け声の下、市町村合併が推進されてきた。しかし、合併によって、むしろ、住民サービスのレベルが低下したのではないかという住民の声があることも事実であり、合併市町村にあっては、合併効果を最大限に発揮し、住民満足度を高めていくための努力が求められている。

市町村の規模については、まず、人口規模では神奈川県横浜市のように人口約370万人の団体があるかと思えば、人口1,000人未満の団体もある等、都道府県に比べてバラツキが大きい。また、面積規模でも、奈良県十津川村のように面積約670平方キロメートルの広大な村がある反面、面積10平方キロメートル程度の比較的狭小な市も多い。市町村の職員総数は約124万人で（2015年4月現在、総務省資料による）、個々の団体の職員数については、指定都市のように約1万人～3万人の職員を擁し、都道府県をしのぐような団体もあれば、職員数100人未満の小規模団体もあり、こちらも多様な構成になっている。ただ、これまでに説明してきたように、市町村合併が進んできた結果、一般的に市町村の規模は大きくなってきている。市町村の事務効率向上のための方法としては、市町村合併の他、第4節で述べる指定都市、中核市、特例市の制度を設け、一定以上の規模を有する市に対して事務配分等の特例が定められ、行財政能力の強化が図られている。

4　大都市制度

（1）大都市の特殊性

　本田（1995）は、「大都市とは決して人口規模の大きい都市をいうのではなく、大都市の果たす機能が他の一般都市とは比較にならぬ程の巨大さと複雑さをもつ都市を指す」と述べているが、日本においても、経済の発展に歩調をあわせるように大都市が形成されてきた。大都市には、雇用機会、教育の機会、情報・物流の利便性、中枢管理機能が集中し、これらが大都市における効率的な経済活動を支えるとともに、さらに多くの人・もの・投資・情報を引き寄せる誘因ともなってきた。反面、大都市への人口・資源等の集中は、環境悪化、交通渋滞、犯罪の多発等、深刻な都市問題を引き起こしてきた。「大都市に生ずる諸々の問題を合理的に解決するための制度が必要なのである」と本田（1995）は述べているが、市町村については基本的には一律の制度が適用されており、大都市独自の制度が存在している訳ではない。地方自治法は、大都市等に関する特例として、指定都市、中核市等の規定をおいているが、あくまでも都道府県とこれらの市との事務配分や権限に関する特例を定めるにとどまり、

都道府県と市との二層構造は維持されている。

　大都市問題を解決するために、どのような制度が相応しいのかについては様々な見解がある。戦前からの大都市制度をめぐる議論をもふりかえりながら、大都市制度の変遷について説明する。

(2) 指定都市

　明治以来の近代化に伴い、東京、大阪をはじめとする大都市が形成され、発展をしてきた。大正時代になると、急速な工業化に伴い、ますます大都市への産業・人口の集中が進み、いわゆる6大都市（東京、大阪、京都、名古屋、神戸、横浜）が形成された。これら6大都市は、他の都市とは隔絶した存在であったため、府県と市との二重行政の弊害が強く意識されるようになっていった。当時の大正デモクラシーの機運の高まりとも呼応して、6大都市では市を府県から独立させることを内容とする特別市運動が盛り上がりをみせた。この結果、1922年には「六大都市行政監督ニ関スル法律」が制定され、6大都市の事務処理に関しては、勅令の定めるところにより、知事の許可・認可が不要となった。

　ところが、1935年頃から戦時色が濃厚となり、6大市の特別市運動は退潮期に入っていった。とくに1943年には東京都制が成立し、東京市は消滅した。ここに至って、特別市運動は完全な失速状態に陥った。戦後、5大市（東京市が抜けたので5大市）は特別市運動を再開したが、1947年5月に施行された地方自治法には、特別市の規定がおかれていた。これは、特別市を都道府県の区域から独立させ、府県と市の権限をあわせもつ特別地方公共団体とする内容のものであった。そして、当時の5大市（以下、「旧5大市」）の実態を勘案して、人口50万人以上の市を特別市として法律で指定することになっていた。このような特別市実現の動きに対して、旧5大市を包含する府県から猛烈な反対運動が起こったため、特別市を指定する法律が制定されないまま推移し、結局、1956年に地方自治法の改正により特別市制度は廃止され、政令指定都市の制度が創設された。

　指定都市の指定要件としては、「人口50万人以上」と「政令で指定する」という2つがあげられているが（地自法252の19）、これまでの運用としては概ね人口100万人が基準となってきた。指定都市は、社会福祉、保健衛生、都市計

画等に係る事務のうち、都道府県が法律またはこれに基づく政令の定めるところにより処理することとされているものの全部または一部で政令で定めるものを、政令で定めるところにより、処理することができる（地自法252の19①）。また、指定都市の事務処理にあたっては、政令の定めるところにより、都道府県知事等の許可、認可等の処分を不要とし、都道府県知事の指示・命令に代えて主務大臣の指示・命令を直接受けることとする等の特例が定められている（地自法252の19②）。

さらに指定都市には行政区が設けられる（地自法252の20）。指定都市の区は、特別区と異なり、法人格はもたず、当該指定都市の行政区画に過ぎないが、区に選挙管理委員会が設置される他、税務、戸籍・住民票、国民健康保険等、住民に最も身近な行政サービスの窓口として機能している。なお、2014年の自治法改正により、行政区に代えて総合区を条例により設置できる制度が創設された（地自法252の20の2①）。

現行の指定都市制度は、かつての特別市とは似て非なるものであり、旧5大市と5大府県の妥協の産物であったかもしれないが、制度創設以来、半世紀を経過し、それなりに安定した制度になってきている。また、戦後、都道府県は国の地方官庁ではなく完全地方公共団体となり、国の機関委任事務も廃止された現在、戦前、戦中期にみられたような大都市を国の強力な監督下におこうとする考え方は大きく後退している。

かつての特別市制度は、大都市側からの理念に偏した傾向が強かったために結局は実現できなかったのであり、都道府県と市の二層構造を前提としながら、一定の範囲内で府県の行う事務を指定都市が処理し、それらの事務に関しては都道府県の監督を受けないとする指定都市制度が現実的な選択であったのである。当初、旧5大市から出発した指定都市も、現在では、札幌市、仙台市、さいたま市、千葉市、横浜市、川崎市、相模原市、新潟市、静岡市、浜松市、名古屋市、京都市、大阪市、堺市、神戸市、岡山市、広島市、北九州市、福岡市及び熊本市の計20都市を数えるに至っている。このことから、現行の指定都市制度が都道府県、指定都市いずれの側にとっても、完全に満足はできないとしても、それなりに使い勝手のよい制度になっていることがうかがえる。

しかし、当初、旧5大市のみを想定して出発した指定都市制度が拡大したこ

とによって、人口70万人程度の都市から人口200万人を超える都市が同一の扱いを受けることとなり、今後のわが国経済を牽引していくべき大都市の姿が見えにくくなってしまったことは確かである。このため、人口200万人を超す横浜市、大阪市、名古屋市については、既存の政令指定都市制度ではなく、わが国経済を支える戦略的大都市としての新たな大都市制度を創設すべきであるという議論や前大阪市長の橋下徹氏が強力に推進してきた大阪都構想、さらには名古屋圏の中京都構想や新潟県・市による新潟州構想等、府県も巻き込んだ新たな動きも見られるようになった。

　大阪都構想については賛否をめぐる住民投票も行われたほか、全国的な注目を集めた事例であるので、少し説明を加えておきたい。大阪都構想とは、大阪府と政令指定都市による二重行政の弊害を除き、効率的な大都市行政を推進するため、大阪府下の政令指定都市（大阪市・堺市）を廃止し、その区域に東京特別区と同様の特別区を創設しようとする構想である。この構想については紆余曲折を経た後、国会で議論されるところとなり、大都市地域における特別区の設置に関する法律（大都市地域特別区設置法）（平成24年法律第80号）が制定され、東京都以外の道府県においても、特別区を設置できる法的・手続的な根拠が成立した。

　その後、堺市では大阪都構想に対する反対の機運が高まったため、大阪市のみを対象として法定の手続きが進められ、2015年5月17日に大阪市の廃止と特別区の創設を問う住民投票が実施された。結果は反対多数で、大阪都構想は頓挫するところとなった。

　しかし、大阪市、横浜市、名古屋市等、わが国経済に大きな影響力を持つ戦略的大都市について、その地域の実際の行政をどのような行政体が担うかについては、明確な方向性が打ち出されているわけではなく、今後とも東京都を含めた戦略的大都市における行政の在り方について、国や道府県を巻き込んだ様々な議論の展開が予想される。

（3）中核市

　政令指定都市に次ぐ地域の拠点都市を対象とした制度で、1994年の地方自治法改正で導入された。中核市は、政令で指定する人口30万（後述する特例市が

2015年4月の地方自治法改正により廃止されたことに伴い、人口要件が緩和され現在は20万人）以上の市であり、指定都市が処理することができる事務のうち、都道府県がその区域にわたり一体的に処理する方が、中核市が処理するよりも効率的な事務、その他の中核市において処理することが適当でない事務以外の事務で政令で定めるものを、政令で定めるところにより、処理することができるとされている（地自法252の22①）。また、中核市がその事務を処理するにあたって、法律またはこれに基づく政令の定めるところにより都道府県知事の改善、停止、制限、禁止、その他これらに類する指示その他の命令を受けるものとされている事項で政令で定めるものについては、政令の定めるところにより、これらの指示その他の命令に関する法令の規定を適用せず、または都道府県知事の指示その他の命令に代えて、各大臣の指示その他の命令を受けるものとすることとされている（地自法252の22②）。2016年4月1日時点で、青森市、富山市、姫路市等47市が中核市の指定を受けている。

（4）特例市

都道府県から市町村への権限移譲を促進することを目的とする制度で、1999年の地方自治法改正により導入された。その後、特例市は2015年4月に地方自治法改正により廃止され、事務は中核市制度に統合された。2015年4月当時すでに特例市に指定されていた市は、施行時特例市と呼ばれており、特例市としての事務を引き続き処理することとされている。

なお、特例市は「政令で指定する人口20万人以上の市で、中核市が処理することができる事務のうち、都道府県がその区域にわたり一体的に処理する方が、特例市が処理するよりも効率的な事務、その他の特例市において処理することが適当でない事務以外の事務で政令で定めるものを、政令で定めるところにより、処理することができる」とされていた。

また、特例市は「その事務を処理するにあたって、法律またはこれに基づく政令の定めるところにより都道府県知事の改善、停止、制限、禁止その他これらに類する指示その他の命令を受けるものとされている事項で政令で定めるものについては、政令の定めるところにより、これらの指示その他の命令に関する法令の規定を適用せず、または都道府県知事の指示その他の命令に代えて、

各大臣の指示その他の命令を受けるもの」とされていた。

2016年4月1日現在、山形市、鳥取市、佐賀市など37市が施行時特例市である。

5　道州制

(1)道州制の背景

　広域化する一方の経済活動への対応、環境問題、地域社会の活性化、人口減少対策等、広域にわたる対応が不可欠となる地域課題が山積してきており、旧来の都道府県の区域がこのような社会の変化に対応できるのかどうか、疑問が呈されるようになってきている。しかも、これまで説明してきたように、市町村合併の進展、指定都市の増加、中核市、特例市制度の創設等により、基礎的地方公共団体の行財政能力が、近年、著しく向上し、都道府県から市町村への権限移譲が進んだ結果、国と基礎的地方公共団体の中間に位置する都道府県の位置づけが揺らいでいる。このような事情を背景にして、今、道州制の議論が大きな盛り上がりをみせている。

　道州制の議論は、これまでにも何度となく出てきているが、初期の道州制の議論は、経済活動や事業の効率性の観点から広域行政に焦点をあてたものが多く、現今の議論のように地方自治や地方分権の文脈からの主張は、むしろ、少なかった。道州等の性格も地方公共団体ではなく、国の機関としての色彩の濃い内容のものが多かった。

(2)道州制論の展開

　最近、議論されている道州制論においては、一般的に道州は地方公共団体として位置づけられている。2006年2月に第28次地方制度調査会の答申（以下、28次答申）が出されているが、ここでも、道州は明確に広域自治体として位置づけられている。28次答申は、まず、市町村合併の進展、指定都市の増加、中核市及び特例市制度創設により、都道府県からこれらの基礎的地方公共団体への権限委譲が可能になっている事情をあげ、都道府県の役割や位置づけの再検討が必要であることを指摘している。さらに都道府県の区域を越える広域行政

課題に適切に対処し得る主体のあり方について検討が求められること、及び地方分権一括法により地方自治法に定められた国と地方の役割分担の原則に基づき、地方分権改革の確かな担い手としての広域自治体の規模・能力や体制について検討が必要であるという基本的な認識を示している。その上で、道州の基本的な制度設計を示しており、道州を現在の都道府県に代わる地方公共団体として位置づけ、道州及び市町村の二層制を採用すること、さらに、具体的な道州の区域例及び区域の確定方法について提言を行っている。

　また、道州の事務については、現在都道府県が実施している事務については大幅に市町村に移譲し、道州は広域事務に軸足を移すことを原則とし、これまで都道府県が担ってきた補完事務についても、道州は高度な技術や専門性が求められ、また行政対象の散在性が認められる事務等に重点化するように提言している。

　さらに、国の事務に関しても、現在、国（とくに各府省の地方支分部局）が実施している事務は、国が本来果たすべき役割に係るものを除き、できる限り道州に移譲することを提言している。この他、道州の議会、執行機関、道州と国及び道州と市町村の関係調整、大都市等に関する制度、都道府県であった区域の取り扱い、道州制の下における地方税財政制度等についても提言を行っている。そして、道州制導入の課題として、長い歴史をもち国民の意識に深く定着している都道府県を廃止して道州を設置することは、国民生活に大きな影響を及ぼすことから、政府が幅広い見地からの検討を進めることと国民的な議論を深めることができるように適切な役割を果たすことの必要性をあげている。

　2006年には、「道州制特別区域における広域行政の推進に関する法律」が成立している。この法律は、道州制の実現そのものを目指している訳ではなく、現行の都道府県制を前提としつつ、広域性のメリットを活かした権限移譲等により、道州制に関する国民的な理解や議論の深まりを期待しようとするものである。なお、現在、道州制特別区域として政令指定を受けた団体は北海道のみである。

（３）道州制の課題

　道州制については様々な立場があり、たとえば具体的な道州の区割り１つを

取ってみても簡単に結論がでるとは思われない。道州と国の地方支分部局との役割分担や事務の配分、市町村と道州との事務配分、さらには最も大事なことであるが、国民の間の理解と道州制実現に向けての機運の醸成等、実現に向けての課題は多い。

しかし、28次答申でも述べられているように「広域自治体改革を通じて国と地方、双方の政府のあり方を再構築し、国の役割を本来果たすべきものに重点化して、内政に関しては広く地方公共団体が担うことを基本とする新しい政府像を確立すること」が今求められているのであり、少子高齢化、人口減少、国際化の進展等の社会環境の激変に対応のできる国と地方のあり方について、広く国民を巻き込んだ議論の深まりが期待される。

研究課題

1　地方公共団体の役割や権能に対して、機関委任事務の廃止がどのような影響を及ぼしているか調べてみましょう。
2　市町村合併の功罪について考えてください。
3　各地の自治体のコミュニティ施策を取り上げ、その優れている点や課題等について考えてみてください。

参考文献

宇賀克也（2007）『地方自治法概説 第2版』有斐閣。
兼子仁（1999）『新地方自治法』岩波書店。
川崎政司（2006）『地方自治法基本解説 第2版』法学書院。
北村亘（2013）『政令指定都市』中央公論新社。
塩野宏（2006）『行政法Ⅲ 第3版』有斐閣。
市町村自治研究会（2007）『平成19年版全国市町村要覧』第一法規。
東京都（1985）『東京都職制沿革』東京都情報連絡室。
平谷英明（2006）『一番やさしい地方自治の本』学陽書房。
本田弘（1995）『大都市制度論——地方分権と政令指定都市』北樹出版。
山崎重孝（1997）「大都市制度」伊藤祐一郎編『広域と狭域の行政制度』ぎょうせい。
山下祐介（2015）『地方消滅の罠』筑摩書房。

第11章　国と地方・地方間の関係

　沖縄県にある米軍普天間基地移設による辺野古埋立をめぐる国と沖縄県の対立は、地方分権の時代における国と地方の関係を象徴している。かつての上下・主従の関係から対等・協力の関係を目指して行われた地方分権改革によって、国の関与の縮減と地方自治体が国を相手にして争う手段が法律によって制度化された。辺野古埋立に関しては、外交、防衛にかかわる国の政策と、地域にかかわる問題を地方自治体が民意のもとに決定するという地方自治との調整が問われている。

　かつての地方自治は、地方自治体の自主財源の占める割合から三割自治と揶揄され、国から与えられる補助金などの財源とその財源を用いた制度を使い、全国一律の政策を横並びで実施することでも事足りた。しかし、国の財政悪化を背景に1995年の地方分権推進法制定を機に始まる地方分権改革によって、国の機関委任事務の廃止などの地方自治権の拡大と、市町村合併による体制整備が図られ、地方自治体は自己決定・自己責任の原則のもとで、自主的かつ効率的で多様な運営が求められるようになった。

　そこには、一方で自主性を高めた自治体間の競争とともに、他方で近隣自治体間の協力、協働による広域連携の新たな展開が期待されている。広域連携においては多種多様な制度や手法が整備されてきており、これらをどう活用してどのような具体的な成果を上げていくのかが問われている。

1　地方に対する国の関与

(1) 経緯

　分権的とされる幕藩体制から脱却し強力な中央集権体制を目指して制定され

た明治憲法（大日本帝国憲法）には、地方自治に関する規定は存在しなかった。しかし、国家行政を円滑に運営するには、地方行政を担う独自の機関が必要であり、限定的な地方自治が認められていた。具体的な地方自治制度としては、1888年の市制・町村制と1890年の府県制・郡制があり、地方議会も設けられていた。しかし、明治憲法10条に基づく地方官官制において府県知事は国から派遣される国の官吏（官選知事・勅任官）であり、府県の主要な職員も国の官吏とされた。そして府県に対しては内務大臣が府県会の解散命令をはじめ広範な監督権限を持っていた。市町村については府県知事や内務大臣が強力な監督権限を持ち、条例の制定改廃に関する許可や内務大臣による市町村会の解散命令、府県知事による代執行の制度まで認められていた。このように戦前の地方自治は、国の一般的・後見的な監督の下での、国策を優先して推進させるための「官治的行政システム」であった。

　民主化を目指す一連の戦後改革において地方自治が重視され、1947年施行の日本国憲法には「地方自治」の章が設けられた。そして国の広範な後見的監督の払拭を目指して、地方自治体の権限強化が図られた。地方行政は、地方自治の本旨という憲法92条に定める地方自治の基本原則に基づき、住民自治の面から地方議会の権限が拡大され、首長はすべて公選となり、団体自治の面から地方の事務は地方自治体が主体的に運営することとなった。

　しかし、法制度の実際においては旧憲法の残滓が形を変えて存続し、国は地方自治体の事務処理に様々な形での関与が可能であった。具体的には、機関委任事務が国と都道府県の間にも適用され、地方公共団体の公選の首長が国の下部組織となり、一般的・包括的な指揮監督を受けるとともに職務執行命令訴訟によって罷免されることが制度化された。また、機関委任事務が都道府県事務の7～8割、市町村事務の3～4割を占めるとされ、各自治体で固有の事務（自治事務）と区別することなく執行された結果、事務全般にわたり、国や都道府県を上級庁としてお伺いをたてて事務を執行する慣例が定着し、「通達行政」として地方自治体の自主性を損なうものとなった。また、国庫補助金制度や国の地方出先機関の設置、職員の派遣などによっても中央集権体制は維持強化された。

（２）地方分権改革による変化

1990年代に入り国の行政改革が課題となる中で国の役割を限定すべきとする意見が強くなり、国と地方（公共団体）の役割の見直しを主眼とする地方分権改革が始まった。

1993年6月の衆参両院での地方分権の推進に関する決議や同年10月の第3次行政改革審議会最終答申を受けて、1994年11月に第24次地方制度調査会が「地方分権の推進に関する答申」を行った。そして1995年5月に地方分権推進法が成立、同年7月に地方分権推進委員会が発足し、5回にわたる勧告がなされた。これを受けて、1998年5月に地方分権推進計画が閣議決定され、1999年7月に475本に及ぶ法律改正を一本化した地方分権一括法が成立し、2000年4月に施行された。

この法改正によって、国と地方の関係は大きく変化する。改正地方自治法は、まず地方公共団体の役割を「地方公共団体は、住民の福祉の増進を図ることを基本として、地域における行政を自主的かつ総合的に実施する役割を広く担うものとする」（地自法1の2①）と規定した。これは、従来の国の縦割りの画一的な行政から自立し、地域社会の多様性を尊重して住民主導による自主的で総合的な行政を目指すことを明らかにしたものである。

一方、国の役割について同法は、「国においては国際社会における国家としての存立にかかわる事務、全国的に統一して定めることが望ましい国民の諸活動若しくは地方自治に関する基本的な準則に関する事務又は全国的な規模で若しくは全国的な視点に立って行わなければならない施策及び事業の実施その他の国が本来果たすべき役割を重点的に担」うことと規定した（地自法1の2②前段）。さらに、国は「住民に身近な行政はできる限り地方公共団体にゆだねることを基本として、地方公共団体との間で適切に役割を分担するとともに、地方公共団体に関する制度の策定及び施策の実施に当って、地方公共団体の自主性及び自立性が十分に発揮されるようにしなければならない」とした（地自法1の2②後段）。

これらの改正の意図するところは、国と地方自治体との間における新しい役割分担の原則の提示であり、地方分権推進委員会中間報告（1996年3月）にあるように上下・主従の関係から対等・協力の関係への転換である。そして、そ

の具体的な成果が機関委任事務の廃止である。機関委任事務とは国の一部の事務を地方公共団体の長などの執行機関に委任するものであり、公選の首長など地方公共団体の執行機関が国の下級機関と位置づけられ主務大臣の一般的・包括的な指揮監督を受け（地自法旧150）、主務大臣の命令に従わない場合に職務執行命令訴訟によって公選である長を罷免できる制度（地自法旧151の2、1991年地自法改正で廃止）であった。機関委任事務は制度的には国の事務であるため、条例制定など議会の権限が制限され、監査委員の監査も及ばない仕組みになっていた。また同時に機関委任事務の処理の基準である通達によって、地方自治体は国の省庁の詳細かつ一方的な縦割り行政の統制を受け、自主的、総合的な施策の実施が妨げられてきた。この法制度こそが、国と地方自治体間を上下・主従の関係とする制度的根拠であり、その廃止は地方分権改革の最重要命題であった。

　しかし、機関委任事務の廃止によって、それらの事務全てを地方自治体の任意の事務執行に委ねては不都合が生じる場合もある。それは国家統治に密接にかかわる事務や全国統一的に実施すべき事務などの場合である。そこで、法定受託事務が創設され、自治体固有の事務（自治事務）と区別された。その定義は「国が本来果たすべき役割に係るものであって、国においてその適正な処理を特に確保する必要がある」事務であり（地自法2⑨Ⅰ、第一号法定受託事務）、例えば、旅券、国政選挙、国勢調査等指定統計、一般国道・一級河川等の管理、生活保護、児童扶養手当の支給などである。また同様に、法定受託事務は、都道府県と市町村・特別区の間にも設けられている（地自法2⑨Ⅱ、第二号法定受託事務）。法定受託事務は機関委任事務と異なり、地方公共団体の事務であり、その責任において実施されるが、国が一定の利害を持っているため、国の関与などにおいてそれ以外の一般の事務（自治事務）と区別される。

（3）関与の類型

　「関与」とは、国または都道府県の執行機関が、自治体またはその機関の事務処理または管理及び執行に関し、「一定の行政目的を実現するため普通地方公共団体に対して具体的かつ個別的に関わる行為」（地自法245③）を総称する。

　この関与に関して、新たに3つの原則が導入された。それは、(1)法定主義

の原則（地自法245の２）(2)一般法主義の原則（地自法245の３～８）(3)公正・透明の原則（地自法246～250の６）である。

　まず、法定主義の原則とは、国または都道府県の関与が、法律またはこれに基づく政令の根拠を要し、主務大臣のみが一方的に定め得る省令や要綱・通達を根拠にしてはできないことである。

　つぎに、一般法主義の原則とは、現行法上、地方自治に関わる一般法である地方自治法が国の関与に関する基本原則を定め、地方公共団体を拘束し負担を与える関与が個別法で安易に規定されることを抑止しようとするものである。具体的には、①関与は、その目的を達成するために必要最小限度のもの（比例原則）とし、かつ、地方公共団体の自主性及び自立性に配慮すること（地自法245の３①）、②自治事務と法定受託事務を区分して、原則的な関与類型と例外的ないしは限定的に行う関与類型を定めること（地自法245の３②～⑥）、③地方自治法を根拠にして行うことのできる関与を規定すること（地自法245の４～245の８、これら以外は個別法の根拠が必要）とされた（なお、地方分権推進委員会の第１次勧告における「一般法主義の原則」の内容が必ずしもすべて盛り込まれたわけではない）。

　そして、公正・透明の原則とは、関与に関する手続きについて、行政庁が私人に対する処分と同様に、行政手続法の原理を適用することであり、書面の交付、許可・認可などの審査基準の策定や標準処理期間の設定と公表の義務などが定められている。

　一般法主義の原則に基づき、改正地方自治法はまず国の関与を類型化し、つぎに一般的に行い得る原則的な関与類型と特別な場合にのみ行われるべき例外的な関与類型に分別した。自治事務と法定受託事務では認められる関与類型に差異が設けられている。

　地方自治法が定める関与の類型としては、①助言または勧告②資料の提出の要求③是正の要求④同意⑤許可、認可または承認⑥指示⑦代執行（以上「第１号関与」）⑧協議（「第２号関与」）が挙げられ、さらにこれら以外の「一定の行政目的を実現するため普通地方公共団体に対して具体的かつ個別的に関わる行為」（「第３号関与」）があり、これについても広く網羅的に地方自治法のルールを適用することとされている（地自法245）。

▼自治事務に関する関与

　自治事務では、①助言または勧告②資料の提出の要求③是正の要求と⑧協議が一般的に行い得る原則的な関与類型であり、④同意⑤許可、認可または承認⑥指示⑦代執行が例外的にのみ認められる関与類型である（地自法245、245の3）。

　自治事務にかかる原則的な関与類型のうち、「是正の要求」は是正等の措置義務が生じる（地治法245の5⑤）という法的拘束力が認められている。自治事務の処理が法令の規定に違反し、または著しく適正を欠き、かつ明らかに公益を害していると認められる場合に、各国務大臣が都道府県に対して「是正の要求」（地自法245の5①）ができる。また同様に、都道府県知事は市町村の自治事務の処理が法令の規定に違反し、または著しく適正を欠き、かつ明らかに公益を害していると認められる場合に「是正の勧告」（地自法245の6）をすることができる。なお、市町村の自治事務については、各大臣が都道府県の執行機関（知事、教委、選管など）に対して「是正の要求」を指示できる（地自法245の5②）。

▼法定受託事務に関する関与

　法定受託事務はその性格上、自治事務より強力な関与が認められ、かつ最終的には高等裁判所に訴えを提起して指示内容を強制することが可能となっている。すなわち、①助言または勧告②資料の提出の要求の他、④同意⑤許可、認可または承認⑥指示⑦代執行と、⑧協議がすべて一般的に行い得る原則的な関与類型とされている。

　法定受託事務の処理が法令の規定に違反し、または著しく適正を欠き、かつ明らかに公益を害していると認められる場合に、各国務大臣は「是正の指示」（地自法245の7）をすることができる。また、都道府県の執行機関も市町村に対して同様の場合に「是正の指示」（地自法245の7②）をすることができる。市町村の法定受託事務については、各大臣が都道府県の執行機関（知事、教委、選管など）に対して「是正の指示」を指示できる（地自法245の7③）。緊急の場合には各大臣が直接市町村へ指示することも可能である（地自法245の7④）。

　法定受託事務が法令の規定に違反し、または当該事務の管理・執行を怠るものがある場合で、かつ他の方法で是正することが困難で、その放置が著しく公

益を害することが明らかな場合は、以下の手順で段階的に職務執行命令訴訟及び代執行を行うことができる。

　まず、文書により当該都道府県知事に対して、その旨を指摘し、期限を定めて当該違反を是正し、または怠る事務の管理もしくは執行を改めるべきことを勧告できる（地自法245の8①）。

　つぎに、各大臣は、当該都道府県知事が期限までに勧告に係る事項を行わないときは、文書により、当該都道府県知事に対して、期限を定めて当該事項を行うよう指示できる（地自法245の8②）。

　しかし、それでも当該都道府県知事が期限までに当該事項を行わない場合、各大臣は高等裁判所に対し、訴えをもって当該事項を行うことを命ずる旨の請求（職務執行命令訴訟）を行うことができる（地自法245の8③）。

　高等裁判所は、各大臣の請求に理由があると認めるときは、当該都道府県知事に対して、期限を定めて当該事項を行うことを命ずる旨の裁判をしなければならない（地自法245の8⑥）。この判決の後も当該都道府県知事が期限までに当該事項を行わないときは、各大臣は当該都道府県知事に代わって当該事項を行うこと（代執行）ができる（地自法245の8⑧）。

　なお、当該都道府県知事は高等裁判所の判決に不服があれば、最高裁判所に上告ができる（地自法245の8⑨）。また、第2号法定受託事務に関して、市町村長に対する都道府県知事の同様の手続の定め（地自法245の8⑫）がおかれている。また、市町村の第1号法定受託事務に関して各大臣が都道府県知事に対して同様の措置をとるよう指示することも可能である（地自法245の8⑬）。

2　財政手段によるコントロール

(1) 実務の状況

　国は事務執行上の関与に加えて、財政手段を通じてのコントロールという手法によっても地方行政に介入している。地方公共団体の財源は、使途が制限される特定財源と制限のない一般財源に区分され、主な一般財源は、地方税・地方交付税交付金である。本来の自主財源である地方税（地方税法2）は、その課税範囲（税目、税率）が地方税法により制限を受けており、地方公共団体の

全経費を賄えない状況にある。法定外税の新設も国との協議（地方分権一括法以前は許可制）が必要であり、容易ではない状況にある。地方自治体の財源不足を補う制度としては、所得税等の国税の一部を国が地方自治体に交付する地方交付税交付金があるが、これも財政需要を十分に充たし得るものにはなっていない。そこで、地方公共団体が特定財源である国庫支出金と起債（地方債の発行）に依存するかたちとなる。

　地方債については、地方財政法は建前上、発行を原則禁止としながらも一定の目的に限定し認めている（地財法5）。起債（地方債の発行）については、かつては個別の国の許可制となっていた。しかし、2000年の地方分権改革で総務大臣（または都道府県知事）との協議制に改められた。さらに、2011年8月に成立した「地域の自主性及び自立性を高めるための改革の推進を図るための関係法律の整備に関する法律」（第2次一括法）で、財政状況が良好な団体における民間資金の引き受けによる地方債の発行については、原則として協議を不要とし事前届出で可能となった（なお、協議・同意を受けることで公的資金が導入できる利点がある）。

　一方、国庫支出金の種類には、国の利害に関わる費用に充てられる国庫負担金と国庫委託金、それ以外の国庫補助金がある。国庫補助金は、国がその行政上の必要から地方自治体に対して任意に交付する国庫支出金であり、国はその施策を行うために特別の必要がある場合、または地方自治体の財政上特別の必要がある場合に限って交付するとされている。国庫補助金はこれまで「補助金行政」という言葉ができるほど、インフラ整備や財政政策に頻繁に活用され、財源不足で悩む地方自治体が国からの補助金に依存する状況が生れた。この結果、国が策定する事業計画と補助金をセット（いわゆる「ヒモつき財源」）にして、国が地方を財政上コントロールするかたちとなった。

　国庫負担金は、法律により国が義務的に負担するものであるが、現実には国の裁量的な交付基準が定められ、実際の交付額が法律・政令等で定めた国の負担割合を下回り、地方自治体の自己財源の持ち出しが生じる現象が「超過負担」として問題となっている（単価差、数量差、対象差、認可差が原因とされる）。

(2) 摂津訴訟

　超過負担の問題で国と地方自治体との間で争われたケースとして、保育所設置の負担金をめぐる摂津訴訟がある。これは大阪府摂津市が当時の児童福祉法52条他が保育所の整備に関し2分の1を国庫が負担すべきものと定めていたため、これを念頭に4保育所を設置したところ、国は「補助金等に係る予算の執行の適正化に関する法律」（以下「適化法」）の手続に基づき2保育所のみの交付決定しか行わなかった。このため、摂津市は児童福祉法に違反する査定であるとし、地方財政法10条の2第5号を根拠に支出した金額の2分の1について適化法の手続（交付決定）を経由せずに国に対して支払いを求めたものである。

　一審（東京地裁1976.12.13）は「原告主張のように、負担金については交付金決定を経由することなく各実体法の規定に直接基づいて具体的な請求権が発生するとの見解をとれば、（中略）財政上の基本原則として採用されている会計年度独立の原則を脅かすことになり」具体的な請求権は行政庁の処分によって発生することになるが、本件では交付決定が存在せず、請求権は発生しない、として摂津市の請求を棄却した。控訴審（東京高裁1980.7.28）では「国家予算の適正かつ効率的な執行を期するうえにおいて、各市町村が支弁したとする費用が何らの査定を経ることなく、そのまま当然に国庫負担金算定の基礎となり、無条件にこれが交付されるものとするのは相当でなく」、行政処分である「交付決定により負担金請求権は発生する」として、摂津市の控訴を棄却した（確定）。

(3) 改革への動き

　国庫補助金制度は、国が裁量によって地方自治体の自主性を阻害し財政的にコントロールする手段となる一方、自治体は国の補助が得られる事業を優先した結果、無駄遣い、ハコモノ行政等と批判を受けることとなった。

　1997年7月の地方分権推進委員会2次勧告で地方公共団体の自主財源の充実確保と国庫補助金の廃止・縮減が提言された。また、1998年11月の5次勧告で「箇所付け」を行わない統合補助金制度が提言された。

　国土交通省所管の補助金については、地方自治体向け個別補助金等を1つの交付金に原則一括して、自治体にとって自由度が高く、創意工夫が生かせる総

合的な交付金とする社会資本整備総合交付金が2010年度から実施されている。

また、民主党の2009年衆院選マニフェストに盛り込まれた「一括交付金」に対応する制度として、民主党政権は2011年度政府予算で地域自主戦略交付金を創設した。これは国から地方自治体に支出される国庫補助金のうち、省庁の枠を超えて9種類の補助金を一括りにするとともに、内閣府所管とし、配分にあたり道路延長など客観的指標を採用した。しかし、2012年度の政権交代に伴い地域自主戦略交付金制度は廃止され各省所管に戻された。

3　国と地方の紛争処理

(1) 経緯と仕組み

対等・協力関係を目指す国と地方との関係において、国の関与をめぐる争いが生じた場合には公正・公平な解決策が必要である。地方分権推進委員会は4次勧告（1997年10月）において国と地方の紛争処理に関し以下の3要件を提示した。①地方自治の保障の充実・確立に資するものであること、②公正・中立な立場にたった権威ある第三者機関を組み込んだものであること、③できる限り行政内部で簡易迅速な解決を図り、それで解決できない場合には司法判断による解決が可能なものとすることである。

2000年の改正地方自治法では、地方分権改革の成果として国と地方公共団体との関係が対等・協力関係であることを前提にして、その関係にふさわしい紛争処理制度として国地方係争処理委員会を設けた（地自法250の7）。

地方公共団体の長その他の執行機関が、国の関与に不服がある場合、国の行政庁を相手取って総務省に設置された国地方係争処理委員会（以下「委員会」）（地自法250の7～20）に「審査の申出（もうしで）」をすることができる。ただし、その対象は「是正の要求、許可の拒否その他の処分その他公権力の行使にあたるもの」、「（申請等に対する）国の不作為」及び「（法令に基づく）協議（が調わないとき）」に限定されている（地自法250の13）。

審査の結果、国の関与が「違法」、または自治事務については地方自治体の自主性・自立性を尊重する立場から「不当」と判断された場合に、国の行政庁に対して理由と期間を示し、必要な措置を講ずることを勧告し、その内容を通

知・公表しなければならない（地自法250の14）。勧告を受けた行政庁は、示された期間内に措置を講じ、それを委員会に通知しなければならない（地自法250の18）。

審査の申出をした地方公共団体の長またはその他の執行機関は、「協議」（地自法250の13③）の場合を除き、①委員会の審査結果または勧告に不服があるとき、②国の行政庁の措置に不服があるとき、③法定期間を経過しても委員会が審査または勧告を行わないとき、④国の行政庁が勧告に示された期間内に措置を講じないときには、国の行政庁を被告として、高等裁判所に違法な国の関与の取り消しまたは国の不作為の違法の確認を求める訴えを提起することができる（地自法251の5）。

(2) 国地方係争処理委員会

国地方係争処理委員会は総務省が設置する国家行政組織法のいわゆる8条機関（審議会等）であり、常設となっている（地自法250の7）。委員の利害関係によっての除斥も想定され、審議の中立性・公平性を確保する見地から5人の委員で構成される。原則非常勤だが、2人以内の常勤が認められる。国会の同意を得て、総務大臣が任命し、任期は3年である（地自法250の8～9）。

(3) 審査の対象と手続
▼是正の要求、許可の拒否その他の処分その他公権力の行使

国の関与のうち、是正の要求や許可の拒否など、処分その他公権力の行使にあたるものに対する審査の申出である。これらの関与に不服がある場合に地方公共団体の長またはその執行機関は、当該国の関与のあった30日以内に文書で申出なければならない（地自法250の13）。ただし、天災その他やむを得ない場合に期限の緩和措置がある（不作為と協議の場合にはこの期間制限はない）。委員会は申出を受けて、当該関与が違法か、自治事務の場合はさらに地方公共団体の自主性・自立性の尊重の見地から見て不当か否か、を審査する。当該関与の違法性または自治事務に関する場合の不当性が認められたとき、国の行政庁に対して必要な措置を講ずることを勧告するとともに、その内容を審査申出人に通知し、かつ公表する。逆に違法・不当と認められないときは、理由を付して

その旨を審査申出人に通知し、かつ公表する（地自法251の14①②）。

▼国の不作為

　申請等が行われた場合において、国の行政庁が相当の期間内に許可その他の処分を行わないという不作為がある場合に行う審査の申出である。委員会は、申出に理由があるか否かについて審査を行い、審査の結果は①と同様の対応がなされる（地自法251の14③）。

▼協議

　地方公共団体の法令に基づく協議の申出が国の行政庁に対して行われた場合で、協議に係る地方公共団体の義務を果たしているにもかかわらず、その協議が調わない場合に行う審査の申出である。委員会は協議に係る地方公共団体がその義務を果たしているかを審査し、審査の結果を理由を付して、審査申出人及び相手方である国の行政庁に通知し、かつ公表する（地自法251の14④）。以上の審査及び勧告は、審査の申出があった日から90日以内におこなわなければならない（地自法250の14⑤）。

　また、委員会は審査の申出があった場合に、相当であると判断した時は職権で調停案を作成し、当事者双方に受諾を勧告し、かつ理由を付して公表することができる（地自法250の19）。

（4）訴えの提起

▼地方公共団体からの提起

　審査の申出をした地方公共団体の長またはその他の執行機関は、「協議」の場合を除き、①委員会の審査結果または勧告に不服があるとき、②勧告に対応した国の行政庁の措置に不服があるとき、③法定期間を経過しても委員会が審査または勧告を行わないとき、④国の行政庁が期間内に措置を講じないとき、国の行政庁を被告として、高等裁判所に違法な国の関与の取り消しまたは国の不作為の違法の確認を求める訴えを提起できる（地自法251の5）。

　2000年の地方分権改革以前の地方自治法では、機関委任事務について国からの違反是正や指示があり、それでも自治体側が従わない場合に、国が職務執行命令訴訟を提起し、勝訴判決を得て代執行をするだけで、自治体側から争う手段は明定されていなかった。それが、分権改革によって、自治体側から第三者

機関としての委員会に審査の申出ができ、さらに審査の結果に対して不服があれば司法的解決も図ることができるようになったものである。

▼国からの提起

2012年の地方自治法改正で、地方公共団体が国の「是正の要求」や「是正の指示」に従わず、かつ審査の申出や訴えをしない場合などに、国の側から「地方公共団体の不作為に関する国の訴え」（不作為の違法確認訴訟）ができるようになった（地自法251の7）。

(5) 神奈川県横浜市の勝馬投票券発売税構想の例

　国地方係争処理委員会への申出の初の事例となったのが、2001年の神奈川県横浜市のケースである。地方分権改革で法定外税が国の「許可制」から同意を要する「協議制」に変更された（都道府県税は地方税法259・261、市町村税は同669・671）。横浜市は市内の日本中央競馬会（JRA）の勝馬投票券発売所の投票券売上げに対して新たに課税することとし、2000年12月に市税条例改正決議を経て、同月総務大臣に対し勝馬投票券発売税（法定外普通税）の新設に係る協議の申出を行った。

　これに対して2001年3月総務大臣は「国の施策に照らして適当でない」という理由で不同意とした。これを不服として同年4月横浜市長が委員会に、総務大臣に同意すべき旨の勧告を求める審査の申出を行った。

　審査の結果、同年7月に委員会は地方公共団体の課税自主権を尊重する見地から、「総務大臣の不同意は自治法及び地方税法で定める協議を尽さずなされた点に瑕疵あるものと認め、総務大臣は不同意処分を取消し、同市と改めて協議をすることを勧告する」とした（「神奈川県横浜市「勝馬投票券発売税」に対する総務大臣の不同意に係る審査の申出について（勧告）」）。この結果、両者間でその後3年間に20回ほどの協議がなされたが、結局2004年2月に横浜市が当該税の新設を断念して条例は廃止された。

　その後の審査の申出事例として、2009年11月に行われた国土交通大臣の独立行政法人鉄道建設・運輸施設整備支援機構に対する、北陸新幹線の工事実施計画の認可に対する新潟県の審査の申出があったが、同年12月審査の対象外として却下された。

また、2015年11月には沖縄県の仲井真前知事が行った辺野古新基地建設にかかる埋立承認を取消した翁長知事の処分に対する国土交通大臣の執行停止処分に関する沖縄県からの審査の申出の事例が2件あるが、これについて、代執行訴訟も含めた国・地方間の争訟の具体例として以下に詳述する。

(6) 沖縄県辺野古埋立承認事案の例

　かねてから沖縄県の在日駐留米軍の普天間飛行場は市街地に近接し危険性等から、その移設が懸案となっていた。2013年3月に国の防衛省沖縄防衛局が普天間飛行場の代替施設建設のため、名護市辺野古沿岸域について、公有水面埋立ての承認を出願した。同年12月公有水面埋立法に基づく埋立承認権者である仲井真沖縄県知事が同出願に対して承認を行った。

　その後、2014年11月の県知事選で埋立承認を行った仲井真知事が敗れ、辺野古移設反対を公約に掲げた翁長知事が当選した。翁長新知事は、埋立承認には法的に瑕疵があるとする県の第三者委員会の報告を受けて、2015年10月に埋立承認を取消した。

　これに対し沖縄防衛局は、国土交通大臣に埋立承認取消しを取消す裁決を求める審査請求及び承認取消しの執行停止の申立てを行った。この審査請求等は公有水面埋立法による埋立承認が第1号法定受託事務であるため、地方自治法255条の2に基づき同法の所管大臣である国土交通大臣になされたものである。国土交通大臣は同月、承認取消しの効力を停止する執行停止決定を行い、沖縄防衛局は埋立工事に着手した。

　翁長知事は、翌11月に執行停止を不服として国地方係争処理委員会に審査の申出を行った。一方、国土交通大臣は、承認取消しを取消すことを命じる判決を求めて代執行訴訟（地自法245条の8③）を提起した。

　同年12月、国地方係争処理委員会は審査の申出が不適法だとして却下した。これを受けてまず、沖縄県は国土交通大臣の執行停止決定の取消しを求めて取消訴訟（抗告訴訟）を提起した。ついで、2016年2月には、翁長知事は、国地方係争処理委員会の却下決定を不服として、執行停止決定の取消しを求めて関与の取消訴訟（地自法251条の5①）を提起した。

　2016年1月に代執行訴訟において高裁から和解勧告があり、3月に両者が提

起している全ての訴訟を取り下げ、埋立工事を中止する和解が成立した。和解での申合せに基づき国（国土交通大臣）は承認取消しの撤回を求める是正の指示（地自法245条の7①）を出し、これに対して翁長知事が是正の指示を不服として国地方係争処理委員会に審査の申出を行った。

　和解では国地方係争処理委員会の審査結果に基づき訴訟へと移行しつつ、円満解決に向けた協議を継続することとしていた。ところが、同6月国地方係争処理委員会は是正指示の適否を示さず、両者の協議を促す審査結果を公表した。翁長知事が審査結果に対する提訴見送りの方針を示した。そこで、翌7月に国（国土交通大臣）は膠着状態を避けるために翁長知事を相手取って、知事が是正の指示に従って承認取消しの取消を行わないという不作為の違法確認訴訟を提起した。そして、同9月に福岡高裁那覇支部が翁長知事の不作為を違法とする判決を下した。翁長知事は判決を不服とし上告をしたが、同12月最高裁は上告を棄却し、翁長知事の承認取消しの違法性が確定した。これを受け同月、翁長知事は承認取消しを取消し、仲井真前知事の承認が復活し、工事は再開された。

（7）小括

　以上見てきたように、国と地方の関係は制度的に大きく変化し、かつ地方自治体側からの紛争解決を図る手段も整備されてきた。しかし、一連の地方分権改革も国のイニシアチブの下で行われた面が強く、今後は地方自治体がこれらの成果をどう生かし地方分権を実現していくかが問われることとなる。

4　地方間の紛争処理

（1）都道府県と市町村の関係

　都道府県は市町村を包括する広域の地方公共団体である（地自法2⑤）が、「包括する」とは地理的な意味であって上下・主従関係を示すものではなく、両者は基本的に対等な地方公共団体である。その役割分担として、都道府県は、地域における事務等のうち、①広域にわたるもの（広域事務）、②市町村に関する連絡調整に関するもの（連絡調整事務）、③その規模・性質において一般の市町村が処理することが適当でないと認められる事務（補完事務）を所管し

（地自法2⑤）、それ以外の事務はすべて市町村が行うものとされ（地自法2③）、この意味で市町村が基礎的自治体とされる。なお、都道府県と市町村はその事務を処理するにあたっては、相互に競合しないようにしなければならない（地自法2⑤）。

　地方分権改革による地方分権一括法で、都道府県と市町村を上下・主従関係と見られるような制度の改善が図られた。まず、都道府県の事務とされていた「統一事務」（義務教育水準の維持などは「統一的な処理を必要とする」事務とされてきた）は廃止された。また、都道府県が市町村の行政事務に関して条例で必要な規定を定め得る「統制条例」の規定（地自法旧14④）が廃止された。ただ、法規の整合性からの都道府県条例の優位（地自法2⑯）は残されている。また、国の機関委任事務と同様に都道府県知事の権限に属する事務についての市町村長への機関委任事務（地自法旧153②）は廃止された。

（2）自治紛争処理委員

　国と地方の関係と同様に、都道府県と市町村間も対等・協力関係とされ、都道府県の関与が規制され、都道府県は法律またはこれに基づく政令によらなければ市町村に関与できない（地自法245の2）。

　市町村が都道府県から一定の関与を受け、その関与に不服がある場合にその不服申立て（審査の申出）をする機関として自治紛争処理委員の制度が設けられた。これは、従前に自治体相互間、またはその機関相互間に紛争がある場合に調停と審査請求等の審査（地自法旧255の4）を行ってきた自治紛争調停委員（地自法旧251）を地方分権改革で改組したものである。従前の2つの機能に加えて都道府県の関与に不服がある市町村の審査の申出に関して、審査し勧告等を行う機能が付加された。

　国地方係争処理委員会と異なり、常設でなく事件ごとに設置される。総務大臣または知事が事件ごとに優れた識見を有する者から3人の委員を選任する。委員は監査委員と同様に基本的に独任制であるが、調停案や勧告の決定などは委員の合議により、審査等の手続の終了とともに失職する。

（3）調停と審査

自治紛争処理委員の3つの役割を以下に述べる。

▼紛争調停（地自法251の2）

自治体相互間、または自治体の機関相互間に紛争がある場合に、都道府県知事（知事が当事者のときは総務大臣）が申請ないし職権によって同委員を任命し調停に付することができる。

自治体相互間の紛争としては、従前から境界画定にかかる事案が多く、自治紛争処理委員による調停の事案（2010年佐賀県と長崎県）も生れている。機関相互の紛争では市長と市議会の間の議案再議をめぐる調停の事案（2010年徳島市）が生れている。

▼都道府県の関与に関する審査（地自法251の3）

審査の申出の対象は、「是正の要求、許可の拒否その他の処分その他公権力の行使に当たるもの」（地自法251の3①）、「不作為」（地自法251の3②）、「協議」（地自法251の3③）である。この審査を経て高裁への取消・違法確認などの出訴が可能となる（地自法251の6）。

都道府県の関与に関する審査の事例としては、千葉県我孫子市長が「農業振興地域の整備に関する法律」により農用地利用計画の変更協議における県知事の不同意に対し総務大臣に2010年2月と2011年7月の2回にわたり審査の申出を行い、総務大臣が自治紛争処理委員を任命し審査がなされたものがある。2011年10月、最終的に自治紛争処理委員が県の不同意に違法・不当性を認めず、我孫子市が高裁への控訴をせず決着した。

▼審査請求等の審査（地自法255の5）

市町村・都道府県の事務処理に関して、審査請求等をした者から要求があったときなどにおける審理である。法定受託事務は行政不服審査法が適用されるため適用除外（地自法255の2）となっている。

5　地方間の協力

（1）意義

「自治」とは、「自分で自分のことを処置すること。社会生活を自主的に営む

こと」(『広辞苑』第6版)とされ、本来の意義として、単独で自己完結的に処理することが前提となっている。仮にこのことを単独主義(フルセット主義)とするなら、地方自治は本質的に単独主義が前提となって、当該区域での地方の事務を当該区域内で処理することが原則となっている。

　しかし、単独主義の原則が貫徹しえない事情が生じる。要因としては、①権限・事務の拡大──国、都道府県との役割分担の変更により事務が過大となるとき、②住民・企業の活動範囲の拡大──道路・公共交通機関などインフラの充実により住民・企業の生活・経済活動の領域が拡大し他の区域との関係が高まるとき、③経済圏の変化──物や人の流れの変化によって経済圏が拡大・縮小するとき、そして④国の方針変更──政策転換によって合併や共同化が財政支援等を伴って誘導促進されるとき、などが考えられる。また、⑤効率化の要請──財政難や行政改革の立場から事務の効率化が求められるとき、⑥新規需要への対応──新たな行政需要の増大・高度化に対応するため、組織・人材を新たに確保する必要があるとき、などが考えられる(①〜④が外的要因、⑤⑥が内的要因)。

　市町村は基礎的自治体として、基本的に地方の事務全般を網羅的に担うこととされており、大都市特例などにより都道府県からの事務権限が一部委譲されることを除けば、すべての市町村が等しく共通の事務を行っている。しかし、市町村は、多様で小規模なものが多く、これらの小規模自治体においては組織面・財政面から行政需要の増大・高度化に的確に対応することが困難となっている。したがって、単独主義の限界はこれらの小規模市町村で多く発生する。これに対しては市町村合併と広域連携の2つの対応方法が考えられてきた。

▼合併

　これまでの歴史をみれば、前述のような単独主義の限界に対してはまず、合併という形で規模の拡大が行われてきた。合併の背景には、古くは、近代国家形成に向けた地域統治のための基盤整備から、戦後改革に伴う権限配分の受け皿づくり、さらに経済成長に伴う産業化・都市化への対応、また福祉国家による保健衛生・福祉の拡充があげられる。

　市町村合併については、これまで明治・昭和・平成の3回の大規模な合併が行われた。まず、「明治の大合併」は、町村(市制は未施行)が戸籍や小学校な

どの事務を処理すること（要因①）を想定して、明治政府が強制的に合併を図ったもの（要因④）で、1町村300戸から500戸を標準として、市町村の数は1888年末の約71,000から1889年末には約15,000に減少した。これは近代国家発展を支える地方制度の基盤整備であった。

つぎに「昭和の大合併」は、戦後改革によって新制中学や消防・衛生その他多くの事務権限が配分されること（要因①）に伴い行財政能力の向上のための合併策であった。1953年の町村合併促進法（3か年の時限立法、要因④）によって国と都道府県がイニシアチブをとる体制の下で新制中学を運営していくに必要な規模（人口8,000人）を標準に合併が進められ、続く1956年の新市町村建設促進法（5か年の時限立法）と合わせて1953年に約9,800あった市町村が1961年に約3,400に減少した。その後も合併は進められ、高度経済成長による社会経済的な変動を支える基盤づくり（要因②③）に貢献した。

最後に、「平成の大合併」は、1990年代後半からの地方分権改革の進展の中で、「分権の受け皿」として「自己決定・自己責任」を果たしうる地方自治体が求められたこと（要因①）、また国も自治体も財政難の中で行財政改善の面からも合併による効率化と支出削減が求められたこと（要因⑤）、さらに地域活性化などへの対応が必要になったこと（要因⑥）が背景になっている。1998年の第25次地方制度調査会答申「市町村の合併に関する答申」とこれを受けた1999年の市町村合併特例法改正によって、国が都道府県を巻き込んで財政支援の強化を含めた積極的な推進を図った（要因④）。これによって、1999年4月に3,229あった市町村が、合併特例法が期限切れとなる2010年3月末に1,727となった。

合併による規模の拡大は、地方自治体の機能充実の面ではプラスであるが、地方自治体が住民からそれだけ遠い存在になり、住民意思の反映と住民による統制という民主主義の面からの問題は残る。また、住民参加や住民との協働がより難しくなるという行政の役割分担の面からの課題も生じる。さらに言えば、名称の選択など地域のアイデンティティーや住民の愛着といった感情面の問題も引き起す。

▼広域連携

　広域連携は、合併に対して、個々の自治体の規模を維持して自己決定権を留保しつつ、地域のアイデンティティーを損なうことなく、大量化・多様化・高度化する行政ニーズに対応する方法である。これは自治体間において、広域あるいは共通の政策課題に対して、政策や事務事業の共同化を行うことで、規模のメリットを生かして効率化を図る狙いをもつ。合併が市町村の規模自体の統合であるのに対し、いわば機能の統合というべきものである。

　広域連携の手法として、地方自治法が用意しているものには、独立の法人を設置するものとして、特別地方公共団体である「一部事務組合」と「広域連合」があり、両者を総称して「地方公共団体の組合」と呼ばれる（地自法284①）。また他に法人格を有するもので、法改正により削除され新規設置はできないが「地方開発事業団」がある。また、別法人を作らない事務の共同処理として、「連携協約」、「協議会」、「機関等の共同設置」、「事務の委託」、「事務の代替執行」、「職員の派遣」がある。

　これらは制度上、統合のレベルに差があり、いわば自己決定権の留保の度合いと事務の統合による効率性の高低に差がある。すなわち、別の法人格を作ったり、事務権限の移譲があるなど統合のレベルを高めれば、別の自治体との調整のため元の地方自治体の事務に関する自己決定権の度合いが必然的に低下することとなる。逆に統合のレベルを高めれば事務の効率性は理論上、向上する。よって統合のレベルを介して、元の自治体の自己決定権と事務の効率性とは反比例することとなる。制度のイメージを図示すれば図表11-1のとおりであり、それぞれの自治体の事情や事務の内容・状況によって適切に手法を選択すべきことになる（図表の内容は制度をモデル化したもので、共同化する事務事業の内容や構成団体の数・規模によって変動する。また、自治体間の協約や実務方法の工夫次第で変り得る）。

　これらの広域連携制度は、総務省の調査（「地方公共団体間の事務の共同処理の状況調」（2014年7月1日現在））によれば、全国で8,236件、延べ2万1,256団体が活用している。方式別では、事務の委託が5,979件で最も多く、全体の7割を占めている。次に一部事務組合が1,515件で全体の約2割、ついで機関等の共同設置416件となっている。

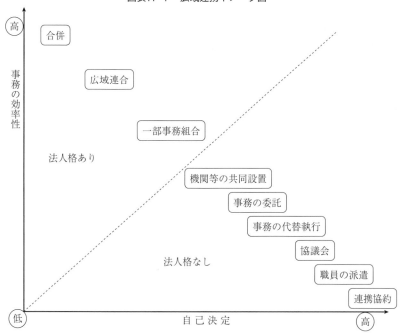

図表11-1　広域連携イメージ図

（2）地方公共団体の組合
▼一部事務組合

　一部事務組合は、複数の普通地方公共団体または特別区がその事務の一部を協同で処理するために、構成団体それぞれの議会の議決を経た規約を定めて設置するもので、都道府県を含むものは総務大臣、その他は都道府県知事の許可をもって設立される（地自法284②）。一部事務組合は、特別地方公共団体として法人格を有し、事務処理に必要な範囲で権利義務の主体となる。また、一部事務組合が設置されると共同処理する事務権限は構成団体から組合に移譲され、組合には議会と執行機関である「管理者」が置かれる。

　1つの事務を1つの組合にさせることが基本であるが、複数の事務を1つの組合に共同処理させることもある。また、1つの組合に複数の事務を構成団体を変えて共同処理させることも認められており（地自法285）、この場合は「複合的一部事務組合」と呼ばれ、特例的に独任制の「管理者」に替えて複数人で

構成する「理事会」を設けることができる。

　平成の大合併による市町村合併の進展の結果、一部事務組合の所管区域と行政区域の不一致が生じ、新自治体が複数の組合に加入することとなったり、一部の区域が組合に属さなかったりして同一自治体内で１つの事務について事務処理方式が異なるなどの事態も起こっている。今後、一部事務組合の統合・再編、あるいは「事務の委託」などの他の共同処理方式も含めて効率的な処理方法を検討していく必要がある。

▼広域連合

　広域連合は、複数の普通地方公共団体または特別区が、広域にわたり処理することが適当な事務に関して、その事務を広域にわたり総合的かつ計画的に共同処理するために、構成団体それぞれの議会の議決を経た規約を定めて設置するものである。都道府県を含むものは総務大臣、その他は都道府県知事の許可をもって設立される（地自法284③）。

　広域連合は一部事務組合と同様、特別地方公共団体として規約で定めた事務の共同処理を行うが、国、都道府県から直接に権限移譲の受け皿となることができること、及び直接請求が認められることなどの違いがある。また、様々な広域行政需要に適切かつ効率的に対応するため、共同処理は複合的一部事務組合と同様に構成団体間で同一の事務である必要はないなど柔軟な対応が可能となっている。地方分権改革に際して権限移譲の直接の受け皿を目指して制度化され1995年６月から施行された。

▼一部事務組合・広域連合の現状と課題

　前述の総務省の調査によれば、2014年７月１日現在で一部事務組合の設置数は全国で1,515件あり、事務処理の主な対象としては、ごみ処理が399件（26.3％）し尿処理が349件（23.0％）、消防が276件（18.2％）の順となっている。前回調査（2012年７月１日）と比較すれば、組合の統合等により31件減少した。

　一部事務組合の設置件数は、1967年から1974年まで毎年ほぼ同じ割合で増加し、1974年の3,039件をピークとしてその後は長期的な趨勢として減少している。増加した時期は高度経済成長の時期と重なり、中小規模自治体がごみ焼却などの新しい行政需要への対応に迫られた時期である。減少傾向については、総務省の説明によれば、主に複合的一部事務組合の制度創設（1974年）により

組合同士の統合が進んだことを挙げている。

　また、広域連合の設置件数は、2007年に各都道府県で後期高齢者医療広域連合（47件）が設置されたこともあり2014年7月1日現在で115件となっている。

　「関西広域連合」は、都道府県域を超えた唯一の広域連合であり、2010年に7府県（滋賀県・京都府・大阪府・兵庫県・和歌山県・徳島県・鳥取県）によって設置され、その後に域内の4政令指定市（大阪市・堺市・京都市・神戸市）や奈良県の参加も得て、わが国最大の広域連合でわが国最大の特別地方公共団体となっている。当面、広域防災、広域観光・文化・スポーツ振興、広域産業振興などの7つの分野を中心に取組みを行い、将来は国の地方ブロック機関の権限の受け皿を目指すこととされている。原則として首長が出席し定期的に開催される広域連合委員会や議会において共通課題について議論される。

　一部事務組合や広域連合は、施設や事業の安定的、能率的な管理運営に資するための仕組みであり、団体自治の視点からは地方分権にも役立つものである。しかし、その一方で、住民から距離が生れ見えにくい存在となるとともに、各構成団体の権限が完全に移動するため、議会の審議の対象にならず、住民の民主的統制など住民自治の視点からの課題がある。とくに、ごみ焼却施設やし尿処理施設など嫌悪施設の整備運営などの分野で構成団体の隠れみのになっているとの批判もある。さらに広域連合についても、構成団体の意見の調整などに時間がかかり、機動的な意思決定を行いにくいこと、課税自主権がなく税財政面での自立が困難なことなどの問題がある。

（3）事務の共同処理

　広域連携の方法としては、地方公共団体の組合以外にも、事務の共同処理として以下のようなより簡便な方法がある。

▼連携協約

　2014年の地方自治法改正により新たな広域連携の仕組みとして連携協約が導入された。これは普通地方公共団体が事務の共同処理をするに際して「連携して事務を処理するに当っての基本的な方針及び役割分担」を定める協約を締結するもので、締結後の告示や総務大臣または都道府県知事への届け出、さらに自治紛争処理委員による紛争解決の仕組みなどの規定も付加されている（地自

法252の2）。

　連携協約は、都道府県と市町村の間や異なる都道府県の区域に所在する市町村の間など、いかなる普通地方公共団体の間でも締結が可能であり、条件不利地域の市町村の事務処理を都道府県が補完することも想定されている。連携協約の内容は、地域の実情に合わせて柔軟な連携が可能なように抽象的な定めとなっており、協約の内容は、双方の地方公共団体に必要な措置として必要に応じて条例・規則の制定あるいは事務の委託などにもフレキシブルに対応できるようになっている。

▼協議会

　普通地方公共団体は、事務の共同処理のため協議により規約を定めて、協議会を設置できる（自治法252の2の2）。協議会は、その目的により、①事務の一部を共同して管理および執行するためのもの（管理執行協議会）、②事務の管理および執行について連絡調整を図るためのもの（連絡調整協議会）、③広域に総合的な計画を共同して作成するもの（計画作成協議会）の3種がある。これらの協議会には法人格はない。規約を定めるには、②の場合を除いて議会の議決を必要とする。

　協議会を設けたときは、その旨と規約を告示し、総務大臣または都道府県知事に届け出なければならない。協議会は必要に応じ、関係ある公の機関の長に資料の提出など必要な協力を求めることができる。

▼機関等の共同設置

　普通地方公共団体は、協議により規約を定めて、共同して、議会事務局もしくはその内部組織（議会事務局調査課等）、執行機関としての委員会・委員、執行機関の附属機関、保健所・警察署その他の行政機関、首長部局の内部組織、委員会・委員の事務局もしくは内部組織、議会・長・委員会もしくは委員の補助執行をする職員または専門委員を共同して置くことができる（地自法252の7①本文）。

　2011年の地方自治法改正により、議会事務局など内部組織、事務局や行政機関の共同設置が可能となった。

▼事務の委託

　普通地方公共団体は、協議により規約を定めて、事務の一部を普通地方公共

団体に委託できる（地自法252の14①）。

　前述の総務省調査（2014年7月1日現在）によれば、全国で5,979件実施されており、その対象事務は多い順番で、住民票の写し等の交付に関する事務（1,341件22.4％）、公平委員会に関する事務（1,143件19.1％）、競艇に関する事務（856件14.3％）などである。

　この地方自治法に基づく事務の委託は、民法上の委託と異なり、管理執行権限が委託者から受託者に移行する。それを嫌って民法上の委託契約によってごみ焼却等を委託している地方公共団体も見られる。

▼事務の代替執行

　上記の事務の委託の制度上の問題を考慮し、2014年の地方自治法改正によって新たに事務の代替執行制度が設けられた。これは、普通地方公共団体が、他の普通地方公共団体の求めに応じ、協議により規約を定め当該他の団体の事務の一部を、当該他の団体またはその執行機関の名において管理し執行できるというものである（地自法252の16の2）。この規約を定めるには関係地方公共団体の議会の議決を要し、規約を定めた場合は、告示と総務大臣または都道府県知事への届け出が必要である。

　代替執行する団体またはその執行機関は、代替執行を求めた団体の名において事務の管理・執行をすることになるため、代替執行を求めた団体は事務の処理権限を失うことなく、自らの条例・規則の適用も可能である。

　事務の代替執行制度は、通常の市町村間のほか、山間部の過疎地など条件不利地域の市町村において近隣に事務の共同化を行うべき市町村がない場合、やむを得ず都道府県が事務の一部を当該市町村に代わって処理することができるように設けられたものである。

▼職員の派遣

　普通地方公共団体の執行機関は、特別の必要があるとき、他の普通地方公共団体の執行機関に対し、職員の派遣を求めることができる（地自法252の17①）。大規模災害時の緊急対応や復興事務のため活用されることが多い。

6　広域連携に関連する取組み

(1) 広域連携のインフラ
▼地方六団体

　広域連携を効果的に進める前提として、共通課題の認識と対応方針の合意が不可欠である。その意味で各自治体間の連絡調整は重要であり、このため首長などによる各種の連絡調整のための定例的な会議が設けられている。

　地方自治法に位置づけされた連絡調整組織として地方六団体がある。それは、全国知事会、全国市長会、全国町村会、全国都道府県議会議長会、全国市議会議長会、全国町村議会議長会である。これらは法人格をもたない任意団体であるが、自治体間の情報交換や連絡調整、調査研究のほか、国への要望や意見表明などの活動も行っている。

　1993年に議員立法により、地方六団体が共同または単独で、地方自治に影響を及ぼす法令その他の事項（国会決議、閣議決定、計画等）に関して、内閣に意見を申し出、または国会に意見書を提出できるようになった（地自法263条の3②）。さらに、2011年に地方六団体の代表と内閣官房長官をはじめ総務大臣・財務大臣など関係閣僚で構成される「国と地方の協議の場」が法律（「国と地方の協議の場に関する法律」）で設置され、地方財政対策や社会保障・税一体改革などの協議が行われている。

▼指定都市都道府県調整会議

　政令指定都市とこれを包括する都道府県の間では2014年の地方自治法改正で指定都市都道府県調整会議を設けるもの（必置）とされた（地自法252の21の2①）。これは指定都市の市長とこれを包括する都道府県の知事で構成されるが、必要に応じてそれぞれの議会や委員会等の執行機関の代表者を参加させることもできる。市長または知事は、当該調整会議での協議が進まず第三者の調整が必要な場合には、総務大臣に対して「指定都市と包括都道府県の間の協議に係る勧告」を求めることができる（地自法252の21の3）。この勧告の求めがあった場合には、総務大臣は指定都市都道府県勧告調整委員を任命しその意見を求めることとしている（地自法252の21の3⑧）。

▼その他の連絡調整会議

　首都圏の知事・政令指定市長による九都県市首脳会議（首都圏サミット）や関西広域連合の首長による委員会がある。これらの会議が定例的に開かれることで共通の課題認識と対応に向けた共同の取組みを促している。

（２）都市圏・自立圏の形成
▼連携中枢都市圏構想

　この構想は、相当の規模と中核性を備える圏域において、当該圏域の中心市である政令指定市または中核市と近隣の市町村が、連携協約（地自法252の２）を締結することにより、連携中枢都市圏を形成し、圏域の活性化を図ろうとするものである。この連携を通じて、コンパクト化とネットワーク化により、「経済成長の牽引」、「高次都市機能の集積・強化」、「生活関連機能サービスの向上」を行い、人口減少・少子高齢社会においても一定の圏域人口を有し活力ある社会経済を維持するための拠点を形成することとされている。

　本構想は、2014年12月に閣議決定された「まち・ひと・しごと創生総合戦略」において、他省にもあった広域連携のための圏域概念の統一化が図られ、総務省で作られていた「地方中枢拠点都市圏構想」（2014年８月総務省要綱）の名称・目的が変更（2015年１月要綱改正）されたものである。

　連携中枢都市の要件としては政令指定市・中核市で人口20万人以上、昼夜間人口比率が概ね100以上などで、三大都市圏以外を優遇する要件もある。連携中枢都市および連携市町村には特別交付税などによる財政支援がなされる。

▼定住自立圏構想

　連携中枢都市圏以外では、地方圏の人口流出を食い止める「ダム機能」を目指す「定住自立圏構想」（2008年12月総務省要綱）の活用が期待されている。

　定住自立圏構想は、市町村の主体的取組みとして、原則として三大都市圏以外の人口５万人程度以上ある中心市とその近隣市町村が、相互に役割分担し、連携・協力することにより、圏域全体として必要な生活機能等を確保し、地方圏における定住の受け皿を形成しようとするものである。中心市にある病院などを活用した休日夜間診療や、コミュニティバスの運行、体験型観光のネットワーク、職員の交流、外部専門家の招へいなどの取組みが行われている。

中心市宣言をおこなった市が近隣市町村と個々に定住自立圏形成協定を結び、定住自立圏共生ビジョンを策定し、これに基づき機関の共同設置や事務の委託などの手法を活用して具体的取組を進めていく。2016年10月1日現在で130市が中心市宣言を行っており、112の圏域、476市町村で協定締結等の手続が完了し、104の圏域でビジョン策定が完了している。定住自立圏については、特別交付税による包括的財政措置等のほか、地域活性化事業債の充当や各省による支援策の優先採択がある。

(3) 特別法による広域連携

特別法による広域連携の例も存在する。その1つに、1981年制定の広域臨海環境整備センター法による大阪湾広域臨海環境整備事業（フェニックス事業）のように近畿圏の大半の地方自治体が共同で廃棄物事業を行っているものがある。なお、首都圏（東京湾）においても事業化が首都圏サミットの場で検討されたが、実施には至らなかった。

大阪湾フェニックス事業は、1982年3月に関係自治体と港湾管理者の出資により設立された大阪湾広域臨海環境整備センターが実施主体となって廃棄物埋立処分と土地造成を目的とした広域の共同事業である。事業の性格上、大阪湾圏域すなわち大阪湾に流入する河川流域の市町村の区域が対象となっており、2府4県及び168市町村（近畿圏の全面積の6割、全人口の9割）と4港湾管理者（大阪府・市と兵庫県・神戸市）が出資している。港湾管理者が外周部の護岸を整備し、その中に市町村の焼却灰などの廃棄物を埋立て、土地を造成し完成した土地は港湾管理者に引き渡すという事業構造となっている。この事業では、168市町村の共同の廃棄物最終処分場を設置運営するかたちである。

この事業の特徴は、特別法によって構成団体の区域範囲も限定されているが、事業への参画（出資）は自由であり、参加しても廃棄物の搬出も長期計画の枠内であれば搬出も自由であり、民間の委託契約と同じようにフレキシブルな運用ができることである。ただモラルハザードを引き起こさないように、環境基準の順守など公的団体として相互の信頼関係が重要である。

(4) 新たな連携

　本節の冒頭で述べたように単独主義の限界をスケールメリットで補う方法として、合併以外にも広域連携の各種手法が制度化されてきた。現実に、広域連携の代表的な手法である一部事務組合もその起源をたどれば、1888年の市制・町村制に遡り、教育事務を市町村に委ねる上で明治の大合併に際し合併に至らなかった町村の事務執行を補うためのものであった。また、ごみの焼却が本格化する1960年代後半から1970年代にかけて、小規模な市町村が困難なごみの焼却を担う一部事務組合が多く設立されている。

　これらの確立された広域連携に加えて、今後求められる連携は何だろうか。連携が求められる新たな要因としては、規模の小ささを補う消極的なもの（冒頭に述べた要因①〜⑥）に加えて、⑦新たな行政需要への対応——地域活性化など新しい地域のニーズに共同で対応する必要があるとき、⑧行政革新の試み——市町村の枠を超え地域NPOをはじめ多様な担い手と協働するなど従来の行政手法を変革する必要があるとき、⑨遠隔の地方自治体との連携——災害時のカウンターパートナー協定、広域観光キャンペーンなどが考えられる。

　また、新たな連携は従来の市町村間の横の関係（水平連携）だけでなく、国の機関や都道府県の縦の関係（垂直連携）での進展が期待される。

　市町村と都道府県の垂直連携については、地方分権一括法による地方自治法改正で、「条例による事務処理の特例」（地自法252の17の2）が設けられ、これまで都道府県から市町村に対しては、その規模と能力に応じて権限移譲がなされている。

　しかし、逆に市町村から都道府県に事務が移ることは多くない。2014年の地方自治法改正で、連携協約と事務の代替執行が新設されたが、条件不利地域の市町村において近隣に事務の共同化を行うべき市町村がない場合などに都道府県が補完的に事務の一部を代わって処理を行うことも想定されている。

　新しいニーズに合わせた連携手法はおのずと自由度が高く、フレキシブルでソフトな連携ということになろう。広域連携の制度や手法はかなり充実してきており、今後はそれらをツールとして活用し、広域連携の成果を生み出していくことが必要となる。いずれにしろ、重要なことは、制度や手法ではなく、何のために、どのような内容の連携を行い、いかに地域に貢献できるかというこ

とにある。

研究課題

1　国の関与について地方自治体が争うための方法と手続を述べなさい。
2　一部事務組合や広域連合はどのような事務をしていますか。また住民が一部事務組合と広域連合をチェックする方法を述べなさい。
3　地方自治体間で事務を共同処理する方法には何があるでしょうか。

参考文献

磯部力・小幡純子・斎藤誠編（2013）『地方自治判例百選』（別冊ジュリスト215号）有斐閣。
礒崎初仁・金井利之・伊藤正次（2014）『ホーンブック地方自治（第3版）』北樹出版。
宇賀克也（2015）『地方自治概説（第6版）』有斐閣。
河合代悟編（2008）『新・地方自治150講（第6訂版）』東京法令出版。
後藤光男編（2009）『地方自治法と自治行政（補正版）』成文堂。
駒林良則・佐伯彰洋編（2016）『地方自治入門』成文堂。
近藤哲雄（2008）『自治体法（第1次改訂版）』学陽書房。
橋本行史編著（2010）『現代地方自治論』ミネルヴァ書房。
藤巻秀夫編（2012）『地方自治の法と行財政』八千代出版。
村上順・白藤博行・人見剛編（2011）『新基本法コンメンタール　地方自治法』（別冊法学セミナー）日本評論社。
村松岐夫（2011）『テキストブック地方自治（第2版）』東洋経済新報社。
山田光矢・代田剛彦編（2012）『地方自治論』弘文堂。

索　引

(＊は人名)

あ　行

アーンスタイン，シェリー・R.＊　142
青島幸男＊　168
アソシエーション　139
我孫子市(千葉県)　261
アベノミクス　25
一部事務組合　224, 264, 266
一括交付金　254
一般監査　195
一般法主義の原則　248, 249
委任条例　84
インターミディアリー　154
失われた10年　21
上積み条例　91
上乗せ条例　91
NPM　48, 51
王政復古の大号令　11
大阪都構想　240
公の施設　123
押し付け憲法論　6

か　行

開発指導要綱　98
外部監査契約　208
外部監査人監査　189
画一主義　164
革新自治体　141
革新派首長　18
勝馬投票券発売税　257
合併特例区　227
合併特例法　227
ガバナンス　49, 56, 58

ガバメントからガバナンスへ　57
監査委員　190
――監査　189
――の独立性　190, 191, 198, 207, 213
関西広域連合　267, 271
監査基準　199
監査事務局　193
官治　15
官庁会計方式　127
関与の取消訴訟　258
議会　222
――改革　176
機関委任事務　22, 27, 65, 77, 79, 234, 246-248, 256, 260
議決権　169
基準モデル　132
規則　83, 84
基礎的自治体　262
基礎的地方公共団体　235
義務付け　96
協議会　268
行政委員会　192
行政監査　193-195, 199, 208
行政区　239
行政契約説　102
行政コスト計算書　130
行政事業レビュー　73
行政指導　98
行政事務　78
行政手続法　101
行政評価　69, 70
業績測定　70
協働　49, 57, 58, 62, 125, 144

共同設置　268
国地方係争処理委員会　254, 255, 258
国と地方の協議の場　270
首長主義　163
熊本市　159
郡区町村編成法　12
形式的意味の条例　83
決算審査　197
現金主義　127
健全化判断比率　197
憲法保障　2, 4
小泉純一郎*　32
広域事務　259
広域臨海環境整備事業　272
広域連合　224-226, 262, 264, 266, 267
公営事業会計　110
公害防止協定　102
公共経営論　49, 51
公共財　107
公共事務　78
公正・透明の原則　248, 249
国土の均衡ある発展　17
国庫支出金　111, 113, 252
国庫補助金　252, 253
コミュニティ　139
固有権説　4
コンテンツの専門家　153

さ 行

再議・再選挙　178
財産区　223, 226
　──管理会　226
財政健全化計画　118
財政再生基準　118, 119
財政再生計画　118
財政再生団体　118
財政の硬直化　109, 115

財務監査　193-195, 208
三新法　12
3本の矢　24
三位一体改革　6, 22, 32, 115
3割自治　27
事業仕分け　73
施行時特例市　242
施策評価　65, 67
自主条例　84
自主法令解釈権　101
市場の失敗　52
市制・町村制　12, 13, 246
自治基本条例　156, 157
自治憲章　155
自治事務　79, 80, 155, 248, 250
自治体　220
　──経営論　19
自治紛争処理委員　260, 261
市町村　222, 235
　──合併　24, 262
　──優先の原則　16
自治立法権　77, 82
執行機関　222
　──の多元主義　164
執行法務　104
実質赤字比率　118
実質公債費比率　118
実質的意味における条例　83
指定管理者制度　107, 124
指定都市　238
　──都道府県勧告調整委員　270
　──都道府県調整会議　270
市民参加　138
事務事業評価　65, 67
事務の委託　269
事務の代替執行　269
シャウプ, カール・S.*　16, 27

シャウプ勧告　17
社会資本整備総合交付金　254
住民監査請求　199
住民自治　5, 68, 160, 246, 267
住民訴訟　201
重要事項留保説　83
首都圏サミット　272
守秘義務　192, 211
守備範囲論　19
承認説　5
消費税　20, 21
将来負担比率　118
条例　83
　──制定権　77
昭和の大合併　263
職員の派遣　269
職務執行命令訴訟　246, 248, 251, 256
侵害留保説　83
審査の申出　254-258, 260
紳士協定説　102
新自由主義　48, 51, 53, 54
杉並区（東京都）　157
裾きり条例　91
3E　54, 68, 72
政策評価　65, 67, 70
政策法務　103
政治的意味の自治　5
政体書　11
制度的保障説　5
政府の失敗　52
政令指定都市　17
是正の勧告　250
是正の指示　250, 257, 259
是正の要求　249, 250, 257
1940年体制論　15
全国総合開発計画　17, 19, 20
早期健全化基準　118, 119

早期健全化団体　118
総務省方式改訂モデル　132
組織法務　104

た 行

第1次分権改革　28
第2次一括法　252
第2次分権改革　38
大区小区制　11
代執行　249-251, 256
　──訴訟　258
大政奉還　11
大政翼賛会　15
大都市制度　238
代表監査委員　192
単式簿記　127
団体委任事務　78
団体自治　5, 160, 246, 267
地域協議会　230
地域自主戦略交付金　254
地域自治区　229, 230
地縁による団体　228, 229
地方開発事業団　264
地方官官制　246
地方公共団体　220
　──の組合　223, 264
　──の種類　222
地方交付税　17, 18, 20, 21, 108, 109, 111-113, 116
　──交付金　252
地方債　114, 252
地方財政計画　108
地方財政健全化法　107, 117
地方債同意等基準　119
地方自治の本旨　4, 5, 7
地方税　251
　──規則　12

地方独立行政法人　126
地方の時代　19
地方分権一括法　6, 22, 65, 111, 155, 234, 247, 260
地方分権改革　248, 252, 256, 257, 260
地方分権推進委員会　22, 247, 253
地方分権推進法　22, 247
地方分権の推進に関する決議　247
地方六団体　270
中核市　240, 241
超過負担　252
直接請求制度　163
通達行政　246
定住自立圏　271, 272
適化法　253
伝来説　5
統一事務　260
東京都モデル　132
統合補助金　253
道州制　17, 42, 242
　　──特別区域　243
統制条例　260
トクヴィル, アレクシス・ド*　3
特別監査　195
特別区　15, 223
特別市　14
　　──制度　239
特別地方公共団体　220, 221
特例市　241
都道府県　222, 232
　　──警察　16

な 行

内部統制　214
二元代表制　68
ニセコ町(北海道)　156

は 行

パートナーシップ　49, 57, 58, 62, 125, 141
廃藩置県　11
幕藩体制　4, 10
ハコモノ行政　253
8条機関　255
発生主義　107, 127, 130
鳩山由紀夫*　41
パブリック・インボルブメント　150
パブリック・コメント　102, 140
バブル崩壊　20, 21
版籍奉還　11
PFI　55, 61, 124
東国原英夫*　168
評価・争訟法務　104, 105
費用対効果　69
ビルト・イン・スタビライザー　108
ファシリテータ　148
フィスカル・ポリシー　108
複合的一部事務組合　224, 265, 266
複式簿記　107, 127, 130
福祉国家　51-53, 70
府県会規則　12
府県制・郡制　12, 13, 246
不作為の違法確認訴訟　257, 259
不信任議決　178
普通会計　110
普通地方公共団体　220
ブライス, ジェームズ*　3
プラザ合意　20
ふるさと納税　111
プロセスの専門家　153
平成の大合併　6, 263
辺野古　258
法治主義　99

索　引　279

法定外税　252
法定外普通税　111
法定外目的税　111
法定主義の原則　248
法定受託事務　80, 155, 248, 250, 251, 258
法的意味の自治　5
法律先占論　90
「法律の範囲内で」　85
「法令に違反しない限りにおいて」　85
補完事務　259
補助金行政　252
ポストNPM　48
細川護熙＊　28
ボランティア　141

ま　行

まちづくり協議会　152
まち・ひと・しごと創生総合戦略　271
マッキーバー，ロバート・M.＊　139
みなし公務員　212
民主主義の学校　147
明治の大合併　263

や　行

大和市（神奈川県）　158
要求等監査　195
要綱　98
　　――行政　98
横出し条例　91

ら　行

立法法務　104
例月出納検査　197
連携協約　267
連携中枢都市圏　271
連結会計　130
連結実質赤字比率　118
連絡調整事務　259
6大都市行政監督に関する法律　14

わ　行

ワークショップ　147-149, 151, 160
枠付け　96, 97

《執筆者紹介》（執筆順）

橋本　行史（はしもと・こうし）第1章、第2章、第4章、第6章
　　（編著者紹介参照）

有馬　晋作（ありま・しんさく）第3章、第8章
　　1955年　生まれ
　　1979年　明治大学経営学部卒業
　　1980年から2003年まで鹿児島県庁にて勤務
　　2006年　鹿児島大学大学院人文社会科学研究科博士後期課程満期退学、博士（学術）
　　現　在　宮崎公立大学人文学部教授
　　主　著　『劇場型ポピュリズムの誕生――橋下劇場と変貌する地方政治』ミネルヴァ書房、2017年
　　　　　　『劇場型首長の戦略と功罪――地方分権時代に問われる議会』ミネルヴァ書房、2011年
　　　　　　『東国原知事は宮崎をどう変えたか――マニフェスト型行政の挑戦』ミネルヴァ書房、2009年

上拂　耕生（うえはらい・こうせい）第5章
　　1973年　生まれ
　　2003年　神戸大学大学院国際協力研究科博士後期課程修了、博士（法学）
　　現　在　熊本県立大学総合管理学部教授
　　主　著　『新基本法コンメンタール　情報公開法・個人情報保護法・公文書管理法』（共著）日本評論社、2013年
　　　　　　「地方自治体における個人情報保護の実務上の課題」『アドミニストレーション』16（3-4）、2010年
　　　　　　『中国行政訴訟の研究』明石書店、2003年

明石　照久（あかし・てるひさ）第7章、第10章
　　1951年　生まれ
　　1974年　神戸大学法学部卒業
　　1974年から2006年まで神戸市役所にて勤務
　　2001年　神戸大学大学院法学研究科博士後期課程修了
　　2001年　博士（法学）（神戸大学）
　　現　在　熊本県立大学名誉教授
　　主　著　「新たな段階を迎える市町村行政組織――熊本県内における平成の大合併の軌跡と市町村行政組織の変容」泉水文雄・角松史監修、法政策研究会編『法政策学の試み／法政策研究第17集』信山社、2016年
　　　　　　『自治体エスノグラフィー――地方自治体における組織変容と新たな職員像』信山社、2002年
　　　　　　「地方自治体ケースリサーチの試み――こうべまちづくりセンターの事例研究から」阿部泰隆・根岸哲監修、法政策研究会編『法政策学の試み／法政策研究第2集』信山社、2000年

林 昌彦（はやし・まさひこ）第9章
　　1961年　生まれ
　　1991年　神戸商科大学大学院経営学研究科博士後期課程単位取得満期退学
　　2005年　博士（経営学）（兵庫県立大学）
　　現　在　兵庫県立大学大学院会計研究科教授
　　主　著　「行財政システム改革と自治体会計」日本地方自治研究学会編『地方自治の深化』清文社、2014年
　　　　　　「自治体分析の新展開――市場化と協働化の視点から」『経営分析研究』第23巻、日本経営分析学会、2007年
　　　　　　『知識時代の会計情報システム――データ管理から情報資源戦略へ』税務経理協会、2003年

樋口 浩一（ひぐち・こういち）第11章
　　1955年　生まれ
　　1978年　京都大学法学部卒業
　　1978年から2015年まで神戸市役所にて勤務
　　2014年　関西大学大学院ガバナンス研究科博士課程前期課程修了、修士（政策学）
　　現　在　(株)OMこうべ　渦森会館長
　　主　著　「協働による広域行政の成功要因――大阪湾フェニックス事業の分析」『地域活性研究』VoL．7、2016年
　　　　　　「廃棄物にかかる自区内処理原則――その発生過程と適用――」『関西実践経営』第51号、2016年
　　　　　　「コミュニティバスと地域活性化」『地方創生の理論と実践――地域活性化システム論』創成社、2015年

《編著者紹介》

橋本　行史（はしもと・こうし）

1953年　生まれ
1978年　京都大学法学部卒業
1978年から1999年まで神戸市役所にて勤務
1998年　神戸大学大学院経営学研究科博士後期課程修了
1998年　博士（経営学）（神戸大学）
現　在　関西大学政策創造学部教授
主　著　『地方創生の理論と実践──地域活性化システム論』（編著）創成社、2015年
　　　　『自治体破たん・「夕張ショック」の本質（改訂版）』公人の友社、2007年
　　　　『日本的システムにいかに向き合うか──新しい日本的経営』公人の友社、2005年
　　　　『マネジメントのフレームワーク（第2版）』みるめ書房、2003年
　　　　『財政再建団体──何を得て何を失うか──赤池町財政再建プロセスの検証』公人の友社、
　　　　2001年

　　　　　　　　　　　　　　　　　新版　現代地方自治論

2010年7月10日　初版第1刷発行　　　　　　　検印廃止
2013年3月10日　初版第3刷発行
2017年4月20日　新版第1刷発行

　　　　　　　　　　　　　　　　　　　　定価はカバーに
　　　　　　　　　　　　　　　　　　　　表示しています

　　　　　　　編著者　橋　本　行　史
　　　　　　　発行者　杉　田　啓　三
　　　　　　　印刷者　大　道　成　則

　　　　　　発行所　株式会社　ミネルヴァ書房
　　　　　　　　607-8494 京都市山科区日ノ岡堤谷町1
　　　　　　　　電話 (075)581-5191／振替 01020-0-8076

　　　　　©橋本他, 2017　　　　　　　太洋社・清水製本

ISBN978-4-623-07990-2
Printed in Japan

書名	著者	体裁・価格
よくわかる行政学	村上弘・佐藤満 編著	B5判 248頁 本体2800円
政策実施の理論と実像	真山達志 編著	A5判 312頁 本体3500円
公共政策学とは何か	足立幸男 著	A5判 326頁 本体3500円
公共政策の歴史と理論	大山耕輔 監修	A5判 328頁 本体3200円
なぜ日本型統治システムは疲弊したのか	大石眞 監修	A5判 328頁 本体7300円
地方財政赤字の実証分析	和足憲明 著	A5判 392頁 本体7000円

―― ミネルヴァ書房 ――

http://www.minervashobo.co.jp/